El mundo interior

Francesc Serés

El mundo interior

Francesc Serés

Una historia europea

Traducción de Manuel Pérez Subirana

Ediciones Destino
Colección Áncora y Delfín
Volumen 1664

Título original: *El món interior*

Ediciones Destino, un sello editorial de Editorial Planeta, S. A.
Avda. Diagonal, 662-664, 08034 Barcelona (España)
www.planetadelibros.com
www.edestino.es

Imagen de la cubierta: «Mujer con periquito, foto coloreada a mano, principios de los años 1930».

La traducción de esta obra ha contado con una ayuda del Institut Ramon Llull.

institut ramon llull
Lengua y cultura catalanas

Primera edición: octubre de 2024
ISBN: 978-84-233-6587-6
Depósito legal: B. 15.408-2024
Composición: Realización Planeta
Impresión y encuadernación: Liberdúplex, S. L.
Printed in Spain - Impreso en España

I

Construir, pensar y habitar

Neukölln, enero de 2022

Si empecé a mirar webs de ofertas de segunda mano fue porque las sillas de nuestro apartamento eran frágiles e incómodas. Tenías que sentarte con tanto cuidado que al cabo de cinco minutos ya te dolía la espalda, siempre estábamos en tensión por miedo a romperlas. No había dos iguales. Marlene, la propietaria, nos dijo que nadie había vivido en el piso desde hacía tiempo, que lo utilizaba como estudio fotográfico y que los muebles eran piezas de coleccionista.

Enseguida encontramos sillas, en estas webs hay muchísimas. De hecho, costaba tanto elegir entre tantas que al final nos decidimos por dos que estaban en la calle de abajo. El hombre que nos las vendió, un señor corpulento y venerable, también anunciaba álbumes de cromos de los años veinte y treinta, y cuando le comenté que me habían gustado, me los enseñó por si estaba interesado en comprarlos. Nunca había visto unos álbumes tan bonitos, tan antiguos y en tan buen estado. Me sorprendieron la cantidad y la variedad de temas que abarcaban, pero sobre todo la calidad de la edición, la conservación de los colores y del papel. Había álbumes de la Primera Guerra Mundial, de coches de época, de la historia de Alemania, de todo aquello que a los niños les pudiera entrar por los ojos. Fue mi puerta de entrada al mundo de los álbumes de fotos. La web de ofertas de segunda mano tiene un apartado dedicado al coleccionismo, con todas las secciones y subsecciones que uno pueda imaginar, desde llaves antiguas a arcos chinos o acordeones. Hay tal abundancia que al final no te fijas en nada en concreto. Lo único que me llamó la atención fue un álbum de fotos muy extraño que, al haber estado mirándolo durante más rato, después me aparecía a cada instante mientras visitaba otras páginas web.

Era un álbum muy barato, constaba la fecha en el anuncio y llevaba allí más de un año. Los álbumes de la Segunda Guerra Mundial con fotografías del frente se venden muy rápido, a pesar de que a menudo sus precios son desorbitados. Los álbumes que no contienen imágenes de ese tipo también lo indican, y eso significa que el precio de venta es razonable. Yo ya tenía las sillas en casa, y los cromos me interesaban relativamente, pero aquel álbum que se anunciaba desde algún remoto lugar de Alemania volvía a aparecer cuando menos me lo esperaba. Era raro porque, en lugar de tener las típicas fotos de boda o de pícnics en el campo, documentaba el proceso de construcción de una casa por parte de una pareja de señores mayores. Junto a álbumes familiares y recopilaciones de fotos de viajes a los Alpes suizos, de vacaciones en el mar del Norte o de incursiones militares en Francia o en Rusia, ese álbum desplegaba una tediosa monotonía que iba de las zanjas y los postes a los andamios y los sacos de cemento. Después aparecían los muebles y, finalmente, dos fotografías de los abuelos, una de ellas con la casa ya terminada. En las fotos que había colgado el vendedor se percibía una intención narrativa clara: el seguimiento de los avances en las obras, desde que no existía nada, tan solo el terreno nivelado, hasta que se terminaba la casa. En el anuncio de venta se indicaba que había más de doscientas fotos y mostraba la primera, con el solar vacío, y también una de las últimas, una habitación con su mobiliario.

Además, había algunas fotos del álbum, que parecía que estaba en buen estado, y algunos detalles de las fechas en que habían sido hechas las fotos: 1934, 1935 y siguientes. Podía ser un buen documento sobre cómo se construía una casa durante los años previos a la guerra. El precio era bajo, veinticinco euros sin contar el envío. Si al final no era de mi agrado, tampoco perdería demasiado. Dasha, mi mujer, me miró con su cara de «con qué le habrá dado ahora», pero yo me puse en contacto con el vendedor, le hice una transferencia y, al cabo de una semana, el libro llegaba a casa.

Comprar en estas páginas de segunda mano tiene algo de regalo imprevisto y aplazado. Intentas mantener un diálogo lo más amable posible con el vendedor, para que así te dé una buena nota como cliente, lo que hará que otros vendedores te traten cada vez mejor. Entonces haces la transferencia y esperas a que el vendedor te envíe el paquete. Sabes que tardará una o dos semanas, entre una cosa y otra, tiempo suficiente para que te olvides del asunto o, como mínimo, para dejar de esperar y encontrarte un día con la notificación de que el cartero ha pasado por casa pero tú no estabas. Me alegré mucho al recibirlo, era la primera cosa que me llegaba por correo a Alemania. He de confesar que, con las ganas que tenía de hablar con alguien en aquellos últimos meses de covid, había preparado algunas frases para cuando llegara el mensajero. El mensajero, sin embargo, fue al grano y prosiguió su ruta.

El álbum era mucho más bonito que en las fotos. La mayoría de los vendedores de segunda mano tienen unos recursos fotográficos más bien escasos, y también es cierto que los compradores —ahora hablo desde la experiencia de haber comprado algunas cosas—, cuando vemos fotos de muy buena calidad, desconfiamos y pensamos que quizá están tan bien hechas porque lo que se vende no es tan bueno. Todos nos hemos llevado algún que otro disgusto, pero no fue el caso de este álbum, que es precioso. Las tapas son de color verde oscuro, de imitación de piel, y los filetes dorados han perdido su brillo *kitsch*, que ha quedado atenuado por todo lo que ha pasado durante este tiempo. El álbum está tan bien hecho y tan bien pensado como la casa que construyen. Diseñaron el objeto con el mismo cuidado y atención, con la misma tensión con la que visitaban y supervisaban las obras de su casa. En el lomo, y esto no lo vi cuando lo compré, escribieron con mucho cuidado, como si quisieran imitar alguna tipografía concreta, *Unser Haus I*, es decir, «Nuestra casa I». ¿Eso significa que quizá en algún lugar haya un *Unser Haus II*? No lo sé, cómo podría saberlo... Lo he buscado con ese descriptor en otras páginas web —bien sabe Dios que lo he buscado— y no he encontrado nada. Han transcurrido muchos años, quizá la guerra arruinó los planes de la segunda parte, quizá se ha perdido, quizá todavía lo tienen los herederos... Hay tantos *quizá* que se podría llenar la segunda parte solo con conjeturas. Sea como fuere, solo tengo el *Unser Haus I*, pero lo tengo, y eso es lo importante, porque da la impresión de que este álbum se hizo para que llegara hasta nuestros días. Ha sobrevivido porque, como la casa, tiene paredes maestras y tabiques pensados para perdurar. Para aquella pareja este álbum también era su casa.

Es robusto, las tapas son duras pero acolchadas y las páginas gruesas, con la fibra del papel muy visible. Cada página contiene tres o cuatro fotografías y la mayoría son muy correctas: muy pocas están movidas o desenfocadas y apenas hay redundancias. El papel sulfurizado que las separa, gofrado como una tela de araña, está intacto, y las fotos están tan bien pegadas que todavía me pregunto con qué lo hacían. Cuando era pequeño, mi madre, para pegar los cromos, me preparaba una pasta con harina y agua, y Dasha me dice que en Rusia lo hacían con almidón, que más o menos es lo mismo. No sé qué tipo de pegamento utilizaban los dueños del álbum, solo sé que las fotos están perfectamente fijadas y que la química no ha afectado a la superficie de las imágenes. No hay ningún bulto ni ninguna zona amarillenta, es difícil de creer que no haya mancha alguna en la superficie de la emulsión. Tampoco se aprecia ningún error de revelado.

El álbum es una película de cine mudo. Empieza con imágenes del escenario, el solar en el que construirán la casa, que es un terreno de grandes dimensiones, con bancales y solares que separan las casas, desperdigadas aquí y allá. El terreno es llano y no hay árboles, tampoco edificios singulares ni ningún elemento en el paisaje que ofrezca alguna pista de dónde puede estar. Desde este punto de vista, es una casa ideal en un lugar ideal. Está rodeada de campos, huertos y jardines, así como de otras casas algo alejadas. Los caminos de tierra son llanos, amables. Podría ser cualquier lugar de Alemania, estar en todas partes y en ninguna.

Este álbum no ha circulado y no sé de dónde sale; aunque le insistí al propietario, no supo o no quiso decirme nada al respecto. Los vendedores son contingentes, quizá tan contingentes como yo, meros depositarios. A veces me imagino a los dueños de los álbumes preguntándose en qué manos acabarán, a qué otra casa irán a parar en unos años. Yo también les podría preguntar a ellos de dónde vienen... ¿Quién podría saber dónde se encuentra esta casa? Nadie. No hay ningún cartel, ningún nombre, ningún campanario a lo lejos, ninguna pequeña montaña que te permita orientarte. Podría tratarse de cualquier lugar. De hecho, la primera fecha, que aparece en la primera página, acompaña a una foto en la que la casa ni siquiera existe, solo se ve el solar, el vacío. Pone «Okt. 1934»; octubre de 1934, hace noventa años.

Los caminos de tierra de las primeras páginas pueden imaginarse como futuras calles. Junto a estas franjas llanas hay una hilera de casas pareadas, como existen tantas en Alemania, situada a unos cien metros de donde se adivina un incipiente huerto. Los cuatro protagonistas del libro aparecen enseguida: hay un hombre y una mujer mayores, de unos sesenta o setenta años, y una mujer más joven, que parece su hija. Hay un chico que sale menos, que es de suponer que es quien hace las fotos, y a veces una quinta persona, alguien que los ayuda con el huerto y que fotografía a los cuatro juntos. Pasan los meses y, como si se tratara de un calendario, el cambio de estaciones muestra cómo se prepara la tierra, cómo siembran patatas, habas y zanahorias, y, a medida que saltamos de una imagen a otra, la cosecha y una hoguera con los restos secos. Tras plantar algunos retoños en el jardín, empiezan a clavar postes, a hacer zanjas y a llevar hasta allí ladrillos y tierra. Estas fotos las había visto en el anuncio de la web, con distintos ángulos de los cimientos y pilares, de los rincones y de los espacios para los servicios.

Si compré el álbum fue porque yo hice lo mismo cuando reformé la casa de mi abuela en Zaidín. Fue en 2011, y lo hice con Pepe y Marco, padre e hijo, dos albañiles que trabajaron durante tres meses en las partes más complicadas, las que necesitaban maquinaria y licencias. Del resto me encargué yo por mi cuenta. Como no teníamos planos —Pepe decía que los planos siempre eran mentira—, íbamos decidiendo a medida que avanzábamos, todo dependía de lo que nos encontráramos. La casa tiene varios siglos, algunas partes entre tres y cuatro. En la clave del arco pone Antonio Ibarz 1792, y es evidente que es una piedra superpuesta, pues el arco es mucho más antiguo, está desgastado; es decir, que lo más probable es que Antonio hubiese comprado la casa y hubiera colocado la piedra nueva con su nombre. Mientras hacíamos las obras yo fotografiaba los progresos. Protegí la cámara del polvo y del agua con una bolsa e hice miles de fotos. Tengo una veintena de carpetas con fotografías de la bodega, la planta baja, la segunda planta, la terraza, la fachada, la escalera, las piezas de madera, la cocina, la pintura... Pasé un año entero reformándola, y mientras trabajaba con albañiles, carpinteros, yeseros y electricistas sacaba fotos para documentar nuestros avances, así, si después teníamos que volver sobre algún punto sabíamos lo que íbamos a encontrarnos. Después de tres meses trabajando juntos nos hicimos muy amigos. Pasamos por situaciones de todo tipo, porque en una casa antigua nunca

sabes con qué te puedes encontrar cuando empiezas a tocar cosas. Me cuesta un poco escribir esto porque los dos están muertos, padre e hijo. Y yo los apreciaba.

Repasamos la casa de arriba abajo. En la planta baja, donde se encontraba la tienda de mi madre, vimos, al tirar los tabiques, que las paredes estaban empapeladas y que tenían hasta cinco capas de papel. Alguien recordó que allí, en los años anteriores y posteriores a la guerra civil, había habido una barbería. En todo caso, resultaba imposible saber quién lo había hecho, todo formaba parte de discusiones aproximadas que al cabo de un rato se convertían en humo, como el papel, que se desmenuzaba en cuanto lo sacabas de la pared. Los años y la humedad lo habían reblandecido tanto que resultaba imposible reconstruir la historia de aquel tiempo.

La pareja del álbum sí que tenían planos. Cuando ya se vislumbra una cierta estructura aparece un nuevo personaje que acude para hacer una visita de obras. Parece el arquitecto o alguien del ayuntamiento, no puedo saberlo, podría ser el contratista. Al principio también hay un hombre bien vestido que despliega una cinta métrica. Es una casa unifamiliar modelo, como las que podemos encontrar a decenas y a miles en las ciudades alemanas. Puede haber variaciones en la ubicación de las ventanas y las puertas, en la orientación, en la posición del garaje y en la ornamentación de la fachada, pero la estructura es la misma y los planos debían de variar solo en función de los detalles que indicaban los clientes. Eso sí, por mucho que se parezca al resto de casas, es evidente que para ellos es única, es *Unser Haus*, su hogar, la casa donde proyectaban pasar los últimos años de su vida, en un lugar tranquilo, con un jardín grande y lleno de verduras y árboles frutales. Documentan los progresos porque quieren tener el recuerdo del tiempo preciso, porque se sienten orgullosos de la obra que marcará los años que les quedan, es el resultado de todo lo que han conseguido en la vida. Solo hay que ver lo alegres que salen o, a veces, observar su gesto serio, como quien muestra y confirma que puede sentirse satisfecho con su vida y de hasta dónde ha llegado.

Yo no he llegado a ninguna parte, pero también le tengo cariño a la casa de mi abuela. Hay muebles que vienen de muy antiguo. El arca de novia hay que situarla en el siglo XVIII. Yo pensaba que era de 1870, que es la fecha a la que se remontan las primeras noticias de su propietaria, pero un buen historiador me dijo que venía de mucho antes. Y el lagar de la uva

ha de ser muy anterior. El paso del siglo XVIII al XIX fue un periodo próspero en Zaidín; las casas de las calles centrales tienen arcos de piedra que todavía aguantan, y casi todas las fechas que se pueden leer en ellos son de esa época. Para mí es importante porque en una de las casas más bonitas, en la parte superior del arco más alto, el que tiene las puertas más hermosas, hay un Francisco Serés que esculpió su nombre en 1780. Entiendo perfectamente el mensaje: que estamos aquí de paso y que en el siglo XVIII ya hubo un Francesc Serés con su vida, sus expectativas y sus temores. No puedo olvidarlo porque tampoco puedo librarme de ver la piedra cada vez que voy a Zaidín; la casa de mi abuela está en la misma plaza.

Supongo que hay gente que puede evitar pensar en la historia, pero para mí es totalmente imposible. Eso no quiere decir que sepa de historia, sé lo que sé, y es cierto que tengo una relación afectiva con el pasado. Supongo que los que no somos historiadores podemos tomarnos alguna licencia. La pregunta que más me he hecho en los últimos años es qué hacer con ese pasado. Hemos arreglado —hace años lo hicieron mi padre y mi madre, y después yo— una casa en la que vivo veinte días al año. Visto así, y teniendo en cuenta el tiempo que pasé allí, un año de mi vida, el dinero invertido en ella no tiene ningún sentido. Algunos amigos me decían que estaba loco. Quizá es ese mismo tipo de irracionalidad el que te lleva a comprar un álbum como este, o a escribir todas estas historias. Me reconocía en aquellas imágenes de internet, y me reconozco en las fotos del álbum. Yo había reconstruido la casa de mi abuela, y aquella pareja mayor se hacía una casa completamente nueva en la que vivir.

Hay una foto en las primeras páginas que está hecha en un sitio diferente, con edificios altos, urbanos. La abuela del álbum lleva un delantal y habla con un chico, amigo de quien se supone que es su yerno. Si se sigue la secuencia de las imágenes, podemos pensar que dejaban el centro o el barrio de alguna ciudad para trasladarse a vivir a las afueras, pero podría tratarse de cualquier ciudad y de unas afueras cualesquiera de esa hipotética ciudad. Tanto ellos como yo habíamos conseguido un lugar donde cobijarnos. Yo en la casa de mis antepasados, que mis padres ya habían arreglado en su momento, y ellos en una casa totalmente nueva.

Avancé por las páginas y los progresos de las obras mientras recordaba también las obras en casa de la yaya, hasta que, más o menos a la mitad del álbum, llegué a lo más alto, al tejado. En Alemania, como en muchas otras partes de Europa, el día que se llega al punto más alto del tejado se celebra con una comida. Se considera que la obra ya ha alcanzado su ecuador —que aquí coincide con el punto medio del álbum— y que a partir de entonces todo será más fácil, que lo más difícil ya está hecho. Es costumbre que el propietario de la casa agradezca el esfuerzo y la dedicación de los albañiles invitándolos a una generosa comida, y entonces se coloca una bandera en lo alto del tejado para que todo el mundo sepa que la obra sigue adelante sin problemas. Aquí no colocan una bandera, sino una gran cesta, tan grande que deben agarrarla entre dos mujeres invitadas para la ocasión. La cesta está decorada con banderitas del partido nazi, con la cruz gamada negra en el centro del círculo blanco. En las fotos, la chica joven del álbum y otras dos chicas que no vuelven a aparecer muestran orgullosas la cesta. También podemos ver como los albañiles y los amigos que han ido a visitar la obra saludan al fotógrafo desde el segundo piso, bajo la cesta. La construcción avanza y el tejado se cubre rápidamente. Me quedé estupefacto y seguí pasando páginas como si no hubiera visto lo que había visto.

El coche con el que se desplazan también sale con frecuencia. Se ve mucho movimiento. Van desfilando los operarios, primero el yesero y después el fontanero, que ha instalado los primeros servicios de agua. Para ser sincero, da gusto ver la calidad del trabajo y el esmero en el oficio. Del desván pasamos a la terraza, al balcón, todo en perfecto estado de revista, y tras bajar a la planta baja vemos el garaje, que parece haber sido terminado hoy mismo. Hay cosas a medio hacer y cosas que se van ultimando, y al final vemos la cocina, la bañera y la caldera de la calefacción; incluso hay un montacargas interior. Da gusto, e incluso un poco de envidia, toda esa excelencia, esa profesionalidad, en un momento en el que las casas, en Zaidín, se construían como se podía.

Cuando ya está casi todo terminado, cambiamos de escenario y nos vamos a la ciudad. Poco tiempo, eso sí. De la ciudad solo vemos un camión junto al coche, frente a una tienda de comestibles que podría ser cualquier tienda de comestibles, ya he dicho que no hay ningún cartel ni ninguna señal que indique de qué ciudad puede tratarse. Una vez acabada la mudanza, y con los muebles ya en su sitio, encontramos otra foto que muestra la fachada delantera, con una gran bandera nazi que se descuelga desde el segundo piso. Es el 20 de abril, el cumpleaños del Führer.

Estas fotos no las vi cuando lo compré, el vendedor no las había colgado. La presencia de símbolos nazis conlleva siempre un riesgo añadido, unas veces encarece los objetos, otras veces crea rechazo y el vendedor debe decidir si se arriesga o no. Tal vez pensó que no tenía demasiado sentido en un álbum en el que no había fotos de soldados.

Me quedé estupefacto, y también un poco avergonzado por mi sorpresa. Al fin y al cabo, si había comprado un álbum alemán de los años treinta era muy posible que apareciese algún tipo de simbología en un lugar u otro, pero lo cierto es que lo cerré y lo dejé en la estantería durante unas semanas. No, no

soy tan inocente como para pensar que era imposible. Y no, no me escandalizo con cualquier cosa, pero es que eso no es cualquier cosa. Si los años de construcción de la casa coincidían con el apogeo del régimen nazi, había alguna probabilidad de que aquella gente, de clase media acomodada, tuviera alguna relación con el partido o incluso de que formara parte del mismo. Pero no tenía por qué ser algo explícito. Podrían haber sido militantes, simpatizantes, votantes o incluso dirigentes y no haber colgado ningún símbolo. O no haberlo incluido en el álbum... Hay muchas posibilidades. Pero no, porque *eso* también formaba parte de su hogar, aquella decoración coronaba la casa y daba sentido a un tiempo. En aquellos años el credo nazi era más que conocido, las agresiones hacía tiempo que eran públicas y continuadas, y mucha gente tuvo que emigrar a otros países. Son los únicos símbolos evidentes que aparecen en todo el

álbum. No hay ningún cartel, ningún edificio reconocible, ningún topónimo, pero sí la potencia de la cruz gamada. Si no fuera por las letras del lomo, por las fechas o por las fotos de la ciudad en la que se ve la publicidad de la tienda de los propietarios —si bien ningún nombre de calle—, quizá podría ser danés u holandés. Las banderas lo cambian todo.

El álbum continúa con la instalación de los últimos servicios, la limpieza del exterior y la supervisión de las obras. En las últimas fotos la casa está amueblada y los acabados listos para ser fotografiados. Hay contraluces y escenas más o menos preparadas. En algunos casos, la escenografía parece tan estudiada como las posturas del yerno, que en ciertos momentos parecen imitar las de los dirigentes políticos de la época. Hay alegría y celebración, luce el sol, estamos en la primavera de 1937. La casa ha ido creciendo mientras el régimen nazi ascendía, son los años finales antes de que empiece la guerra. Hay también otra pareja, y un niño que ha aparecido fugazmente en una foto en el desván y que podemos suponer que es su nieto. La última foto del libro, pegada en el interior de la tapa del álbum, es para él; este es su espacio, el futuro. Debe de tener once o doce años, y no puedo evitar pensar que es el futuro del linaje. En este álbum, el tiempo ha cristalizado de forma tan precisa que le ha permitido llegar hasta hoy. Como la casa, se hizo pensando en que debía perdurar, que las fotografías debían estar bien alineadas, en composiciones que siguieran un ritmo concreto, pasando de la nada de tierra y barro al huerto y al jardín, a las zanjas para los cimientos, a la parte basta de tierra y materiales que después se va cubriendo hasta dejar una casa habitable, presentable, fotografiable. La pintura blanca con la que han escrito las fechas se conserva en perfecto estado. Empezamos en una explanada, en un vacío sin forma, y terminamos con la figura del nieto, posiblemente hijo de otra hija o de un hijo que apenas sale en el álbum. Es un álbum pensado, construido y habitado.

Las reformas que llevé a cabo en casa de la yaya fueron la continuación de las que hicieron años antes mi padre y mi madre. El tejado peligraba y hubo que construir uno nuevo. Se había combado y agrietado en demasiados puntos y mi madre ya no daba abasto para colocar barreños y cubos cada vez que llovía. Además, ¿cuántos años tenía aquel tejado? ¿Cien? ¿Ciento veinte? No había nadie que pudiera recordarlo, porque mis abuelos y la madre de mi abuela lo habían visto siempre igual. Cuando era pequeño, debajo del tejado, en el segundo piso, trabajábamos la carne de la matanza del cerdo. En el suelo había dos fuegos que en aquellos días siempre estaban encendidos. El resto del año aquel era mi lugar preferido para jugar, lleno de rincones y con pequeñas habitaciones para distribuir a la gente que iba llegando. Mis bisabuelos tuvieron ocho hijos.

Eran los años diez y veinte del siglo pasado, y mis abuelos y sus hermanos todavía no sabían, como no lo sabemos nosotros, lo que les depararía el futuro, que pasarían una guerra y una dictadura. Mi abuelo no sabía que le iría de un pelo terminar en un campo de trabajo. Mi tío abuelo, hermano de mi abuela, no pudo zafarse y estuvo tres años en uno. Mi abuela materna perdió a su primer marido, y mi abuelo materno, a su primera mujer. Después se casaron, y de ahí viene mi madre, que junto a mi padre arreglaron el tejado. Las obras se prolongaron porque las calles son estrechas. Todo el mundo en la calle recuerda la polvareda, que duró varias semanas. Las vigas y el cañizo todavía aguantaban, y mi padre conservó tantas tejas como pudo, pero todo el material de en medio se deshacía como la harina. Una vecina dijo que eran las almas de la casa, que *pulvis eris et in pulverem reverteris*.

Tal vez sí que aquí la historia siempre deja rastro. Cuando era pequeño buscaba balas entre las piedras de los pilares y los tejados. En casa todavía tenemos dos pistolas de la guerra civil que el tiempo se ha encargado de inutilizar. En la automática falta una pieza, que por otra parte no sería difícil de tor-

near, y el revólver está tan oxidado que creo que antes morirías de tétanos que por un tiro. También había un fusil con sus cargadores y sus balas. Todo esto lo teníamos controlado y medio escondido, era agua pasada: pistolas que no disparan y balas llenas de verdín y óxido.

La bomba no. Por supuesto, no sabíamos que allí hubiera ninguna bomba, no conozco a nadie que viva tranquilo con una bomba sobre la cabeza.

Uno de los albañiles la encontró entre el encañado y las tejas, bien protegida en un agujero sin humedad, porque, además, alguien la había cubierto con yeso. Era una bomba de mano, una granada de mortero, de las que tienen el mango de madera para poder lanzarlas más lejos. Al principio, los albañiles no sabían qué era, pero uno de ellos se dio cuenta y

llamó a la Guardia Civil. Tras el susto inicial, una vez que vinieron a acordonar la zona, los albañiles se quejaron de que no podían perder tiempo por una bomba, discutieron con la Guardia Civil y siguieron con su trabajo. Colocamos una caja de madera para proteger aquel bulto y los artificieros llegaron enseguida. Los vecinos decían que no podía ser eso de vivir con una bomba en la calle. Aún aparecerían otras dos granadas. Según los artificieros, todas estaban activas, podrían haber estallado en cualquier momento.

Mi familia ha vivido con un paquete de bombas sobre la cabeza durante tres generaciones. A dos metros de los escondrijos había un fuego a tierra. Ni yo ni mi hermano viviremos con esa amenaza, pero me temo que las bombas simbólicas todavía están donde estaban, que el eco de la guerra civil persiste todavía, y que las vigas del mundo en el que vivimos aún están combadas. Todos sabemos que las estructuras sociales, culturales y económicas del país se retorcieron de tal modo que incluso hoy se construye en falso. La pareja del álbum colgaba banderas nazis desde lo alto de la fachada, mis abuelos escondieron bombas en el tejado.

Rogelio, el albañil que se dio cuenta de que eran bombas, tenía un buen motivo para reconocerlas. Cuando era pequeño le estalló una similar, provocándole muchas heridas en todo el cuerpo, y un fragmento de metralla le vació un ojo. A veces parece que la fatalidad te haga escribir cosas que nunca habrías pensado que escribirías, yo solo buscaba unas sillas cómodas en Berlín y, de repente, como surgida de la nada, aparece una historia como esta. Supongo que era el momento y que sale todo ahora porque hemos tenido las guerras más cerca y existe alguna forma narrativa que va por dentro del tiempo y que nos ata a todos a la historia. La lista de gente del pueblo que sufrió alguna explosión es larga, aunque ahora solo queden los que lo vivieron siendo muy pequeños, gente a la que siempre he visto igual: alguien a quien le falta una parte del pie, de la pierna o del brazo, un ojo, algún dedo o, simplemente, alguien que tiene cicatrices en el cuerpo provocadas por la metralla. La pareja del álbum no es consciente de todo lo que está a punto de ocurrir. Cuando terminan la casa falta un año para la anexión de Austria, algo que en ese momento todo el mundo debía de tener en la cabeza de un modo u otro. A partir de aquí la historia es conocida, la Historia con mayúsculas, al menos, la que estalla y expulsa la metralla de pequeñas historias como las de este libro.

Las fotografías con las banderas me impactaron. Durante semanas, durante meses, agarraba el álbum y volvía a dejarlo. Lo digitalicé porque me daba miedo estropearlo de tanto pasar páginas. Aquellas fotos lo cambiaban todo, pesaban demasiado. ¿Lo habría comprado si las hubiera visto? No lo sé, el caso es que había relacionado las dos casas, y el lomo me miraba desde la estantería y me enseñaba el *Unser Haus I* sin orgullo y sin vigilancia pero de manera sólida, como un recordatorio de que ya no me libraría de él. Por supuesto, no lo podía vender, y tampoco iba a tirarlo, sería incapaz de hacer algo así. Pero lo cierto es que no sabía qué hacer con él, si es que debía hacer algo. Ni siquiera sabía cómo debía mirarlo. Quizá si lo hubiera comprado un mes más tarde, una vez que ya hubiera estallado la guerra en Ucrania, habría atado algún cabo, pero recibí el libro el 10 de febrero de 2022, cuando todavía pensábamos que no habría guerra, quizá no porque creyésemos que era imposible, sino porque queríamos creer que no teníamos por qué vivir otra barbaridad. Estábamos equivocados, pero entonces no lo sabíamos, o yo no lo sabía.

Sea como fuere, el álbum estaba ahí, en la estantería, esperando. El problema era que me costaba establecer algún tipo de diálogo con los personajes que salen en las fotos, no sabía cómo hablar con ellos. Miran a la cámara, es decir, a quien los mira a ellos, a mí, pero no había ninguna individualización, ningún detalle que me permitiera saber algo de ellos más allá de la historia que los contenía y que podía describirlos a través de otras historias. El único detalle que encontré, que además podía pasar desapercibido, fue la matrícula del coche. Y digo desapercibido porque cuesta ver una matrícula, y esta se ve al bies, pequeña y muy borrosa. En una ampliación forzada, que hace aún más borrosas las letras y los números, se pueden llegar a intuir las letras que indicarían la ciudad de la que proviene. HH, Hansestadt Hamburg. Pero que el coche tenga matrícula de esa ciudad no tiene por qué significar nada. Un amigo fotógrafo hizo una búsqueda para mí y encontró el mismo coche, pasados los años, en una especie de carrera, con quien supongo que era su nuevo propietario, que se fotografía junto al que también supongo que debía de ser el copiloto o el mecánico. O simplemente un amigo. Suposiciones. Cuando no conocemos una historia la queremos conocer, y cuando empezamos a conocerla no queremos conocer tantas cosas.

Muy bien, era Hamburgo. ¿Y qué? El coche podía ser de segunda mano, los propietarios de la casa podían haberse mudado a cualquier otra ciudad o, simplemente, el coche podía ser del que parece ser su yerno, que podría ir y venir desde otro sitio. Además, la ciudad fue bombardeada muchas veces, hasta que del centro no quedó nada, como ocurrió con tantas otras ciudades. Pero, por otro lado... Por otro lado, la casa no está en el centro, está en uno de los barrios de las afueras, por eso hay aquellos descampados... Pero, claro, en esos barrios de las afueras también se combatió, y según los mapas que he consultado la destrucción llegó hasta la periferia, inclu-

so hasta los lugares donde había pocas casas. Quizá estas no fueran bombardeadas desde el aire y las destruyeran los tanques. No lo sé, no quiero saber este tipo de detalles. Por otro lado —siempre por otro lado—, ¿cuántas casas como aquella podían existir en esa ciudad? ¿Miles? ¿Decenas de miles? ¿Y cómo habría cambiado, para poder identificarla?

La casa existe. Todavía está ahí. Cuesta reconocerla porque se han hecho reformas y ni la calle ni el barrio se parecen a los del álbum, pero algunos elementos de las casas vecinas, como los tejados, y la orientación de las calles despejan cualquier sombra de duda. He ido a verla y en ella vive alguien. No he buscado nombres, no he buscado catástrofes o miserias familiares porque no creo que deba hacerlo. Ni siquiera he llamado al timbre, como mucha gente me ha sugerido que hiciera, no creo que tenga sentido. Solo la he visto desde fuera y he tomado las fotografías oportunas de forma discreta, creo que ni los que viven allí ni los vecinos me han visto. Es la casa, todo encaja.

Detrás del descubrimiento no hay ninguna aventura extraordinaria, solo una larga tarde de mapas, de Google Maps y de Google Earth, una tarde que se prolongó hasta bien entrada la noche. La única referencia posible para encontrar la casa era una hilera de casas pareadas que se veía al fondo de algunas fotografías. Claro que en una ciudad puede haber cientos de hileras de casas pareadas, y desde los años treinta hasta ahora ha habido remodelaciones, planes urbanísticos y, por supuesto, una guerra que arrasó el centro y muchos barrios. Por si fuera poco, aquel tipo de casas eran muy frecuentes, se siguieron construyendo después de la guerra, y cuando empecé a consultar mapas ni siquiera estaba seguro de que Hamburgo fuera el lugar donde tenía que buscar. Pero ¿qué podía perder? ¿Tiempo? El uso del tiempo es casi lo único que nos define, ¿y acaso no lo he desperdiciado otras veces en la vida? ¿Qué podría perder realmente? Observé Hamburgo desde el cielo y, tras marcar varias hileras de casas, me fijé en las que tuvieran una decena. Hay muchas, por supuesto, y yo no buscaba la hilera de casas, sino aquella casa, pero poco a poco fui descartando sitios, calles e hileras. En las seis que seleccioné había muchas casas similares a la que buscaba, pero disponía de una pista que podía resultarme útil. Al lado de la casa había otras dos que no tenían la misma forma que las anteriores, y la inclinación del tejado de una de ellas era bastante peculiar. En Google Maps también había una así. Al ampliar la imagen pude ver que se le parecía. Había algunas casas borrosas, las que los propietarios no quieren que se vean, pero afortunadamente no era el caso de la que yo buscaba. Me despistaban mucho la posición relativa y la orientación de la calle. La casa que sale en el álbum tiene un garaje que en la casa que había encontrado había desaparecido, pero lo que más me desorientaba era que la organización del trazado de las calles y la orientación de las entradas y salidas de algunas fincas habían cambiado. En el álbum se entra por el lado en el que ahora hay un jardín cerrado, y la fachada que hoy da a la calle es la que antes estaba en la parte trasera.

Era ya cerca de medianoche cuando confirmé que se trataba de la casa. Dasha me dijo que me calmara, que había muchas probabilidades de que estuviera equivocado. Supongo que si me hubiera dado la razón no habría llamado a Arnau, un amigo arquitecto, a esas horas de la noche. Es cierto que antes le envié un mensaje para ver si estaba despierto y él me preguntó si podía esperar a mañana, pero cuando le conté de qué se trataba, él tampoco pudo esperar, así que encendió el ordenador y situó las imágenes que le había enviado. Y entonces me dijo que sí, que parecía la casa, pero que de ninguna manera podía serlo.

—Todo encaja, la posición relativa es exacta, y me maravilla que lo hayas encontrado, porque lo he triangulado en un momento y todo coincide. Pero la hilera de casas y las inclinaciones de los tejados son solo una casualidad. Lo siento, pero no puede ser.

—Todo encaja y no puede ser..., explícamelo.

—Hay una cosa que no puedes cambiar.

—¿El qué?

—La altura de una casa. Es más baja —dijo con ese deje de pequeña victoria de arquitecto.

—No, no... Eso lo tengo controlado. Puedes cambiar la altura de un país. La altura de la casa es la misma, fíjate en que también tiene parking, pero ahora es un garaje casi subterráneo. Es el suelo el que ha subido de nivel, no la altura de la casa la que ha bajado.

—Me estás tomando el pelo, ¿verdad? —dijo echándose a reír.

—Todas las casas del barrio de aquella época son más bajas porque el suelo es más alto. Fueron depositando los escombros del centro de la ciudad en otros barrios de las afueras. Las casas son más bajas porque una parte de ellas se la han comido los escombros.

—Venga, Francesc.

—Las dos montañas más altas de Berlín están hechas con los escombros de la ciudad. Busca ahí toda la poesía y la tragedia que quieras.

—¿Me lo dices en serio?

Muchas casas del barrio han perdido altura. Las casas pareadas de las fotos del álbum tienen un aspecto más estilizado, hoy son más rechonchas. La guerra las volvió más pequeñas, y, bien mirado, es lógico: las fotografías del centro de Hamburgo son terribles. La descripción que hace Walter Benjamin del *Angelus Novus* de Klee es profética. El ángel tiene brazos que son alas o alas que son brazos levantados. Mira al pasado fijamente y ve desfilar las ruinas sin que pueda hacer nada para recomponerlas porque el viento lo empuja hacia el futuro. El centro de Berlín, Dresde, Hamburgo, Núremberg, Guernica o Belchite, Hiroshima o Nagasaki podrían ser los lugares por donde pasa el Ángel de la Historia, que cada vez vuela a más lugares y de forma más rápida porque el viento es cada vez más fuerte. La alegoría de Benjamin funciona como funcionan las obras maestras, incrustando en el lector una forma de ver el mundo que no podrá olvidar. La casa ha perdido un metro y medio o dos metros de altura y está rodeada de los escombros que salieron de las zonas bombardeadas.

—Sí que te lo digo en serio, eso sí lo sé. No puedo asegurar que sean los escombros de los edificios bombardeados, pero el garaje está ahí, y la casa del álbum no lo tiene bajo tierra.

—Si es así, las ventanas y las posibles reformas encajan. Fíjate en la posición de las chimeneas. La antigua todavía está ahí. Si lo que dices es cierto, hay muchas probabilidades de que tengas razón.

—Venga...

—Muchas probabilidades.

Todavía pasamos un rato más mirando las fotos de las casas que se ven a lo lejos, comprobando si podían reconocerse más o menos. Encontramos muchos detalles que pude volver a ver cuando estuve delante. Fue en enero de 2023, casi un año después de haber recibido el álbum. Dasha quería ir a ver a dos amigos suyos, uno de los cuales nos invitó al hotel en el que trabaja. Quería agradecerle a Dasha que le hubiera comprado un billete de avión cuando estalló la guerra y las tarjetas de crédito rusas dejaron de funcionar. Dima (Dmitri) trabajaba en un crucero y aprovechó una escala en Grecia para pedir asilo en Alemania. En Hamburgo tiene una amiga que había conocido en uno de los viajes por el Mediterráneo. A veces cuesta mucho contarlo todo, y quizá tampoco sería necesario dar tantos detalles, pero es difícil saber dónde empieza y dónde acaba toda esta historia.

Dejamos las bolsas en el hotel y fuimos a ver la casa. Al cabo de media hora de metro y tren ligero, nos plantamos en la calle. La había recorrido tantas veces con Google Maps que tenía las casas en la cabeza. Sabía cuál era la primera, la segunda, dónde tenía que triangular, de qué tejados podía fiarme... Y ahí estaba la casa. Había un coche aparcado delante de la puerta del garaje y tenía todavía la decoración de Navidad en el jardín y en la valla. Todo encajaba, la posición de las ventanas, la inclinación de los tejados de los edificios de al lado y la orientación de la calle. Hice todas las fotos que pude, decenas, porque estaba tan nervioso que sabía que muchas saldrían movidas. Era enero y, aunque eran las once, había poca luz porque estaba nublado. Como el nivel del suelo había subido, una escalera conducía hasta el primer piso, pero todavía se conservaba la estructura de la entrada anterior. No podíamos ver el jardín al completo, pero podíamos comprobar las distancias. Todo encajaba. Dimos muchas vueltas antes de que Dasha se hartara y me dijera que necesitaba un café.

—Si vamos a tomar un café, te diré que es la casa.

—Es la casa.

—Sí, pero vamos, que hace mucho frío.

Después del café volví a la calle y me atreví a mostrarle algunas fotos a una vecina. Mi alemán todavía era muy precario, solo hacía dos meses que había empezado con las clases, pero hizo un esfuerzo y nos pudimos entender. Me dijo que sí, que aquello era el barrio, que había visto fotos similares.

—Quería hablar con usted porque he visto el mismo balcón que en las fotos.

—Sí, lo que pasa es que con el tiempo se ha ennegrecido, dicen que es por culpa de los compuestos químicos de las bombas que se lanzaron.

—Y el nivel de la calle.

—Trajeron escombros de la ciudad, es cierto, pero también fue por las obras del tren. La vía está ahí mismo, si han venido en metro la habrán visto.

—Sí, sí.

—Por eso casi se han perdido las plantas bajas. Esta casa que me enseña está ahí, ¿verdad?

—Sí, creo que sí.

—Han pasado muchos años.

—Muchos, encontré el álbum en una página de internet y quería venir a verlo.

—Sí, esto es justo aquí, puedo reconocerlo. He visto fotos como estas en una exposición que se hizo en un centro cultural del barrio. Y la casa es aquella de allá —dijo señalando con un gesto de la cabeza, sin utilizar la mano ni el dedo.

—Sí, pero no me he atrevido a llamar a la puerta. Bueno, el caso es que no he querido llamar.

—Bien hecho, mejor. No lo haga.

II

Caminos en medio de un incendio

Neukölln, febrero de 2022

Las sillas fueron la chispa que encendió las luces dentro de la casa del álbum —que ahora ya es un poco mi casa, como la casa de la abuela—, pero fueron las conversaciones de Dasha con sus amigas las que empezaron a iluminar los caminos que llevan hasta este libro. Ahora, cuando miro atrás, hacia lo que hemos vivido, cuando veo las cosas que he ido acumulando en la estantería durante estos dos años —álbumes de fotos y de cromos, diarios personales, cuadernos de viajes, libros de dedicatorias o fardos de cartas—, comprendo que no eran luces en el camino, era un camino en medio de un incendio.

Sigo desde hace años las conversaciones de Dasha con sus amigas, con las que se han quedado en Rusia, con las que se han ido a otros países y con las que no sabemos exactamente dónde están viviendo. Forman parte de una constelación de personas de proximidad variable, cuya ubicación intento recordar para situar sus vidas, para sentirlas más cercanas y poder pensar que, a pesar de los miles de kilómetros que nos separan, todavía conservamos algo parecido a la amistad y al sentimiento de comunidad. Sigo los avatares de las amigas de Nizni Nóvgorod, Oriol, Moscú, Vladímir o San Petersburgo con esa intensidad e inestabilidad que traen los tiempos, con las dudas que a veces provocan la falta de noticias, los silencios forzados o la dificultad de recordar a todo el mundo.

Reconstruyo sus vidas a través de la suma de encuentros, videoconferencias y redes sociales. Así, cuando nos encontramos —cuando nos encontrábamos, cuando íbamos a Rusia; no puedo hablar en presente porque hace tiempo que no podemos ir allí—, o en las cenas que de vez en cuando tratamos de organizar en Berlín, tengo una biografía aproximada de cada una de ellas. Conservo también una imagen de sus familias abstractas, de las ciudades en las que viven, reales pero medio imaginarias para mí. A veces, cuando Dasha conversa con ellas por videoconferencia, me siento a su lado durante unos minutos, hasta que veo que quieren hablar de sus cosas. Después, Dasha comenta algo de esta o de aquella, y, poco a poco, y tras doce años, completo otra página del álbum. Es una geografía personal y difusa en la que las vidas acaban confundiéndose, y que Dasha a menudo se ve obligada a rectificar.

Hay páginas que tienen mayor grosor porque han de soportar mucho peso, como las de Taísia, por ejemplo, una amiga de hace muchos años que vive en Francia. No es que espíe lo que dicen, y además mi ruso es muy precario, pero a veces hablan sin auriculares y un día percibí un tono de voz poco habitual. La conversación era triste, de esa tristeza que uno nota aunque no esté escuchando. Hablaban de una colección de sellos y de unas cajas llenas de recuerdos que la madre de Taísia había tirado a la basura. Es una historia larga que se remonta muy atrás en el tiempo, como casi todas las historias que aparecen en este libro. Empieza muchas décadas antes de que la madre tuviera la ocurrencia de querer borrar una parte de la memoria compartida con su hija. Yo me enteré en ese momento. Dasha hacía tiempo que lo sabía, pero no me había dicho nada, tampoco es que me lo explique todo, por supuesto. Además, tal vez yo necesitaba cierta distancia para poder entenderlo. Las historias llegan cuando deben llegar.

La madre de Taísia había nacido en la Unión Soviética, y, en la medida en que estas historias personales y colectivas conviven unas con otras, eso había formado parte de ella de una manera íntima y política. Había amado a su país con una esperanza que dio paso al dolor, la negación y la decepción que conllevan el fracaso de los proyectos compartidos. Aquella confianza se perdió, y la desorientación que provocó el desierto moral y político en el que se convirtió Rusia rasgó mapas y desbarató vidas y proyectos. Todos creemos en símbolos y todos construimos relatos que nos permitan recorrer los años que han de venir, pero la historia pasa y cada acontecimiento abre otro mundo de caminos que se bifurcan. Taísia y su madre todavía están en el mismo árbol, pero en ramas muy alejadas la una de la otra.

Taísia vive en Francia desde 2009 y su madre continúa en su Kírov natal. Un día, en una de sus visitas, Taísia fue a buscar aquellas cajas de recuerdos al armario de su habitación y vio que en vez de las cajas había un montón de mantas dobladas. Las cajas contenían libros infantiles, algunos cuadernos de ejercicios de la escuela, una cajita de fotografías, recuerdos de excursiones y de encuentros con amigos, y algunas cosas más valiosas, como las diapositivas y el reproductor, que tenía forma de televisor. También la colección de sellos de las Olimpiadas de Moscú de 1980.

Dasha recibió un mensaje de Taísia en el que le contaba lo que había pasado y me lo comentó, pero la verdad es que yo me olvidé del asunto hasta que volvió a salir en la conversación. Desde entonces la historia ha ido pasando por diversos momentos de calma y ebullición, pero el fondo siempre es el mismo: su madre no aprueba que se haya ido a vivir al extranjero. Por supuesto, quiere a su hija y desea lo mejor para ella, de eso Taísia no tiene ninguna duda, pero a su madre le duele que sea ella, precisamente ella, la que ponga en cuestión toda su vida, primero en la Unión Soviética y después en Rusia. ¿Acaso Taísia no podría haber seguido viviendo en Rusia?

Taísia dice que no quería formar parte de una sociedad como la rusa porque tenía miedo del futuro, de un futuro tan previsible como el que ha desembocado en la guerra de Ucrania, con los precedentes de las guerras de Georgia o Chechenia, que vivió de pequeña y que fueron las primeras de muchas otras guerras que se irían desarrollando en paralelo a la guerra que libra el Gobierno contra su propio pueblo. Se ha ido porque la vida debía continuar, porque es por eso por lo que se trabaja y se lucha allí donde los tiempos lo permiten, para tener una vida digna con un futuro viable, sin miedo, una vida donde las parábolas que encapsulan el tiempo —las ideologías— puedan compartirse sin hacerse daño. La generación que nació en los ochenta y los noventa ha quedado marcada por el recuerdo del derrumbamiento del país y por las guerras, pero también por la pérdida del submarino Kursk en 2000 o el ataque al teatro Dubrovka dos años después. Por las guerras y por el indeleble recuerdo de Chernóbil, por supuesto. Por eso se ha ido.

Las últimas veces que Taísia y Dasha hablaron, me llamaron para que me uniera a la conversación. Entre nosotros existe una amistad acordada en la que no se hacen más preguntas de las necesarias, un vocabulario y unas imágenes comunes que vienen de la vivencia de los tiempos en que ellas estudiaron juntas y que me han ido contagiando. He oído tantas veces la historia y he vuelto tantas veces sobre ella y sobre todo lo que la rodea que he podido hacerla mía. No puedo vivir del todo sus vidas, pero me he adentrado lo suficiente en ellas para recordarlas y llevarlas conmigo. Es entonces cuando podemos hablar y preguntar. ¿Las cajas las tiró en un momento de rabia? ¿Lo meditó? ¿Se confundió de cajas, como ha dicho alguna vez? No, según Taísia eso no es posible, pues aparte de los objetos antes mencionados, también guardaba allí los peluches de cuando era pequeña, un vestidito tradicional que ganó en un concurso de redacción y otras cosas que no se podían confundir ni con papeles viejos ni con ropa usada.

Pensé que podría ser algo bueno recuperar al menos los sellos, por eso empecé a buscarlos. Antes, por supuesto, le pedí permiso a Dasha, porque todo esto es como pisar sobre una fina capa de hielo: cuando notas que empieza a resquebrajarse ya es demasiado tarde. Dasha me traduce ese otro mundo, porque las acciones, como las palabras, necesitan siempre traducción. Eso no quiere decir que con una traducción adecuada evites las consecuencias, solo quiere decir que no has olvidado los pasos que has de dar y que, si metes la pata, al menos tendrás la conciencia más tranquila. Quiere decir que cuando te equivoques, porque te equivocarás, no lo habrás hecho de mala fe y podrás volver hacia atrás, hacia donde el hielo tiene más grosor. Podrás pegarte una hostia y mojarte, pero al menos no te hundirás.

El día que Taísia y Dasha volvieron a hablar, yo acababa de recibir la colección de sellos. Dasha dice que cuando nos conocimos yo ya me dedicaba a buscar en las páginas web de segunda mano, y es verdad, cuando hice las obras en casa de mi abuela compré a través de ellas un montón de herramientas, materiales y muebles. Eran los años de la crisis y se vaciaban pisos sin parar, cada día había más cosas y más baratas. Y claro, también cerraban muchas empresas de construcción. Había gente que se conformaba con que te llevaras lo que tenían para no tener que pagar una empresa de mudanzas, y se mostraban desilusionados si te llevabas poca cosa, como si tuvieran prisa por clausurar una época de su vida y tú los pudieras ayudar a finiquitarla. Recuerdo que me hice con todas las enciclopedias, diccionarios y colecciones de libros que siempre había querido tener y que molestaban en todas partes. Creo que fue la primera vez que tuve la sensación de hacer cosas a destiempo. Ya no era la época de las enciclopedias; la economía mundial había arruinado a millones de personas y la tradición de la que venían aquellos libros no había sido capaz de impedir el desastre. Ahora comprendo que, más allá de que yo fuese a destiempo, que tal vez sí, lo que es seguro es que pensar que se está viviendo el momento correcto de la historia es una de las ilusiones más insensatas que existen.

Taísia se alegró mucho porque se trataba de la misma colección que ella había tenido, o al menos se parecía mucho. Quizá le pasa como a mí con algunas cosas, que después de años de no verlas me hago de ellas una idea aproximada, idealizada y cómoda. Qué más da. Los sellos de la colección muestran las diversas disciplinas olímpicas, el oso Misha, algunos estadios y, cómo no, logotipos y símbolos de la URSS. El álbum está nuevo, y pagué muy poco por él. Los sellos también pertenecen a un mundo anterior. En Berlín todavía quedan algunas tiendas de filatelia. Al lado de la Fuldastrasse, la calle donde vivíamos en Neukölln, había una que los vendía en bolsas, a peso. Ese mundo se ha acabado, hay colecciones enteras que nadie puede guardar en su casa porque ocupan demasiado espacio. Supongo que es lo que me pasará a mí con las enciclopedias que me quedé, y quizá ocurre un poco lo mismo con la cantidad de Historia y de historias que acumulamos. La cuestión de cuál es la cantidad exacta de historia que

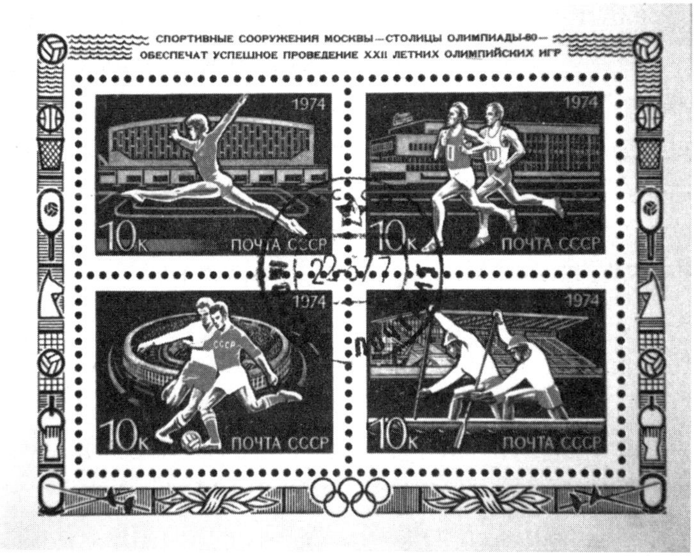

conviene tener en casa o en la cabeza continúa siendo un misterio.

¿Qué pensaría su madre cuando tiró las cajas? ¿Y de verdad las tiró? No quiero acabar de creérmelo, me gustaría pensar que en el último momento cambió de opinión y las guardó en el desván o en el garaje con la esperanza de que algún día arreglarían las cosas, pero tampoco quiero hurgar en el asunto. Se acabó. Cuando recibió la nueva colección de sellos, Taísia agradeció el gesto de complicidad y, sobre todo, que hubiéramos entendido la historia, que la hubiéramos hecho nuestra. La distancia entre la generación que pudo emigrar y la que se ha quedado en Rusia está llena de vacíos y distancias, y cuesta mucho conciliar los dos mundos. A veces las adversidades y las cargas del camino son tan insalvables que uno ha de tirarlas a la basura, porque, si no, no se podría vivir con ese peso, sobre ese suelo, sobre esa capa de hielo tan fina. Los últimos hombres soviéticos y las últimas mujeres soviéticas viven la distancia de los hijos de forma contradictoria, con la grata sensación de pensar que sus descendientes vivirán mejor fuera que dentro y con el remordimiento de saber que ya no formarán parte de la Rusia heredera de esa URSS de la que ellos deberían sentirse orgullosos. Una victoria personal, una derrota colectiva. Muchas veces he llegado a pensar que esta mala conciencia es el precio que pagan por aceptar que los hijos estén fuera. La madre de Taísia tiró los recuerdos de su hija a la basura, una forma trágica de tratar la memoria, quizá la única forma posible que ha encontrado. Le pregunto a Dasha si puedo contar esta historia, si me da su permiso, y ella me mira sin saber qué decir. Me dice que según cómo sí y según cómo no, que le ponga otro nombre. Taísia, por tanto, no se llama Taísia; por lo que respecta al resto de la historia, las palabras son exactas.

Durante el último año hemos vivido situaciones de todo tipo. Es de ahí de donde salen las historias, los caminos en medio del incendio. Las amigas de Dasha han sufrido la guerra de formas distintas, cada una según sus circunstancias. Sonja, otra habitual de las videoconferencias, que vive entre Moscú y Nóvgorod, donde nació y donde abrió una academia de idiomas, nos contó lo mal que lo estaba pasando. No nos pedía soluciones, solo hablar, quería poder estar un rato en el extranjero con nosotros. Para ella no es nada fácil, pues su hermano y su cuñado trabajan para el ejército. Su hermano no es militar, realiza tareas organizativas y logísticas, de apo-

yo a la intendencia, sea lo que sea lo que quiera decir eso. Ella no lo sabe exactamente, y si lo sabe no nos lo dice, pero asegura que es un buen puesto y, sobre todo, que está protegido. Su cuñado está en un lugar mucho más sensible, digámoslo de este modo. Alguna vez, Sonja ha hablado tan claro y con tanta sinceridad que hemos tenido miedo. No por mí, claro, un poco por Dasha y, sobre todo, por la propia Sonja, su marido y sus hijas. Algunos días se mostraba furiosa. La guerra contra Ucrania le ha hecho daño y nos dice a nosotros lo que no puede decir en Rusia. Cuando habla de estas cosas yo insisto en preguntarle si la conexión es segura y ella nos responde que sí, que ha activado la VPN, el mecanismo de cifrado de la conexión, lo que a mí nunca acaba de dejarme del todo tranquilo. Se pregunta por qué no es su hermano el que va al frente, por qué muestra esa arrogancia, ese convencimiento de que a él no lo enviarán allí. Es una pregunta retórica, prácticamente antirretórica, dada la claridad con que se la formula, porque ella sabe que se dedica a buscar gente, a reclutar soldados.

—Que vaya él, si es tan valiente, ¿no? ¡Que vaya él al frente!

Yo le preguntaría cada diez segundos si está segura de que no nos escuchan, porque me alarma tanta contundencia. Cuando decía que las conversaciones abren caminos me refería a esto, a esas llamaradas que te iluminan y te sacuden, llevándote a lugares que no habías previsto ver. Yo no hablo tanto con ella como Dasha, está claro, pero también nos tenemos mucha confianza, normalmente les caigo bien a sus amigas. Yo sé que Sonja siente asco, asco hacia una parte de la familia, hacia cómo una parte de sus amistades está viviendo la guerra, y es un asco que ha de disimular, no puede explicarle a nadie los motivos de su sufrimiento. Un día nos contó cómo se había enfadado con una de sus amigas de Moscú, que no se daba cuenta de la gravedad de la situación. A Moscú todo llega con sordina, incluso las tragedias se cansan al atravesar Rusia, y cuando llegan a la capital, los medios y el ambiente político y económico se encargan de hacerlas un poco más llevaderas. Esto lo dice ella. También dice que está muy cansada y que querría huir del país, pero su marido, que es un excelente ingeniero agrónomo, no habla inglés. O no lo habla lo suficientemente bien como para encontrar trabajo de forma rápida. Y con dos hijas pequeñas no sabe dónde podrían ir. De hecho, en muchos sitios no los querrían, e irse a Georgia o a

Turquía ha sido una solución pasajera que también tiene sus consecuencias. Sonja y Taísia son las dos caras de una misma moneda. Taísia no sabía dónde tenía su pasado. Sonja, que lo tenía intacto, no sabía dónde tenía su futuro. Sonja tampoco se llama Sonja, pero por lo que respecta al resto, las palabras también son exactas. Cuando digo que intento seguir la vida de las amigas me refiero a que también me he de hacer cargo de esta parte, que debo recordarla.

Durante todo este tiempo de guerra hemos intentado curar las heridas como hemos podido. No quiero exagerar, nosotros no hemos ido al frente, no hemos vivido bajo las bombas. Nuestros cortes y desgarros son los cotidianos, la fricción diaria —siempre ha habido una distancia de seguridad física—, pero el dolor también se transmite por el aire, corrompiéndolo. Nuestra familia también está en Rusia, y una parte pequeña en Ucrania. Tenemos amigos en todas partes, y tanto Dasha como yo ejercimos de voluntarios en las tareas de acogida de los refugiados ucranianos que llegaban a Berlín. Pasamos de la pantalla del móvil a la acogida de refugiados. No, no hemos estado en el frente, en ningún momento pretendo suplantar a nadie ni asumir roles que no me corresponden: esa es nuestra distancia variable con el conflicto y con la historia.

Todos necesitamos distancia. Pocos días antes de la llegada de los refugiados, Dasha recibió un mensaje de Masha —la Masha de Járkov, que lleva años viviendo en Berlín— en el que le decía que se iba de vacaciones a Canarias. Parecía imposible que Rusia atacara Ucrania; a pesar de que la acumulación de tropas era real, supongo que nadie quería creérselo. Su padre y su madre habían vivido siempre en Járkov y tampoco pensaban —o no querían hacerlo— que pudiese haber una guerra tan cruenta y larga. Más adelante, tras el cuarto mes de guerra, Masha pudo acogerlos en su casa, pero cuando la invasión comenzó estaba de vacaciones en Canarias.

—Siempre puede pasar algo. Si tuviera que estar todo el rato pensando en lo que puede pasar en Járkov, no viviría —dijo Masha un día que estábamos cenando juntos.

—Yo acepté venir como refugiado porque pensaba que estaríamos en Canarias, con sol y playa. En Berlín ya no me hace tanta ilusión —bromeó su padre.

En mi cabeza tengo tres Mashas: la Masha de Baskiria, la de Donetsk y la de Nizni Nóvgorod. Dasha tiene más, claro, pero a mí se me acaba la memoria. Están la Ania de Francia, la de San Petersburgo y la de Nizni Nóvgorod. Las dos Dashas, que llevan años viviendo en Cataluña, el Alexéi de Moscú y el de Samara... Sasha está en Hamburgo y Iana en Trento. Tenemos a la Katia que vive en Estambul y a la que vive en Berlín, con la que quedamos cuando no sabíamos nada de la inminencia de la guerra y que nos invitó a cenar en cuanto llegamos. Dos meses después de nuestra cita, a las pocas semanas del estallido de la guerra, nos dijo que una de sus mejores amigas había fallecido en el ataque contra la torre de televisión de Kiev. Fue el 1 de marzo de 2022, una de las cinco víctimas era amiga suya. La tele repitió las imágenes durante algunos días porque la mezcla de espectacularidad y realidad deslumbraba también a los medios, que estrenaban otra guerra. Las llamaradas contrastaban con el color gris del humo y del invierno de Kiev, y hoy ya han caído por completo en el olvido, salvo para los que recordamos a algún muerto. No es fácil olvidar a un muerto que ya no es anónimo, pero es que, además, no quiero hacerlo. Por eso convoco todos estos nombres, porque me aterroriza pensar que me pueda faltar alguien. La chica era periodista, era rusa y huía precisamente de su Gobierno. Es la energía de la que surge este libro, el motor de explosión. Son mis cajas de recuerdos, las comparto con Dasha y no quiero perderlas.

Una pequeña parte de la familia de Dasha, de mi familia, vive en Ucrania. Yo tengo amigos y conocidos ucranianos, trabajé con ellos en Zaidín, les di clase cuando era profesor, he compartido escalera y bloque... Hay muchos nombres que llegan a nuestras vidas y que van pasando. Si los utilizas para tus historias, mal, y si los olvidas y no dices nada, también. Hagas lo que hagas tendrás que responder de una cosa u otra, porque el grueso de la historia solo tiene en cuenta a quien lo relata para juzgarlo.

Estas últimas líneas no son del todo mías. Las oí decir al final de una obra de teatro. Los dos últimos días de 2022 se representó *La última palabra* en el teatro Gorki. La obra recogía discursos de mujeres que han sido condenadas por los tribunales en Rusia. Conocíamos a Anna Narínskaya, la autora del texto, quien tuvo que huir de Rusia, como mucha de la gente reunida en el Gorki. No cabía ni un alfiler, pues Berlín se ha ido convirtiendo en la capital del exilio ruso. Antes de empezar, los organizadores preguntaban si había algún asiento vacío, porque había mucha cola fuera.

La obra se basaba en las declaraciones de una docena de mujeres que, según la justicia rusa, han cometido crímenes contra la patria. Se han opuesto a las decisiones del Gobierno o a sus leyes, antes o después de la guerra. Me refiero a esta guerra, por supuesto, porque el Gobierno ruso está en guerra permanente contra su propio pueblo. La coerción aumenta o disminuye, pero siempre tiene un grado y una intensidad que impide cualquier tipo de confianza en un futuro mejor. Salían algunos casos famosos, como el de las cantantes del grupo Pussy Riot, pero la mayor parte eran de mujeres que habían protestado contra las guerras o contra la represión interna y que no habían tenido eco fuera de Rusia. O casos casi olvidados: se recordaba a un grupo de activistas —no solo había mujeres— que protestó contra la intervención en Praga en 1968, cuando todo lo que se podía hacer era algunas fotografías de la manifestación. Lo hicieron en medio de la Plaza Roja, y en la obra se leyó una parte del discurso que Natalia Gorbanevskaya pronunció allí mismo. Me los imagino en 1968, solos en medio de la Plaza Roja, en protesta por la invasión de Checoslovaquia, solo para intentar tomar algunas fotos con las que demostrar al mundo que no estaba todo perdido, a sabiendas de que los cogerían y de que podían hacerles vete a saber qué. Mientras lo escribo, y porque he escrito también que este tiempo nos ha herido, me siento pequeño y estúpido, miedoso, pues soy consciente de que yo nunca he hecho algo parecido, soy consciente de que nunca he arriesgado la vida de esa manera. Yo soy el que, como la autora de la obra, recoge las historias, el que sabe que, aunque haya alguna nobleza en todo esto, también es una forma de huir, una forma dc justificar la cobardía.

Lo que vivimos no fue tan solo una obra de teatro, más bien parecía una ceremonia para recordar y homenajear a mujeres como Zarifa Sautieva, que protestó contra el reclutamiento en Ingusetia y que habla de las condiciones miserables de los centros de detención. Se oyó el testimonio de Yulia Tsvetkova, que había hecho dibujos de temática LGTBI. La policía empezó a amenazar a su madre y a crear problemas en la guardería que había abierto en Komsomolsk del Amur, el epicentro de las actividades delictivas de la Rusia oriental. Se oyó a Sasha Skochilenko, que hizo algo tan inocente como cambiar los precios de los productos de un supermercado por adhesivos de «No a la guerra». Y a tantas otras que siguen la tradición de describir los campos de internamiento desde los años de los zares y de los gulags. La vida de las amigas de Dasha se superpone a la de todas esas mujeres. Se rozan entre sí hasta que se inflaman e iluminan. Es una energía que va y viene por dentro de Rusia y Europa. A Katia, que está en Estambul, una vez la detuvieron por unas protestas. Costó mucho que la liberaran, pero a los tres días ya estaba en casa. Hoy no creo que la soltaran. A esto me refiero cuando digo que se superponen, y es por eso por lo que quiero llevarlas en la cabeza.

Una vez fuimos a Nizni Nóvgorod a ver a Ania, una compañera de los tiempos de la universidad.

Fue un viaje largo porque estábamos en San Petersburgo, pero ya solo la bienvenida hizo que valiera la pena, porque la alegría de todos era indescriptible, era física, pasional, podías notarla, podías verla en los ojos. Aquellos tiempos sin guerra, o con una guerra de baja intensidad, aún permitía un poco de esperanza.

Tal vez idealizo aquellos años, los de principios de la década pasada, porque fueron relativamente tranquilos en comparación con todo lo que vino a partir de las sanciones de 2014, después de que un misil derribase un avión que iba de Ámsterdam a Malasia. Antes del atentado, si es que esa es la palabra adecuada, la economía rusa iba relativamente bien, o al menos en las grandes ciudades se vivía un optimismo que, como hemos sabido más tarde, el régimen no podía permitirse. Si la clase media vivía demasiado bien, si el bienestar se afianzaba, podía generar demandas de apertura. Desde entonces y hasta la fecha, las cosas no han dejado de empeorar.

La Ania de Nizni Nóvgorod y su marido estuvieron pendientes de nosotros durante tres días. Fueron de una amabilidad exquisita. De ser por ellos, nos habríamos quedado a vivir allí. Él trabajaba en la universidad, como profesor de Física, y ella era profesora de Inglés. Hoy ambos trabajan a distancia para compañías tecnológicas. A ella la empresa le ofreció recolocarla en Europa, pero decidió quedarse en su ciudad. Tiene allí a su madre, que la necesita. La última vez que Dasha pudo hablar con ella fue porque Ania recorrió los trescientos kilómetros que la separan de Vladímir, la ciudad donde vive la familia de Dasha. Ania se desplazó allí expresamente, hacía mucho tiempo que no se veían. Hay lugares en los que los amigos toman un tren para poder verse, dedicando a ello todo un día, dedicando tiempo y esfuerzo. Es algo que no pasa en todas partes, que no pasa en todos los países. A mí me gusta constatar que el afecto mantiene unida esta red que va de este a oeste y de norte a sur, y que se proyecta hacia el pasado y hacia el futuro. De algún modo, siento que este afecto también me incluye a mí, que formo parte de él, aunque solo sea como una figura en la sombra o, como ahora, en mi calidad de relator.

—Hemos fallado como generación —le dijo Ania—, nos hemos consagrado a nuestra propia vida, a nuestra formación, a nuestra familia, pero no ha sido una vida en común, no ha sido una tarea compartida. Quizá todo esto también ha pasado en parte por culpa nuestra.

No sé hasta qué punto es así, no soy quién para decirlo, lo único que puedo hacer es describirlo. Pero eso fue lo que ella dijo, o, al menos, lo que a Dasha le quedó de aquella conversación, lo que me contó a mí y, al fin y al cabo, lo que yo puedo contar. Podrían haber sido otros nombres, otras ciudades, otras fechas, pero el mensaje era ese. Este es el mapa que he ido construyendo de manera natural en poco más de una década, durante doce años de conversaciones que todavía queman. Dasha dice a veces que ahora ya es como si yo fuera uno más de los lazos de la amistad. Si me importan los nombres y los lugares es porque un poco, aunque solo sea un poco, también son míos. Es el rito de paso: el tiempo y la energía que dedicamos a los demás crea al final algo sólido. Son las cajas de recuerdos que tenemos en Rusia, en la Rusia que se ha tenido que exiliar; sellos que todavía pagan el franqueo a la Rusia que llevamos siempre con nosotros. No queremos perder esas cajas, no las quiero perder.

III

La onda expansiva

Friedrichshain, marzo de 2022

Fue el 2 de marzo, poco antes de cenar, hacia las seis o las siete. Llevábamos solo dos días en el piso de Weberwiese. Las semanas previas a la invasión de Ucrania asistimos a la acumulación de tropas en las fronteras como quien ve cómo se va cargando el cielo antes de una tormenta. Cuando empezó la guerra, Dasha se suscribió a varios canales de Telegram de apoyo a los refugiados y seguía los hilos y las conversaciones. Me contaba cómo los trenes de quienes huían de la guerra pasaban por ciudades cada vez más cercanas. La tormenta había estallado, el texto desbordaba los canales e inundaba nuestra calle. Vimos cómo llegaban furgonetas y autobuses que habían atravesado las fronteras de Moldavia, Rumanía, Bielorrusia, Polonia, Eslovaquia y Chequia. Es cierto que muchos refugiados se quedaban en ciudades acostumbradas a éxodos de este tipo. Algunos de sus habitantes quizá lo habían olvidado, pero estoy seguro de que la memoria de las ciudades llega a épocas que la de los hombres no abarca. Otros refugiados, en su mayoría mujeres y niños, llegaban hasta Alemania, hasta Berlín. Escribo *otros*, pero *otros*, en aquellos días, significaba muchos. La casualidad o el destino hicieron que uno de los lugares a los que llegaron los refugiados estuviera muy cerca del piso en el que vivíamos en ese momento, en Weberwiese.

—Dicen que hay doscientos ucranianos en un hotel aquí al lado. Que les llevemos cosas, que no hay nada. Dicen que están solos —me dijo Dasha mostrándome la pantalla del móvil.

Berlín nos dejó poco tiempo para acostumbrarnos a los cambios: dos meses en Neukölln y después, de repente, en Friedrichshain, en Weberwiese, el mundo se rompió. Hacía tan poco que estábamos allí que tuvimos que buscar en el móvil dónde había supermercados. Fuimos al que se hallaba más cerca del hotel, todavía estaba abierto y compramos todo lo que podíamos cargar hasta allí: pan, galletas, botes de conservas, bolsas de patatas fritas, queso, manzanas y jabón. En los alrededores del hotel había coches con matrículas ucranianas, moldavas y georgianas. En aquel momento nadie sabía nada, solo lo que acababa de pasar; el futuro era una quimera y el presente un interrogante.

Aquel fue nuestro primer día, y a partir de entonces ejercimos como voluntarios de forma regular durante tres meses. Los primeros días, en el primer mes, pasábamos allí muchas horas, tantas como podíamos. El hotel estaba medio cerrado a causa del covid y el personal solo podía realizar tareas de vigilancia, por lo que todo el trabajo lo teníamos que hacer los voluntarios. Sin saber muy bien cómo, nos encontramos los dos en medio del torbellino. Dasha se fue enseguida a la recepción, que era donde podía resultar más útil. Hacía de traductora y de guía para la gente que llegaba. No estaba sola, pero siempre había mucha cola. Intentaba contestar preguntas que entonces no tenían respuesta: «¿Cuánto tiempo estaremos aquí?»; «¿cuánto tiempo podremos quedarnos?»; «¿la gente de Berlín se enfadará de que hayamos venido?»; «por favor, ¿dónde puedo conseguir ropa interior?»; «mi hija es muy buena música, ¿cree que podrá encontrar trabajo en Alemania?». Muchas mujeres, muchos niños, pocas abuelas y apenas unos cuantos hombres. Los que llegaban al hotel eran o bien estudiantes africanos o bien refugiados de otros países que volvían a verse acorralados por la guerra. Queríamos que aquello se detuviera, como si el razonamiento moral pudiera intervenir en los hechos, como si el deseo tuviera algo que ver con la realidad. Era un constante «no puede ser pero es», con una incredulidad relativa, voluntaria, aceptada por nosotros mismos como un mecanismo de defensa.

Yo fui a la cocina y a la sala de máquinas. Había tanto trabajo que, fueras donde fueras, acertabas. Las horas pasaban sin darnos cuenta y las comidas se solapaban, pues no dejaba de llegar gente que quizá se iba a las pocas horas a otro hotel u otro centro y otros pasaban a ocupar su sitio. Los primeros días todo era relativamente fiable: el hotel había permanecido cerrado por la pandemia y había mil cosas que solucionar, desde los ascensores hasta la comida, desde un lavavajillas que se estropeaba todo el rato hasta el lugar en el que tirar la basura. Cada día llegaban más refugiados y todo era, también, relativamente precario. Llegábamos reventados a casa, pero era un agotamiento agradecido: la falta de intermediación que conllevaba la ausencia de pantallas hacía que todo estuviera cargado de sentido. Que todo fuera real.

Era tan real que, llegado cierto momento, todo fallaba. El tercer día, por ejemplo, cuando llegué al hotel, todavía no eran las ocho y no había nadie. *Nadie* quiere decir nadie de la ONG que intentaba organizar los turnos ni ningún otro voluntario. Pero los refugiados estaban todos, había más de doscientas personas en el hotel, y diría que todas se agolpaban en el comedor esperando el desayuno. Sahdi, el chico iraquí que había conocido el día anterior, se ofreció para acompañarme a la cocina. Solo teníamos pan, pero como encontramos aceite y azúcar en una despensa, empezamos a hacer pan con aceite y azúcar para todos mientras esperábamos que llegara la comida. Gracias a Dios, llegó a media mañana, y digo gracias a Dios porque si estás solo en un país extranjero, lo último que quieres es tener a doscientas personas con el estómago vacío.

Esta presión permanente nos ayudaba a no hacernos demasiadas preguntas. Al fin y al cabo, llevábamos solo dos meses en Berlín. Además, aquel contexto de extrañeza propiciaba cierta familiaridad con la situación, como si hubiéramos llegado a la conclusión de que las cosas solo podían ser de esa manera. Quizá sea cosa mía, seguramente lo sea, pero ¿es posible que existiera algún tipo de camino previo trazado? ¿Podría ser que, sin saber qué era exactamente lo que estaba ocurriendo, fuera algo que yo tuviera que vivir, una situación por la que yo tuviera que pasar?

El caso es que estábamos allí. Dasha continuaba en la recepción, guiando a la gente y deshaciendo líos y malentendidos. Hubo un momento de tensión por el agua, por ejemplo. Algunos refugiados que acababan de llegar se quejaban de que no tenían agua, pero como no entendíamos bien qué querían decir y había cosas más acuciantes, no les hacíamos caso. Había mucha agua, buena y fresca, y también vasos limpios. Solo comprendimos de qué iba la cosa cuando la discusión subió de tono. Se quejaban de que no tenían agua embotellada; venían de una comarca en la que solo se bebía agua embotellada porque las fuentes y las tuberías estaban contaminadas. Los acompañé hasta el fregadero y me bebí un vaso, y, ante su desconfianza, otro. Otra voluntaria hizo lo mismo. Les aseguramos que allí todo el mundo bebía agua del grifo, que era segura, que el agua de Berlín era excelente y no tenía ningún problema. También costó mucho que se acostumbraran a salir del hotel. Berlín es una ciudad segura, no había motivos para que tuvieran miedo de salir a pasear, no podían pasarse todo el día en el hotel. Eso aún costó más.

Yo no me movía de la cocina. A veces salía a saludar a Dasha, pero trataba de no distraerla porque aquellos días todo el mundo estaba al límite. Había días que pasaba la mayor parte del tiempo lavando platos, que puede parecer algo aparentemente sencillo de gestionar, pero como el lavavajillas fallaba, había que lavarlos con una manguera a presión. Además, todo el mundo tenía la necesidad de subir tazas, platos y cubiertos a las habitaciones, que se habían transformado en casas improvisadas, refugios que resumían todo lo que eran, donde podían guardar lo poco que poseían y lo que los podía proteger. Cuando veía que nos estábamos quedando sin vajilla, me subía a una silla y, tras pedir atención, les decía a los traductores ya más o menos habituales que tradujeran al ucraniano, al árabe, al urdu..., y ya me pierdo de tantas lenguas que había. Les pedía, por favor, que volvieran a bajar los platos a la cocina, que no teníamos dónde poner la comida. Entonces todo el mundo lo hacía y el montón de platos crecía, y otra vez a lavar. Todo muy poco heroico, tratándose de una guerra, una épica de andar por casa, pero Dios también anda entre pucheros, como decía santa Teresa.

A los refugiados que llegaban a la estación central de Berlín los distribuían en centros de acogida y en hoteles que habían encontrado la manera de ir tirando en los tiempos del covid. La ONG siguió desbordada algunos días más. En un momento de cansancio —más cansancio que tensión, pues había mucha gente que llevaba mucho tiempo sin hacer un trabajo físico—, una de las chicas que lavaba platos le recriminó a una mujer que el lavavajillas era un desastre. Con esta mujer, Constanze, que también pasaba muchas horas allí, nos llevábamos muy bien y nos reíamos mucho.

—¿Y por qué me lo dices a mí? —le preguntó Constanze.

—Porque sois los jefes, ¿no? —le respondió la chica como si se tratara de una obviedad.

—No, yo soy voluntaria, como tú y como Francesc, pero como estamos aquí más horas, todo el mundo acaba pidiéndonos las cosas a nosotros dos. Francesc arregla el lavavajillas, pero el lavavajillas no es suyo. Vive en Berlín como turista, no te creas.

Yo me reía.

—¿En serio? Pero si hoy estabas haciendo la sopa —me dijo.

—Alguien tenía que hacerla, ¿no?

—¡Pensaba que eras el encargado y no eres ni alemán! ¿Y entonces aquí quién manda?

—La providencia, el destino. Dios —le respondió Constanze, y entonces entendí que ella era colaboradora habitual de la ONG, una organización cristiana que trabaja normalmente con personas sin hogar.

Constanze y yo formábamos un buen equipo. Los primeros días tuvimos un problema importante con las basuras, que se acumulaban en el patio trasero del hotel. Como no se veían demasiado, nadie se encargaba de ello. Las cerrábamos bien y, tras mucha insistencia por mi parte, empezamos a utilizar dos bolsas, una dentro de la otra. Yo me quejaba, pero Constanze me decía que no fuera tan pesado. El caso es que hacía una semana que no pasaba el camión, que había doscientas personas en el hotel y que el patio de atrás empezaba a estar lleno. Como un día que fuimos al sótano me di cuenta de que ella le tenía mucho miedo a las ratas —aunque nunca vi ninguna—, la solución fue decirle que había visto una correteando entre las bolsas. Se llevó tal susto que in-

mediatamente empezó a llamar a todo el mundo: a la ONG, al ayuntamiento, a los servicios sociales..., creo que no quedó nadie que no recibiera una llamada suya. Al día siguiente el patio trasero se veía limpio y desinfectado. Yo no estaba cuando vinieron los camiones, pero se ve que necesitaron seis viajes para dejarlo todo limpio y que nos regañaron por no haberlos llamado antes.

Si todo fuera tan fácil de solucionar dejaría que siempre me regañaran y nunca querría tener razón. Si tuviera una puerta a la que llamar, un número de teléfono donde encontrar respuestas o alguien que me diese soluciones, renunciaría a tener razón. El otro siempre es el interlocutor, alguien que esperamos que nos dé alguna respuesta, alguna cosa a la que tenemos derecho porque lo estamos haciendo bien. ¿Quién está a cargo? Querría pensar que tengo derecho a que en algún rincón de la Administración haya alguien que se ocupe de todo lo que está pasando y de todo lo que puede pasar, de la totalidad de cosas y acontecimientos que conforman el mundo.

Del mismo modo que no había un responsable del lavavajillas, cuando venía algún responsable de la ONG no podíamos esperar que nos diera demasiadas respuestas. Constanze dejó de venir, me envió un mensaje diciendo que estaba muy cansada y que necesitaba unos días de calma.

Pero la avalancha de mujeres con niños no se cansaba. Los hombres que entraban en el hotel eran casi todos de las repúblicas vecinas. También había jóvenes nigerianos, marroquíes o argelinos que estudiaban en Kiev y que a menudo se mezclaban con los que habían huido de Siria, Afganistán, Irak o Irán y habían ido a parar a Ucrania. Había varias familias uzbecas con niños que se saltaban todas las restricciones por el covid y que nos sacaban de quicio. ¿Cómo retener a los niños bajo cuarentena en las habitaciones durante una semana? Imposible.

Había estudiantes de Aeronáutica o Medicina que habían viajado desde África hasta Ucrania porque allí podían cursar las especialidades que no existían en sus países. Estos eran los que más colaboraban con nosotros, aunque los encargados de la ONG nos habían dicho que no lo podían hacer porque no tenían seguro. Supongo que eso significaba que pensaban que sí podían responder por gente como yo, aunque no me conocieran de nada. Todo iba tan rápido que hasta pasadas tres semanas no tuve que mostrar mi identificación a nadie. Ajani era uno de los habituales, estaba a la espera de obtener los papeles del consulado para regresar a Nigeria, donde su padre lo esperaba. Los de la ONG le pedían que no hiciera nada, pero él no podía evitarlo.

—Una de las últimas cosas que habría dicho que me pasarían en la vida es estar en Berlín lavando platos con un iraquí y un catalán después de haber ido a estudiar a Kiev porque en Lagos no quedaban plazas. Si lo piensas bien, es todo tan extraño —dijo un día—. Mi padre, si no hubiera visto la guerra por la tele, pensaría que he venido aquí de fiesta y que lavo platos porque no he pagado la factura.

—No, hombre, que debe de estar muy preocupado.

—Sí, está preocupado, claro, pero también me envía mensajes en los que dice: «Tú sí que vives bien» —decía con una risa expansiva y contagiosa.

Además estaba muy contento porque en Ucrania las mujeres no se le acercaban mucho y, al parecer, entre las voluntarias tenía mucho éxito. No quiero decirlo así, pero creo que tenía otras razones para tener tantas ganas de estar en la cocina. Creo que sí que vivía bien.

Había muy pocos hombres ucranianos. Un día presencié una discusión entre un hombre y una mujer que acababan de llegar. Se hizo un silencio tan abrupto que, aunque en ningún momento llegaron a gritar, las palabras resonaban desde el mostrador de la entrada hasta dentro del comedor. La gente los entendía y callaba. Dasha y las demás chicas del mostrador estaban serias y un poco asustadas. La mirada de ella lo decía todo. La de él, también. Ella lo arrinconó y lo increpó, y durante unos instantes el murmullo de fondo desapareció, todo el mundo se quedó callado. El hombre se esfumó como pudo y todo el mundo volvió al trabajo. Ese fue un día muy complicado, tuvimos que desmontar el lavavajillas y Ajani se hizo un corte con una pieza y tuve que acompañarlo al hospital a ponerse una antitetánica.

Al llegar a casa intentaba hacer un resumen del día, pero me era imposible organizar el caos. Anotaba todo lo que podía, todo lo que el cansancio me permitía escribir. Anotaba también la parte de Dasha, que cuando llegaba a casa me contaba lo que le había pasado a ella.

—La mujer estaba muy enfadada, le recriminaba al hombre que no se hubiese quedado en Ucrania —me dijo.

—A su marido.

—No, no era su marido. Era alguien, no sé, no sé quién era... Le decía que ella había dejado allí a sus hijos, a sus hermanos y a su marido y que había venido aquí con sus hijas y su madre. Pero que él era un hombre sano y sin cargas, que cómo era posible que no estuviera en el frente.

—Por eso todo el mundo se callaba.

—Le ha preguntado qué hacía en el hotel cuando allí solo había mujeres, ancianos y niños y todos los hombres estaban defendiendo Ucrania. Y él no sabía qué responder. Y al final se ha ido.

—Lo ha llamado cobarde, alguien en la cocina lo ha traducido.

—Sí, lo ha llamado cobarde.

A aquel hombre no volvimos a verlo. No sabemos si se fue a otro hotel o si regresó a Ucrania, no sabemos dónde está, más allá de hallarse en nuestro recuerdo sin juicio ni prejuicio. Nadie puede saber las razones de que aquel hombre estuviera en Berlín y no en el frente. Al fin y al cabo, podrían ser las mismas que daría yo si me preguntaran por qué no he acudido al frente, por qué no me he involucrado más, si la guerra es justa. Siempre tendré la excusa de la familia de Dasha, de no querer perjudicar a nadie, de que quiero poder volver a Rusia para verlos sin tener problemas. Siempre hay excusas.

Poco a poco, muy lentamente, la organización y el trabajo en el hotel fueron mejorando. El pobre chico de la ONG ya no iba tanto de cabeza porque había otros trabajadores que lo ayudaban. De la hoja colgada con celo en la puerta con los horarios de los voluntarios pasamos al grupo de Telegram, y de la pizarra con las necesidades más urgentes —jabón, compresas, cepillos de dientes o ropa interior— a la plantilla de la hoja de cálculo. La tensión, la gravedad y la excepcionalidad dejaron paso a la rutina, la costumbre y, admitámoslo, la fatiga. La tensión mental y moral de ver a gente que lo ha perdido todo acaba pasando una factura que, si no lo has vivido antes, no sabes cómo pagar. Te enfadas, te entristeces y te estresas como en los primeros días, pero cada vez cuesta más recuperarse. La adrenalina no dura para siempre, y los altibajos emocionales hacen que la realidad sea cada vez más borrosa. Además, apareció el síndrome de la novedad: los refugiados iban pasando, había familias más o menos estabilizadas, pero poco a poco muchos se iban a otros hoteles, buscaban amigos o familia en otras ciudades o acababan encontrando un piso tutelado en pueblos cercanos a Berlín. Ellos se marchaban y nosotros siempre éramos nosotros, los mismos, con la erosión de la riada. Intentábamos pensar que el desgaste no era tal si lo comparábamos con lo que vivían los refugiados, pero sabíamos que aquello no era inocuo. No decíamos nada porque, mientras tanto, nuestros amigos huían como podían para no ser movilizados. Algunos de los que huyeron a Finlandia están en Francia. Otros han huido después de pasar un tiempo en Georgia. Una amiga que había tenido que parir en Taskent acabó viviendo a pocos minutos en bici de nuestro último piso en Berlín, en Charlottenburg. Otra amiga, a la que la guerra pilló de vacaciones en Estambul, ya no regresó a Rusia. Vendieron el piso como pudieron y todavía están en Turquía, donde han encontrado trabajo. Ekaterina, su marido y su hijo son de Mariúpol, pero viven en Colonia. Ekaterina, huérfana de madre, había tenido una relación muy complicada con su padre, hasta el punto de perderle la pista. Bebía mucho y había terminado viviendo en la calle. Ella recibía alguna que otra noticia suya muy de vez en cuando, pero ninguna era buena. Y luego, claro, vino la guerra y ella pensó que no volvería a verlo. Todos imaginábamos que habría muerto en algún bombardeo o simplemente de frío.

—Pues no, resulta que no solo está vivo sino que incluso se ha casado —nos dijo por teléfono. No podía parar de reír, y yo tampoco, pues me lo imaginé protegido por alguna especie de santo Bebedor y ya lo único que quería era conocer las historias que podría contar.

En el hotel, mientras iba sucediendo todo esto, las vidas nuevas se superponían a las que ya estaban allí. Pasabas unas horas muy intensas con algún refugiado que ayudaba en la cocina y al día siguiente quizá ya no volvías a verlo. Su número de teléfono había pasado a otra persona o directamente había sido desactivado. Transcurridas unas semanas tuvimos que bajar el ritmo. Además, todo empezaba a estar mejor organizado, la ONG había podido contratar a más gente y nos hacían pasar el test del covid, que hasta entonces había sido sustituido por el certificado de la tercera vacuna. Se estropeaban menos cosas, los flujos eran más regulares y teníamos protocolos para todo. No quiero parecer frívolo, pero resultaba más aburrido.

A partir de la sexta semana empezamos a acudir en días alternos, y solo cuatro o seis horas. En parte porque ya había suficientes voluntarios y la organización había mejorado muchísimo, y en parte porque estábamos tocados y necesitábamos tomar cierta distancia. Dasha, además, se pasaba muchas horas en las redes sociales, proporcionando información a las familias recién llegadas, indicando posibles destinos, dando instrucciones y poniendo en contacto a la gente. Me resultaría imposible saber las horas que se pasó en aquel mostrador. Tenía ya respuestas más o menos estandarizadas y textos traducidos que podían ser retocados y que se reenviaban decenas de veces. De vez en cuando alguien le mostraba una hoja para preguntarle si esa información era de fiar y ella no se daba cuenta de que la había escrito ella misma hasta después de haber leído algunas líneas. Yo prefería el trabajo en la cocina para cambiar el hábito de estar todo el día delante de la pantalla. Poco a poco lo fui dejando, porque cada vez me exigían más papeles y más certificados. Además, para escándalo de nuestros amigos de orden, nunca nos empadronamos, y en Berlín no tener los papeles necesarios es un problema. Creo que me seguían aceptando porque era uno de los pocos que sabía cómo funcionaba todo, especialmente el lavavajillas.

Había familias que se habían quedado en el hotel. A algunas las conocía bien porque sus hijos me buscaban. Los niños me llamaban Ramsés, por la dificultad que tenían para pronunciar Francesc o porque creían que me llamaba así, ya no lo recuerdo, pero eso significaba que poco a poco te iban cogiendo confianza. También terminabas haciéndote amigo de los padres, aunque solo fuera por las veces que les pedías que controlaran a sus hijos después de que hicieran alguna trastada. Había una familia uzbeka que no se movía del hotel, y había tres uzbekos más que eran hinchas del Barcelona. Uno de ellos me pedía siempre consejos para quedarse en Alemania y encontrar una mujer y trabajo. Tenía planeado comprarse un coche barato e ir a vivir a Múnich, porque allí estaba el Bayern. La otra familia estable que había allí estaba formada por dos mujeres ucranianas, que eran primas, y el hijo de una de ellas, un niño sordo de tres años. Me impactó mucho cómo explicaba que no podía oír las bombas pero que notaba de alguna forma la onda expansiva. Aquel niño me tomó cariño, no quería que me fuera a casa, pero creo que en aquel momento yo ya estaba demasiado cansado.

Nos íbamos acostumbrando también a las desgracias. Otra catástrofe en Mariúpol, en Bucha, en Zaporiyia o Dnipró quería decir que tarde o temprano recibiríamos a gente de esas ciudades. Había perfiles que se repetían, como el de la mujer que llegaba solo con el móvil y sus documentos. Los móviles se convirtieron en el centro de todo, en una forma de definir quiénes eran. Las fotos de la familia, de la documentación, de una casa que quizá ya no existía. Recuerdo a una mujer que era modista y hacía vestidos, que lo reaprovechaba todo y confeccionaba unas prendas preciosas, o al menos así lo parecía en la pantalla. Otra mujer me enseñó las tartas que preparaba, unas tartas maravillosas, geométricas y de mil colores. Nos dijo que si queríamos podía hacer alguno de sus pasteles. Cuando le dijimos que no, se echó a llorar y tuvimos que explicarle que eso supondría mucha logística y gente que se ocupara de ello. Ahora que reviso mis notas, me cuesta mucho escribir todo esto. A algunos que venían de Mariúpol, que habían salido por el corredor humanitario, les habían quitado el móvil para evitar que difundieran imágenes. También les habían quitado las únicas fotos que tenían de su familia. Ahora me cuesta más escribirlo, en aquel entonces nos protegía el presente, pensábamos que ya tendríamos tiempo de enfrentarnos a todas aquellas situaciones cuando se transformaran en recuerdo. Por debajo de las experiencias, el peso de la cotidianidad, que hacía que aquella historia se asentara en nuestras vidas y, de esta manera, se acabara.

Me hice amigo de una compañera nueva en el turno de cocina. Al principio no nos caímos bien, supongo que ella prefería alguien que hablase bien el alemán, ya que ella hablaba un inglés muy básico, pero poco a poco la adversidad hizo que encontráramos puntos en común. Al principio era muy rígida, todo se tenía que hacer según los protocolos de la ONG. Tal vez por eso —pese a todo— fue bonito el comienzo, porque no teníamos protocolos, porque durante unas semanas la provisionalidad implicaba también cierto grado de responsabilidad en la acción, al margen de la burocracia y los controles. Con la compañera nueva todo cambió el día que le dio dinero a una chica para que se comprara tabaco.

—Te he de contar una cosa —me dijo.

—Pero poco a poco, que me cuesta mucho entenderte cuando hablas rápido.

—Le he dado dinero a una chica. Supongo que es algo que no podemos hacer, ¿verdad?

—No, ¿cuánto dinero?

—Veinte euros.

—No creo que se compre un Ferrari.

—Me ha dicho que necesitaba fumar.

—Benditos los que les dan un poco de nicotina a los fumadores que huyen de la guerra.

Todo lo que le decía lo iba buscando en el traductor, pues en aquel momento no era capaz de decir algo así en alemán. Yo sabía que había cierto mercadeo de tabaco en el hotel, y el mercadeo siempre es a cambio de algo, pero no siempre queríamos saber a cambio de qué. Los ucranianos, cuando veían el precio del tabaco en Alemania, dejaban de fumar, pero para mucha gente aquel no era un buen momento para dejarlo.

—¿He hecho bien?

—Claro que sí.

—Gracias.

Se echó a llorar y a mí se me humedecieron los ojos. Fue extraño porque yo nunca lloro, no sé llorar, y que conste que no lo digo como una virtud. Suena raro, pero es así. Recuerdo una vez que no podía parar de llorar por un dolor de muelas que no se me iba con nada. Y otra leyendo a Svetlana Aleksiévich, un pasaje de *La guerra no tiene rostro de mujer*, en un momento en el que una chica joven cree que la han herido en el frente y el médico le dice que es la primera regla. Recuerdo el pasaje y las lágrimas. Cuando lloré en el hotel entendí que todo tenía un precio, también aquello, y que debía pagarlo. Los cinco minutos de regreso a casa en bici se me hicieron larguísimos.

Dasha encontró otro lugar, las horas delante de la pantalla la habían dejado agotada. Acudía a una guardería improvisada, en un hostal en Prenzlauer Berg, donde habilitaron una sala para leer, escribir y dibujar, y donde se hacían juegos para entretener a los niños, que lo necesitaban muchísimo y lo agradecían aún más. En aquel momento ella ya había empezado a aprender ucraniano y a los niños les iba muy bien tener cierta estabilidad con los monitores, les daba seguridad. Las buenas noticias eran pocas y pequeñas, pero servían para que los días fueran un poco más llevaderos. Encontró a una peluquera que se ofreció para cortar el pelo y arreglar un poco los tintes. También a una psicoterapeuta.

La psicoterapeuta también acudió a la peluquera... Vaya cosas cuento. Nunca he sabido narrar la épica, ni la victoriosa ni la trágica, el mío siempre ha sido un mundo más cercano. En lugar de narrar batallas, tanques y drones, cuento que lavo platos. Svetlana Aleksiévich dijo en su discurso de aceptación del Premio Nobel que el principal capital de Rusia es el sufrimiento. Ni el gas ni el petróleo: la capacidad de sufrir. Lo dice alguien que ha atravesado este concepto miles de veces en entrevistas con víctimas de las peores tragedias rusas del siglo pasado.

El mío es un sufrimiento de segunda mano en medio de muchos otros sufrimientos reales y profundos. El de Dasha, por ejemplo: me gustaría po-

der aliviar un peso que sé que en el fondo es más personal que transferible. Mi sufrimiento es poco descriptible, se diluye y cuesta encontrarlo sin contarlo a través de los demás. En estos momentos las fuentes más solventes hablan de casi tres millones de refugiados. El número de civiles muertos baila, y el de las bajas de los soldados rusos tampoco está claro. Sea cual sea es un desastre al que hay que sumar la represión interna en Rusia, que provocará más sufrimiento. Decirlo es más fácil que verlo, y verlo es más fácil que entenderlo.

A veces, el mundo se resquebraja y te deja ver de qué está hecho. Después la grieta se cierra —o una parte de la grieta, o una parte de tu grieta— y todo lo que veías deja de estar ahí. Seguí pasando por el hotel hasta que quedó poca gente. Al cabo de un año todavía había algunas personas, pero yo ya no iba. El hotel no ha reabierto como hotel, al menos mientras escribo esto. De toda la gente que conocí, no me queda ningún contacto con nadie. Excepto con Dasha, claro.

IV

El suelo bajo Berlín

Berlín, de enero de 2022 a septiembre de 2023

Marlene

Los primeros meses los pasamos en Neukölln, en el piso de Marlene, una amiga lejana con la que coincidimos hace años. Fue la primera en contestar cuando hicimos correr la voz de que íbamos a vivir una temporada en Berlín y necesitaríamos una pista de aterrizaje con ciertas garantías. Lo dejamos todo atado durante el mes de diciembre de 2021, cuando las restricciones del covid, que todavía estaba vivo, impedían hacer una vida más o menos normal, las inmobiliarias no contestaban y los conocidos no sabían qué decir.

Llegamos el 4 de enero de 2022 a las dos de la tarde. Estaba oscuro y Berlín aún dormía, como si la ciudad también hubiera pasado cuarentenas y toques de queda y no quisiera enfrentarse al frío ni a la nieve que empezaba a caer. Neukölln era un sitio nuevo. Las otras veces que habíamos estado en Berlín nos habíamos alojado en Alt-Moabit, en el punto diametralmente opuesto al que habíamos encontrado, incluso en lo que se refiere al nombre: *neu*, *alt*; «nuevo» y «viejo». Moritz, el inquilino del piso de Alt-Moabit, un cirujano que trabajaba en Sevilla y realquilaba el piso para no perder el contrato antiguo, nos dijo que tenía gente por meses.

Dasha y Marlene se conocían de tiempos pasados, gracias a una ONG que ya no existe. Neukölln hacía honor a su nombre, estaba lleno de gente nueva y de todas partes del mundo. El apartamento estaba a pocos metros de donde la Fuldastrasse se junta con la Sonnenallee, una de las avenidas más populares del barrio, y digo *estaba* porque todo esto pertenece a un tiempo del que solo queda el lugar, todo lo que pasa aquí solo ha pasado una vez y no volverá a pasar.

Marlene utilizaba el piso para fotografiar sus proyectos de arquitectura y de diseño de interiores. Había mobiliario de la RDA, mucha decoración y muchos artilugios pensados para las fotos, por eso no estaba acondicionado para vivir, pero para dos o tres meses serviría. En cuanto oyó ruido, la vecina de abajo venció la proverbial distancia alemana y llamó a la puerta para decirnos que se alegraba de que volviera a haber gente en el piso y que era una lástima que tuviéramos que irnos tan pronto. Necesitaba a alguien con quien hablar. Nos invitó a un té y nos dio algunas informaciones sobre la casa, la calle, el barrio. Llevaba veinticinco años viviendo allí.

—¡Suerte que tenemos la Sonnenallee! Mis amigos y yo siempre comentamos que, con el covid, Berlín se parece un poco al de antes de que cayera el Muro. Aunque este piso también parece de antes...

Lo parecía, encajaba con la descripción que hacía de Berlín. Así lo veía también la Sonnenallee, la avenida del Sol, que reivindicaba su nombre y hacía todo lo posible por contrastar con el invierno gris. Hacía frente al *dauergrau*, una mezcla de niebla metálica y cielo ceniciento, con las luces de sus tiendas y restaurantes, con los llamativos colores de sus tenderetes de fruta. Los estantes de dulces de las pastelerías parecían provisiones luminosas para pasar el frío hasta que llegara la primavera. Durante aquellos primeros meses no pude encontrar ninguna otra calle como la Sonnenallee: las fruterías turcas competían con las pastelerías jordanas, con los cafés libaneses y con un montón de tiendas sirias; las tres pescaderías que también funcionaban como restaurantes ocupaban las aceras y obligaban a los peatones a caminar en procesión, y mientras fueras capaz de soportar el frío, podías pasar todo el rato que quisieras en las terrazas. Hoy que el covid es ya solo el recuerdo de una pesadilla, las aceras están aún más llenas, pero no puedo olvidar la laxitud con la que se vivía todo en la Sonnenallee, que era como una forma consciente de aliviar la opacidad de ese enero doble, de invierno y de final de pandemia. Lo recuerdo con agradecimiento, porque durante aquellos días en los que yo bebía tanto café, la Sonnenallee era el mejor refugio contra el gris azulado y la somnolencia.

Marlene venía a vernos de vez en cuando. Estaba atravesando unos años difíciles y, como la vecina, tenía ganas de hablar. Es alta y delgada, y va siempre con una mochila, como si se estuviera yendo o llegara de un país lejano. Daba la impresión de que aparecía de la nada, como surgida de la niebla: de pronto la veías plantada en el comedor sin saber muy bien cómo había llegado allí. Observaba los cambios que habíamos hecho —como unas lámparas improvisadas o el cambio de sitio de algún mueble, todo cosas menores— y me pedía que cuando nos fuéramos lo dejáramos todo tal y como estaba, pues tenía un sentido. Y entonces empezaba la batería de preguntas sobre política, sobre economía o sobre su tema favorito, la arquitectura.

—Porque... ¿qué sentido tiene seguir haciendo la misma arquitectura de siempre después de la pandemia? ¿Y con todo lo del cambio climático?

Ya he dicho que atravesaba una temporada complicada. Ella, a su modo, también necesitaba una pista de aterrizaje. O de despegue.

—Joder, Marlene, no lo sé, de verdad. Tendrías que preguntármelo en primavera, ahora me siento incapaz de pensar. Acabo de llegar. Y la pregunta es demasiado berlinesa y yo apenas he vivido en esta ciudad, hace demasiado poco que estoy aquí —le decía intentando encontrar evasivas razonables.

—Si quieres le doy más vueltas, pero la pregunta seguirá siendo la misma.

A Marlene se le juntaba todo, y aún no había empezado la guerra en Ucrania. El piso había pertenecido a su padre, que había muerto hacía dos años, y ella lo había heredado. Tenía un piso, pero vivía en un apartamento compartido. Nos dijo que ni siquiera quería cobrarnos el alquiler porque necesitaba que alguien viviera allí, que alguien pasara por allí antes que ella. Se le mezclaban la muerte de su padre, la casa y las dudas sobre su trabajo y sobre el futuro personal y colectivo. La pandemia no había ayudado, por supuesto. Las preguntas se acumulaban y las respuestas se escondían en un caos de proporciones considerables.

—Todos llevamos algún caos dentro, si quieres que te diga la verdad —le dije para intentar salir de la pregunta haciéndola más grande.

—¿Tú también? ¿En serio?

—Uf, qué preguntas. Supongo, bueno, sí... Puedes esconderlo, pero no creo que sea una opción muy razonable. Quizá todo esto no sea más que psicología barata, eh... La vida son problemas, ¿no?

—La vida son problemas. Llamémoslo psicología básica.

Tras hablar con ella, la decoración de aquel lugar adquiría un nuevo sentido. Había utensilios y muebles de otras épocas, todo mezclado con mandalas circulares de tamaños diversos. Cada ventana tenía uno pegado, y también los había de metal, colgados de los radiadores, de los enchufes o del cableado eléctrico. En algunos rincones del techo había cristales, que el día que salía un poco el sol proyectaban un montón de puntitos de luces de colorines sobre las paredes, manchas minúsculas con los colores del arcoíris. Todo ello con muebles de la RDA y elementos de decoración para las sesiones fotográficas. Ya he contado que tuvimos que comprar sillas. Sí, necesitaba que alguien viviera allí una temporada.

Debajo de nuestra cama había un gran hexafolio, la misma figura que hay en el arco de mi casa en Zaidín.

He pensado tanto en ello que me pregunto si sobreinterpreto y si veo más de lo que hay, pero es mi manera de recordar nuestro primer piso en Berlín, aquel nuevo inicio, y aquella necesidad de buscar la luz en el momento más oscuro del año. Aún no sabíamos que vendría una guerra ni que sufriríamos tanto por nuestros amigos y nuestra familia. No sabíamos que estallaría un volcán en las antípodas que haría que el cambio climático se acelerara. Yo no sabía que encontraría en los diarios, en las cartas y en los álbumes de fotos la puerta de entrada a otro mundo, a otra forma de entender la historia, la narrativa del nosotros y del yo. Que todo estaba a punto de cambiar. Tal vez sobreinterpreto y ensancho las preguntas porque no sé cómo responderlas, y, como Marlene, confundo la parte personal y la colectiva, pero soy incapaz de separarlas sin romper el compromiso con la historia que se cuenta.

Cada día, después de que Dasha se fuera a la universidad, arrastraba la mesa de la cocina para ponerla junto a los ventanales y aprovechar la claridad del día. Llamarle luz sería exagerar. Nadie tenía cortinas, los vecinos me veían al otro lado de los cristales y yo los veía a ellos dentro de sus casas; pasada una semana, los ritmos de todos ya eran también los míos. Intentaba aprovechar las horas menos oscuras, hasta las tres o las cuatro de la tarde, para ir a los canales o al Spree. El Muro corría paralelo a la Sonnenallee y las cicatrices nunca acaban.

Con la bicicleta, la escala cambió y las distancias adquirieron otra dimensión y otra agenda. «Cada día un lugar nuevo en una ciudad que no termina»; esto no es mío, es de una pegatina que había en la bicicleta. Al viejo aeropuerto de Tempelhof, por ejemplo, iba tan a menudo como podía. Me gustaba porque añadía un punto más de abstracción al conjunto: un aeropuerto sin aviones y rodeado de edificios; unas pistas vacías, dos kilómetros larguísimos, y, al final, en la cabecera, en uno de los edificios más grandes del mundo, la zona de terminales, con un kilómetro y medio de fachada. Marlene decía que el aeropuerto de Tempelhof era metafísico, que si eres berlinés, alemán o europeo, es uno de los oráculos donde puedes preguntarte qué eres, qué puedes saber y qué puedes esperar. «Incluso el aeropuerto se lo pregunta», me decía. Al fondo de las pistas, antes de llegar a las terminales, había un montón de barracones para los refugiados sirios. Aún no habían llegado los ucranianos.

—Berlín todavía se busca a sí mismo, por eso no tiene centro, supongo que le pasa un poco como a Alemania y como a Europa. Ahora pareceré pretenciosa, pero ninguna otra ciudad resume como Berlín lo que ha sido Europa.

—Quizá sí.

—Tú y tus *quizá*. Yo soy un poco como Berlín, por eso todavía no sé qué hacer con el piso de mi padre. Y ese no saber qué hacer, ese no saber qué debo hacer, me ha costado mucho. ¿Qué debemos hacer?

—Yo acabo de llegar y...

—¿Lo que nos mandan? ¿Por qué es justo?

—Alguien te diría que estás muy perdida. Yo no te lo voy a decir, porque no sé qué decir.

—Bueno, tampoco parece que los que van por el carril que toca durante toda su vida sepan muy bien lo que han venido a hacer aquí. ¿Trabajar para ahorrar y así pagar la posibilidad de que la siguiente generación pueda ahorrar para pagar la posibilidad de la tercera y así sucesivamente? Mi padre decía que el pasado siempre pesa para quien quiere asumirlo. Ya ves cómo acaban también los sueños de transformar el mundo. —Entonces le cambiaba la cara. Su padre le decía que Berlín estaba en el centro de una placa tectónica histórica, que también había placas de ese tipo, además de las geológicas, y que en Berlín se dan los terremotos del espíritu—. ¿Verdad que sí? ¿Tú qué crees?

—No lo sé, yo aquí solo soy el que toma notas.

—Eso cambiará. Ya me lo dirás cuando te vayas.

—Quizá sí.

El padre decía... El padre decía y la hija se hacía muchas preguntas. Un día me confesó que le resultaba imposible librarse de las consecuencias de la política y de la arquitectura, y que le parecía que haber nacido en Berlín agravaba aún más las cosas. El pacto con Marlene era que su piso nos serviría para encontrar otro piso en el que nos quedaríamos más tiempo. El día que nos fuimos nos dijo que habíamos aterrizado en el aeropuerto de Brandeburgo, pero que el siguiente vuelo, dentro de Berlín, lo haríamos desde Tempelhof. A Marlene le gustaba hablar así.

Encontrar piso no fue fácil, y eso que le dedicábamos muchas horas. Dasha respondía ofertas sin parar y sin mucho éxito, y el covid tampoco ayudaba. Entonces apareció el piso ideal. Una mujer tenía un piso bonito a un precio que, si bien no era una ganga, parecía razonable. Solo había un inconveniente, que ella estaba en Estocolmo y tardaría en venir a Berlín, pero una agencia se encargaría de todo. Después de muchos correos, muy simpáticos y agradables, muy diplomáticos, se las arregló para decirnos, cuando ya teníamos hora y día, que teníamos que pagar un anticipo para ir a verlo, y para ganarse nuestra confianza nos envió dos fotos, una de su pasaporte escaneado y otra con el pasaporte abierto junto a su rostro. Ciudadana sueca, todo correcto, aquí somos muy serios, etcétera. En internet existen páginas web que permiten saber si una imagen ha

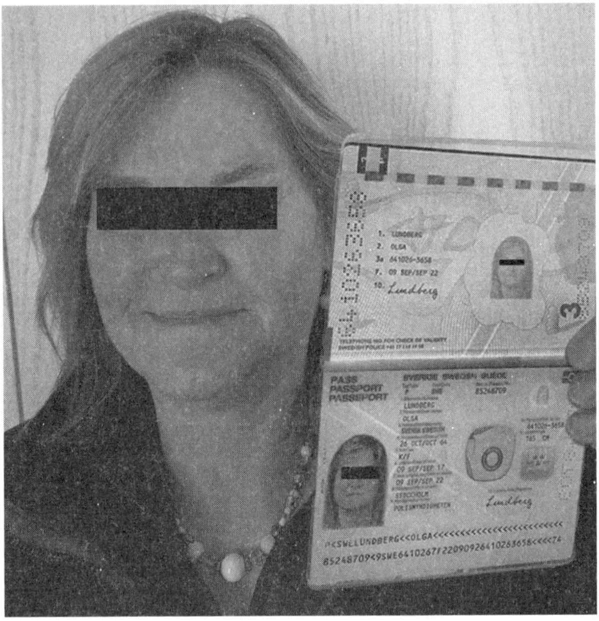

sido manipulada, pero no resulta concluyente. Lo que sí es concluyente y también puede encontrarse en internet es el número de teléfono de la policía sueca, que, entre otros servicios, ofrece comprobar la autenticidad de un pasaporte. Llamamos y nos dijeron que ese número no correspondía a ningún pasaporte en vigor. No nos dijeron que fuera falso, cuando se lo preguntamos solo repitieron que aquel número no era correcto. De acuerdo.

Yo todavía intercambié algunos mensajes con quien estuviéramos hablando. Le llegué a comentar que Estocolmo me había gustado mucho y que la gente era cálida y afectuosa. Dijo que sí, que ella opinaba lo mismo. Conservo su foto como un recuerdo entrañable. Estoy seguro de que detrás había una gran historia, y me hubiese gustado mucho rastrearla, pero a estas alturas ya sé que no puedo contarlo todo.

Julia

Encontramos a Julia y su piso de Weberwiese tras decenas de mensajes y chats con otros inquilinos y propietarios. Tuvimos suerte, le caímos bien. Su piso existía de verdad y en la entrevista que nos hizo por Skype nos dijo que transmitíamos buena energía. Le gustamos. Dasha es vegetariana, es ecologista y está involucrada en muchas ONG y yo mentí. Julia es *coach* y sanadora reiki, acompaña a niñas, chicas, mujeres y ancianas en las etapas complicadas de la vida, solo mujeres. Pensé que quizá a Marlene le iría bien, pero Dasha me dijo que no la liara, que necesitábamos un lugar donde vivir. El día que fuimos a ver el piso fue muy bien. Nos entendimos. Quedó claro que Dasha le caía mucho mejor que yo, pero tuve mi compensación: su perro, Willi, no se separó ni un momento de mí, lo que según Julia era una buena señal, aunque le diese rabia admitirlo, por supuesto.

Así que fuimos a parar a la Gubener strasse, detrás de la Karl-Marx-Allee. Julia nos pidió que nos instaláramos el mismo día que ella se marchaba para que pudiera vernos llegar con las cosas mientras ella se iba con el coche; fue la única condición que nos puso. Y nosotros, obedientes, hicimos lo que nos ordenó: a la hora y el minuto exactos que nos había dicho —al parecer había una conjunción astral— llegamos allí y nos entregó las llaves. Le dio dos besos y un abrazo a Dasha. A mí solo me dio la mano, pero Willi lo compensó echándose a mis pies.

Nos lo dejaba todo: muebles, libros, parte de la ropa y todos los objetos personales. Había fotos de sus exparejas en los lugares más insospechados. «No tengo secretos, confío en que lo dejaréis todo como lo habéis encontrado», nos dijo al irse. Antes de guardar en el trastero las cosas que nos podían estorbar, hice mil fotos con el fin de poder volver a colocarlo todo en el mismo sitio, para que cuando volviera no viera ninguna diferencia. La decoración del piso de Marlene parecía un prólogo de la que nos encontraríamos en el de Julia. También había mandalas pegados a las ventanas, cristales, vidrios de colores y piedrecitas de diversas formas. Y muchos ángeles por todas partes: pinturas, fotos, figuritas de porcelana. Teníamos un ángel de la confianza encima del fregadero de la cocina, y como a mí no me gustaba salpicarlo de agua, siempre intentaba secarlo. Los ángeles los dejé todos donde estaban porque recordé el cuidado con que los albañiles extraen los santos de las fachadas y rehacen la capilla para restituirlos al finalizar las obras. Tú estás de paso, los santos —o los ángeles— estarán allí para siempre.

Todo esto parece algo contradictorio con el espíritu del barrio, especialmente en la zona que hay a ambos lados de la Karl-Marx-Allee, la antigua Stalinallee, que más que una avenida parece un desfile de edificios. Hoy es más fácil moverse por esos edificios porque hay coches, motos y patinetes, pero cuando se construyeron, la mayor parte de la gente iba a pie a todas partes, o, como mucho, en bicicleta. Es verdad que circulaban tranvías y el metro, pero había que recorrer las inacabables fachadas bajo la acumulación rocosa de los pisos, lo que empequeñecía aún más al viandante. Todo ha cambiado desde 1989. El Muro que ayudaron a construir esos edificios cayó, por lo que la separación que les daba sentido ya no existe. Les falta la pared maestra, la distancia ideológica que los protegía del mundo exterior. Hoy son una forma más de habitar Berlín, y parecen decirnos que vendrán otras. Tras las fachadas de los edificios de la Karl-Marx-Allee, murallas de una fortaleza que ya cayó, hay otros bloques más pequeños, más humanos, como si estuvieran en el interior, en la zona segura. Nuestro piso, por ejemplo, muy cerca de la parada de metro de Weberwiese, se encontraba junto a un pequeño paraíso, un parque con un estanque en medio. Los edificios que lo rodean son de cuatro pisos, hasta donde llegan las copas de los árboles.

En aquel apartamento estábamos muy a gusto. El cambio coincidió con la llegada de los refugiados y todo fue muy rápido, pero Julia tenía razón: encajábamos, teníamos que estar allí por algún motivo.

Lo único que me molestó fue que después de algunas semanas empezamos a oír unos gritos muy extraños y de localización incierta. Cuando ya habíamos colocado todo en su sitio y parecía que nos habíamos habituado a los detalles del nuevo lugar, a los ritmos de los vecinos y de los niños de la escuela, a las horas en que llamaban los mensajeros y a los chicos que jugaban en el parque hasta que el frío oscuro de la noche los mandaba a sus casas, empezamos a oír unos chillidos que no eran normales. Al principio pensé que podían ser los aullidos de un perro enfermo, pero resultaban demasiado inquietantes para tratarse de un perro. Solo podía ser un pájaro, y un pájaro grande, porque a veces los chillidos se oían muy cerca.

En Neukölln no había visto animales, pero en Weberwiese el primer día ya vimos un zorro. Además, el estanque del parque, que se vacía en invierno, se llena a partir de abril y llegan muchos patos y urracas. Cada vez que escuchaba el grito intentaba saber si venía del lado de la calle o del parque, del este o del oeste. Iba corriendo con la cámara de fotos con la esperanza de fotografiar al pájaro, que dentro de mi cabeza debía tener el tamaño de al menos una cigüeña. Nunca lo conseguía, y eso que los gritos se repetían. Seguro que venía en busca de algo de comida de restaurantes o colegios, tal vez a esa hora tiraran la comida sobrante en algún sitio y el animal, que lo sabía, había convertido aquello en una costumbre. O bien se oía sobre las diez o bien después de comer, y el grito debía de estar tan cerca que a veces nos llegaba con gran claridad. Una posibilidad era que estuviera en el tejado, y por eso resultaba imposible verlo. Una vez que estábamos en casa arrastré a Dasha hasta la ventana de la calle porque oí algo, pero el chillido no se repitió y yo me gané un punto más en mi escala de la locura personal.

Un día lo oí y se me ocurrió grabarlo. Fui a la ventana para dejar el móvil con la grabadora en marcha. Al poco rato volvió a chillar, y pocos minutos des-

pués, otra vez. Cuando lo escuché, aunque débil y lejano, podía oírse perfectamente el chillido. Busqué por internet qué pájaros había en Berlín, pero no saqué nada en claro, podía ser que hubiese alguna migración o que la guerra en Ucrania hubiera desviado las rutas de algunas especies. Dasha no podía negarlo, se escuchaba claramente. Lejos, pero nítido. Recuerdo que fuimos a hacer un pícnic a Tempelhof y no pude evitar hablarle a la gente sobre el pájaro. Me dijeron que sí, que debía de ser un pájaro, pero no sabían cuál. Eran todos lingüistas, no ornitólogos. Marlene, a quien envié un mensaje con la grabación, me dijo que seguro que era un fantasma. «Como tú», añadió. Dasha dice que siempre le hago pasar vergüenza.

En los días posteriores lo oí cada vez de forma más clara y cada vez más cerca. De hecho, un día lo escuché tan a mi lado que bajé enseguida al parque, pues a la fuerza debía estar allí, junto al estanque. Venía de detrás de las hojas de los árboles, en dirección al agua. Se oía con nitidez, tenía que estar allí. Me calcé y bajé las escaleras lo más rápido posible, pero cuando llegué al parque ya era demasiado tarde. No vi nada. Había gente con mantas sobre la hierba, algunos leyendo, otros tomando el sol de primavera, pero ni rastro del pájaro. Estuve tentado de preguntar a las personas que estaban allí, pero creo que pensé que podrían tomarme por el loco del barrio, y eso en Berlín tiene mucho mérito. Los días pasaron y yo continué grabando al pájaro. Debo de tener una treintena de grabaciones, algunas clarísimas. Envié los archivos a un amigo de Cataluña, pero, por supuesto, me dijo que podía ser que él no lo conociera, que la guerra había cambiado algunos hábitos, etcétera. Y que si estaba seguro de que era un pájaro. Pero esto me lo preguntaba sin darme ninguna otra opción. No podía ser otro animal, solo un ciervo bramaría de esa manera.

Hasta que llegó el día. Aquel día sí, lo oí con toda claridad y bajé al parque. Tranquilamente, con la cámara y el móvil, listo para poner en marcha la grabadora. Desde la puerta de casa se tardaban dos minutos, no se podía escapar. Estuve esperando, entre nervioso y decepcionado por no verlo, hasta que de pronto lo oí. No supe qué hacer, porque estaba justo delante de mí, y no era un pájaro. Era un chico que había visto en otras ocasiones, un chico que caminaba arrastrando una pierna y que llevaba un brazo pegado al cuerpo. La chica que lo acompañaba se había sentado con él y le agarraba la mano, hablándole despacio, con mucha paciencia. El chico se asustaba y empezaba a chillar de una manera que la otra gente del parque parecía aceptar y comprender. Supongo que lo conocían o que ya habían coincidido con él. Para mí era la primera vez, y me avergoncé de llevar la cámara y el móvil. También de las grabaciones.

Creo que en aquel momento ya empezaba a tener un pacto cordial con Berlín. Habían transcurrido algunos meses y también había habido algunos momentos de iluminación, si es que puedo llamarlos así: el día del álbum de la casa de Hamburgo, por ejemplo, los paseos por Tempelhof con Marlene, la visión del chico de los gritos, las horas en el hotel con los refugiados... También el día que vi el cartel con el recordatorio en la parada de metro de Weberwiese. Hay una foto pequeña que muestra cómo quedó la estación tras los bombardeos del 26 de febrero de 1945. Un texto acompaña la imagen. La gente, mujeres y niños en su mayoría, se refugió allí, pero tres bombas dieron en el blanco. Murieron al menos ciento ocho personas, posiblemente muchas más. Muchos cuerpos no pudieron ser recuperados. Creo que estaba muy sugestionado por la llegada de los refugiados ucranianos al lado de casa, y que por eso me resultaba tan difícil no pensar en todas aquellas almas que se habían evaporado, todas aquellas vidas desaparecidas. Los muertos tenían un cuerpo, los supervivientes tenían la vida ante ellos, los refugiados podían tener un futuro e incluso esperanza, pero la idea de pasar de ser un cuerpo a ser una abstracción solo fue posible a partir de 1945, con los bombardeos en Alemania y Japón.

Empecé a comprender y a querer a Berlín a partir de aquel momento, cuando entendí que debe de ser la ciudad que más ha sufrido y que más ha hecho sufrir, y que todavía no vive en paz. Tal vez existan ciudades que han sufrido más y tal vez existan ciudades que han hecho sufrir más, pero creo que ninguna ha estado en medio de las dos direcciones del sufrimiento de una forma tan clara como Berlín. Londres y París han expoliado y destrozado medio mundo, pero la primera no ha recibido el daño que ha provocado y la segunda supo camuflar la rendición y la colaboración con la victoria. Washington vio una batalla de cerca durante la guerra de Secesión y los rusos evacuaron Moscú antes de reducirla a cenizas para que Napoleón no pudiese utilizarla. De todo eso hace ya mucho tiempo. Hay ciudades que han sido arrasadas sin que hayan hecho daño a nadie. Berlín se recupera de todo lo que ha pasado y de todo lo que ha hecho que pasara, quizá por eso acoge a tanta gente que se hace preguntas como las que intentan responderse Marlene y Julia. Quizá sea el grito de ese chico que resuena entre los edificios, no lo sé, aquí el lenguaje empieza a perder facultades y quizá hace falta más poesía, pero yo soy un poeta malo, tan solo me atrevo a describir lo que me ha ocurrido, esa forma tan básica de autoconocimiento y de conocimiento del mundo, de editar la vida.

Pero, a fin de cuentas, tenía que estar agradecido, Berlín también me hablaba a mí. Además, el tiempo empezaba a mejorar un poco, la ciudad salía de las cuarentenas y de los toques de queda del covid, los parques se llenaban de gente y los *biergartens* encendían sus luces y sus farolillos.

Julia no llamó ni una sola vez durante el año que estuvimos en su casa. Si había alguna carta del banco, alguna factura, le enviábamos una foto en un mensaje y ella siempre contestaba con otro dándonos las gracias y con fotos de los lugares por los que iba pasando: Grecia, Túnez, Italia, Cataluña, Andalucía y Suiza. Mientras, yo iba cogiendo confianza con el piso. Nos íbamos conociendo, y creo que todos aquellos ángeles me aceptaban. Empezaba a curiosear entre los libros y los álbumes de fotos. Julia nos había dicho que podíamos mirarlo todo, que podíamos coger los libros que quisiéramos y que también había discos duros con películas y vídeos personales. Por supuesto, los discos duros no los toqué.

—No tengo secretos, en mi casa no hay puertas cerradas con llave. Me da igual lo que miréis o dejéis de mirar —nos dijo el día de la entrevista, y lo repitió más de una vez mientras nos enseñaba cajones y rincones.

No terminó de contarnos lo que le había pasado. Creo que se le juntaron crisis de trabajo y de pareja, y que entonces decidió cambiar de vida. De foto en foto, de pared en pared, podían reconstruirse las etapas por las que había pasado, las personas que la habían acompañado, e incluso, entre fotos y entre líneas, los disgustos y los malos momentos. Había fotos suyas en un club de la Warschauer Strasse, a diez minutos de Weberwiese. Parecían fotos de estudio, hechas por un fotógrafo profesional. Baila a la luz de los focos, enfundada en una prenda de cuero negro que poco a poco va dejando entrever más y más piel, más cuerpo, más detalles. Había fotos suyas en actitud provocativa, con ropa de cuero —con muy poca ropa de cuero—, maquillada, guapísima. La serie la cierra una foto en la que te mira a los ojos; cuesta mucho aguantarle la mirada. En la siguiente foto, cuando ya parece que va a desnudarse del todo, muestra una invitación para una fiesta privada en el Berghain, el gran club de Berlín. Allí no se pueden tomar fotos, está prohibidísimo.

Nos dijo que había aguantado durante el covid, pero que necesitaba naturaleza, sol y mar. Había llegado a Berlín después de dejar el trabajo que tenía en Dortmund. «Berlín no es Alemania, pero el invierno es el mismo.» Berlín no es Alemania significa que la mezcla de gente que hay en Berlín no se encuentra en ningún otro lugar, que la ciudad todavía no sabe cuál es su papel en el país, en el continente, en el mundo, como resumen de lo que le pasa a Europa, que colapsa cuando Berlín cae y que ya nunca recuperará su centralidad en el mundo. Han llegado otros tiempos. El Berghain también recuperaba lentamente su actividad, muy cerca del hotel de los refugiados, a pocas calles de los clubes de la Warschauer Strasse.

Marlene, que vino algunas veces a cenar a casa y al jardín de Weberwiese, estaba fascinada con Julia. Lo último que sabemos es que han quedado para salir y que se ven de vez en cuando, no hemos querido preguntar más. La verdad es que yo sí que tengo mucha curiosidad, pero Dasha me ha advertido de que no se me ocurra hacer ningún comentario.

Renate

Los meses fueron pasando y el año que habíamos estipulado con Julia llegaba a su fin. Ella nos dijo que una de sus clientas se iba a vivir una temporada a Turquía y que estaba buscando a alguien para unos meses, y a nosotros aquello ya nos iba bien. El piso estaba en Charlottenburg, en la otra punta de la ciudad. Ilknur se iba, también necesitaba salir de Berlín, pasaría algunas semanas con un amigo en Viena y después una temporada en Turquía. La única condición que nos puso fue que no hiciéramos fiestas con purpurina, pues se colaba entre las grietas de la madera y luego costaba mucho limpiar. Se arrepintió un poco de decir aquello, porque supongo que se dio cuenta de que yo era la antítesis de alguien que hace fiestas con purpurina, aunque nunca se sabe.

El edificio era viejo, un *altbau* como el de Neukölln, pero mucho mejor conservado. Las puertas de la escalera y de los pisos eran preciosas, las originales de finales del xix. La fachada había sido dañada durante la guerra, pero la parte interior apenas había resultado afectada. Este rincón de Charlottenburg, situado en torno a la Nehringstrasse y la Seelingstrasse, es uno de los que salió mejor parado de todo Berlín. En algunos lugares se pueden contar hasta cinco o seis fachadas seguidas más o menos bien conservadas, todo un récord. En el piso se estaba bien.

A los pocos días de llegar entablé amistad con una vecina, Renate. Tenía ochenta y dos años y sacaba a pasear a su perro, que, según decía, comparando la longevidad de humanos y perros, tenía aproximadamente noventa años. El pobre apenas veía nada y la mitad del camino ella tenía que arrastrarlo. Nos conocimos mientras le aguantaba la puerta del patio para que pasara; iban tan despacio que mientras llegaban y salían pudimos tener nuestra primera conversación. Las puertas pesaban y le costaba mucho abrirlas. Fue ella quien me dijo que eran las originales, y que su madre, que también había vivido en el edificio, le decía que solo habían cambiado dos o tres, las que algunos astillaron para calentarse durante el invierno de 1945.

—Astillar las puertas para calentarse mientras pasa el viento. ¡Vaya escena!, ¿eh? Siempre le cuento lo mismo a todo el mundo que llega. Deben de pensar que se me ha ido la cabeza. Renate la de las puertas, deben de llamarme.

Renate nos dijo que el suelo de madera de nuestro apartamento era el original, que todavía había pisos así, que durante años habían puesto linóleos o parqués y que después, debajo, se habían encontrado los tablones de cuando habían construido la casa. En su piso también había tablones de 1896, y, como había vivido toda su vida allí, recordaba, o creía que podía recordar, los pisos que aún conservaban muebles de aquella época. A veces, cuando llegaba alguien nuevo y los intentaba malvender, ella llamaba a quien pudiera hacerse cargo de ellos.

Me recordó a una polémica que hubo a las dos semanas de que llegáramos a Berlín por unas obras en el centro. Los operarios cortaron unos tablones que habían encontrado en la calle, bajo tierra, para pasar unos cables. Eran tablones de la época medieval, el pavimento de aquel entonces, el más habitual en los lugares donde los árboles eran más abundantes que las piedras. Entre los tablones y el pavimento había tres metros de sedimentos de ciudad. Fui a verlo, pero lo habían tapado con lonas bien clavadas en el suelo, formando una línea larga como un apósito, parecía que hubieran cosido una herida. Bajo la superficie, la ciudad clava raíces profundas, llegando a tierras que han quedado colgadas bajo otras tierras y a puertas antiguas que te piden un precio para dejarse abrir, para dejarte pasar. Esta es la ciudad que he conocido, la que me ha dejado pasar por muchos lugares, creo que, finalmente, con cierta confianza.

En Charlottenburg me encontré con la historia. Para darme cuenta de ello, para que todo empezara a encajar, había tenido que pasar por Neukölln y por Friedrichshain. «Berlín no es Alemania» solo es cierto si se considera desde un punto de vista temporal. Desde otro punto de vista no hay mejor resumen de Alemania y Europa que Berlín. Londres se ha ido, Moscú no es exactamente Europa, Roma es demasiado antigua y está demasiado al sur, París hace años que sale igual en las fotos, en Viena se vive demasiado bien y el resto son ciudades satélites de las anteriores. Lo único que cambia, lo único que todavía evoluciona, y porque quedó arrasado y partido, es Berlín.

Renate me regaló un juego de cartas de cuando era pequeña, un *quartett*. Los *quartett* son juegos de cartas con temas diversos, que forman grupos de cuatro y a menudo contienen textos o historias. Tenía muchos, pero este es especialmente bonito. Hay setas, pájaros, plantas, flores, frutas y otros elementos del bosque en cuatro lenguas: alemán, inglés, francés e italiano. Las ilustraciones son hermosas y la tipografía que las acompaña todavía es *fraktur*, es decir, gótica. En realidad, lo que me estaba diciendo era que no sabía quién velaría por sus muebles cuando ni ella ni el perro pudieran subir las escaleras que los separan del segundo piso. Suspiró tan profundamente que no sé hasta qué punto era una indirecta.

Fue ella la que me aconsejó ir a ver a la modista de la parte de arriba de la calle, una rusa que había sido muy popular en el barrio. Ya no llegué a tiempo, pues recordé el consejo de Renate cuando vi que estaban vaciando la tienda. No entiendo cómo la modista había podido meter todo aquello ahí dentro. Había dos chicas que organizaban una venta benéfica para ayudar a Alina. Allí había de todo, máquinas de coser antiquísimas, tijeras y maniquíes de otros tiempos, pero también lámparas, cerámica de los años veinte y treinta, herramientas y botes de maquillaje, bisutería y, evidentemente, mucha ropa, abrigos de pieles que ya no eran lo que habían sido. Las dos chicas estaban desbordadas, el primer día solo habían podido sacar un poco de todo lo que había en la parte que daba a la calle, la que se veía desde el escaparate. La trastienda seguía intacta, me aseguraron a última hora, mientras ya recogían. Como las vi muy agobiadas, las ayudé a volver a meter lo que no habían podido vender, que era mucho.

Entre todas aquellas cosas había un par de fotos, una de una familia y otra de una niña que parece que se disponga a iniciar el curso, con la mochila en la espalda. Una de las chicas me dijo que me las podía quedar. Eran fotos tomadas en estudios de allí cerca, en la Wilmersdorfer Strasse, de finales del XIX y comienzos del XX. Había más junto a unos libros que todavía no habían podido sacar a la calle. Las dos chicas tenían prisa y me dijeron que ya se lo pagaría la semana siguiente, pero estas cosas no se pueden hacer así. ¿Una semana sin pagar unas fotos que te has llevado? Era imposible, no podría dormir. Miré el precio de fotos similares en webs de anticuarios e hicimos una media de lo que podrían costar; poco, la verdad, hay tantas y tantas fotos que nadie quiere, tanta gente perdida en el papel, que terminan vendiéndose por calderilla. El exceso de pasado lo abarata, y la responsabilidad de custodiarlo asusta. Los libros no me los quedé porque ya no sabía dónde ponerlos. Había enviado paquetes a casa, cajas llenas de libros, pero ¿qué sentido tenía comprarlos y tener que enviarlos? Ninguno. Quizá comprar esas fotos tampoco lo tenía, pero quién sabe si habrían terminado en un contenedor, como tantas otras cosas que nadie había querido.

La mayor parte de las fotos eran de estudios del barrio, no muy lejos de donde se encontraba la sastrería. Hay algunas de la Schlosstrasse, el paseo que llega hasta el palacio de Charlottenburg, hasta el *Schloss*, pero también hay tres de un estudio que estaba en la Nehringstrasse, en el número 1. Han pasado los años y algunas fotos se han conservado. Como las que yo tengo, por ejemplo, con esos hombres y muje-

res de un tiempo pasado que hace que sean otros. El problema, para mí, es que miran a la cámara, y que por tanto te miran a los ojos; algunos incluso parece que lo hagan intencionadamente, que quieran quedarse en tu recuerdo y no huir jamás. Un poco como Julia antes de entrar en el Berghain, diciéndote que solo te deja mirar hasta ahí. Sé, de hecho, que será así, que el vínculo que he establecido con los álbumes de fotos, los diarios y los álbumes de poesía —una especie de libros de visita personales que se utilizaban para dedicarse poemas y buenos deseos entre dibujos y recordatorios— es para siempre.

Esto no lo entendí hasta que llegué a Charlottenburg y entré en el piso de Renate, hasta que no me dio la baraja de cartas. Es muy probable que haya pasado por los mismos lugares que ellos, que haya recorrido las mismas calles que van hacia los barrios de Schöneberg y Zehlendorf, hacia el bosque de Grunewald y hacia el Havel, hacia donde el río se ensancha y crea un lago, o hacia los lagos de Krumme Lanke y Schlachtensee. Esas fotos las llevo conmigo ahora que ya no estoy en Berlín, pero aún no sé si son una prueba de su existencia o de la mía. Esos niños, esos hombres, esas familias, esas mujeres que se colocan delante de la cámara forman parte también de mi imaginario, una nueva alteridad posible, la puerta de acceso a otra totalidad que también daría plenitud y sentido a la vida.

Creo que Renate, Julia, Marlene, Dasha y yo mismo no somos tan diferentes. Nos he imaginado a todos en una de esas fotos de hace tantos años. Me he imaginado al chico que gritaba y a la chica que lo acompañaba, y también a los vendedores de fruta de la Sonnenallee. He pensado que los ángeles de Julia y los mandalas de Marlene terminarán en algún mercadillo. Los libros quizá durarán un poco más, pero ¡hay tantos! Hay demasiado pasado. Hay tanto pasado que es inasumible, que incluso se convierte en una patología, en un peso que aprisiona el presente y no lo deja avanzar. A veces creo que el tiempo colapsará porque no podrá soportar más carga, más cosas, más historias. Hay demasiadas palabras, demasiadas imágenes, demasiados edificios. Quizá esta fuerza del presente, este presente expandido en el que vivimos, es también una reacción contra un pasado que lucha por sobrevivir, aunque sea a costa de nuestra propia posibilidad de sobrevivir.

Confieso que antes de abandonar Berlín fui a ver al chico de la Weberwiese, fui a oírlo. Eran mis últimos días allí, ya había vendido la bicicleta, así que fui en metro. Hasta la parada. Cuando me iba, observé la foto del bombardeo y pensé en los ángeles de Julia, en las puertas de Renate, en los muebles de Marlene. Las veces que hemos volado desde el aeropuerto de Brandeburgo le he dicho a Dasha que cierre los ojos y se imagine que despegamos desde Tempelhof. Por el momento, todos esos recuerdos son sólidos.

V

La piel seca

Zaidín, mayo de 2022

—Aquí las tienes. Pero, vigila, no te hagas daño, *caramico*. —Mi madre me da las dos pistolas que le he pedido. *Caramico*, cara de mono, es cariñoso.

—No te preocupes.

—¿Pero para qué las quieres?

—Ya sabes que hago fotos de todo. Más que nada para el libro, mamá. También estaba el rifle. ¿Te acuerdas de la escopeta de perdigones?

—Pues claro. Te cogiste un berrinche... Te la compramos y después de matar a un gorrión dijiste que nunca más. Mira, la suerte es que con estas no podrás hacer nada.

—¿Dónde está?

—Creo que la tiene tu padre en el almacén.

—Vale.

—Ya nos veremos después. Cuánto tiempo... —Me agarra la cara con las dos manos y me da un beso en la frente.

He vuelto de Berlín durante dos semanas porque tenía trabajo en Barcelona, y he venido a Zaidín para pasar unos días con ellos y para ir a los Monegros. Me ha sentado bien, cuesta mucho abstraerse de la guerra. Dasha sufre por su familia, y el sufrimiento se contagia. En mi casa también sufren, por supuesto, y aunque la distancia no cambia nada, puedes airearte un poco.

Me doy cuenta de que las pistolas no pesan tanto como recordaba, supongo que me he hecho mayor. «Pesan como un muerto.» Decían que venían del frente y que habían sido utilizadas, y como habían matado a alguien yo no podía evitar pensar que concentraban el peso de los muertos de los que eran responsables. Servían para que una persona dejara de existir, me decían, y me lo explicaban bien: una bala era un trocito de metal al rojo vivo que agujereaba la carne. Me enseñaron una bala y me apretaron la punta contra el pecho hasta hacerme un poco de daño, solo para que me diera cuenta de que era real y para que sirviera de revulsivo contra la atracción hacia la guerra, contra todo lo que me gustaba en aquel entonces.

Como a muchos otros niños, la guerra me fascinaba, y buena parte de la culpa la tenía el cine, sobre todo los wésterns. Me fascinaban porque un niño puede ver el paisaje que rodea Zaidín como un compendio de las colinas, los ríos y los desiertos del Oeste americano. El cine era la manera más sencilla de encontrar otro sitio en el mismo sitio. Me iba en bicicleta y me llevaba el revólver a escondidas de los de casa. Las grandes y fértiles fincas del norte del pueblo parecían sacadas del cinturón del maíz que veíamos en las series y contrastaban con los Monegros, que tenía sierras y desfiladeros que recordaban al Gran Cañón. Buscaba semejanzas en los colores, en el cielo, en el calor y en el frío, y también en los enormes camiones que pasaban por la nacional II, que acababa aceptando como un sucedáneo de los americanos. Las películas de pistoleros y camioneros las habían hecho a mi medida, así que aquella violencia, aquellos pistoleros, aquellos policías y detectives representaban una continuidad lógica, esperable. De ahí también la fascinación por las pistolas.

Claro que no era tan fácil. Había dos contradicciones que no me dejaban disfrutar del todo de aquel mundo que construía a mi medida. La primera resultaba obvia: lo de ir con los vencedores era demasiado fácil, contradictoriamente fácil, dado que el clima político de finales de los setenta y principios de los ochenta, al menos en mi casa, no dejaba muy bien parados a los Estados Unidos. Además de haber sido los aliados de Franco, Pinochet gobernaba en Chile gracias a ellos y tenían decenas de títeres por toda Sudamérica. La segunda contradicción era más compleja, porque se derivaba de la primera y conllevaba darles la vuelta a los argumentos, cambiar de lugar a los protagonistas y, lo más importante, renunciar al final feliz que proponía Hollywood. No lo pensaba con estas palabras, por supuesto, pues carecía de los conceptos y la perspectiva, que llegarían con el tiempo, pero no me cuadraba la actitud hacia los indios. Al fin y al cabo, ellos estaban antes y el wéstern no dejaba de ser una justificación cultural del genocidio. Esta palabra, genocidio, ha encajado después, pero ya existía, ya podía intuirla.

Había todavía otra cosa, tal vez más indefinida pero también más sólida, más familiar y cotidiana. Los Monegros ya habían acogido una guerra, habían sido el campo de una batalla ajena a la idealización del wéstern. Los paisajes se parecían —y yo quería que se parecieran aún más—, pero el relato, un relato que podría calificar de originario, era totalmente diferente. Allí también había habido una guerra, e incluso la guerra se había quedado su nombre. El *frente de Aragón* era algo más que un mapa, incluía los lugares y la memoria de todos, tanto la íntima como la social. En las películas las muertes eran limpias, los héroes siempre acababan sobreponiéndose a las dificultades y nadie podía discutir la nobleza de las causas que se defendían. Pero en casa había pistolas y balas, y también había visto cómo quedaban los animales que los cazadores traían hasta el pueblo. Podías meter los dedos en las llagas. En los relatos de la guerra civil uno podía percibir un miedo y un luto genéticos. Los indios perdían como perdieron los rojos. ¿Con quién tenía que ir yo?

Había un libro que explicaba bien todo esto, una narración con tantas coincidencias que yo no podía evitarla. Era el *Réquiem por un campesino español*. Su autor, Ramón J. Sender, había dado nombre al instituto en el que yo debía estudiar cuando terminara la escuela en el San Juan Bautista de Zaidín. Pasaría de una escuela pública con un nombre religioso a un instituto con un nombre del exilio republicano, el cambio no estaba nada mal. Ramón J. Sender tuvo que exiliarse y acabó en Estados Unidos, en California, después de recorrer medio mundo. Ni en Fran-

cia ni en México, como todo el mundo, sino en California. Por si no había suficientes coincidencias, Sender nació en Chalamera, a tres kilómetros del pueblo donde nació mi abuela María, y a mí me resultaba totalmente imposible imaginarme otro escenario para la novela que el de los pocos kilómetros que separan Zaidín, Chalamera y Ballobar.

Sender dice que el pueblo donde sitúa la acción de la novela está en la frontera con Lleida, y que las campanas, cuando anuncian un nacimiento, parecen decir si es niño o niña. No era un wéstern, pero las pistolas de casa eran de aquella época, y los Monegros, en aquel momento en que la guerra civil tomaba impulso como un primer campo de pruebas para la Segunda Guerra Mundial, estaban tan lejos y a la vez tan cerca de Alemania y la Unión Soviética. Es posible que yo tuviera un lío en la cabeza, porque todo estaba lleno de resonancias y significados, pero también tenía un mapa lo suficientemente claro como para ser permanente y como para que esa nueva guerra despertara todo lo que significó aquella.

La historia del *Réquiem* era conocida porque podría aplicarse a cada época y, dentro de cada época, a cada generación. El chico listo del pueblo, apuesto y carismático, ve las injusticias que provocan los hombres más ricos de la comarca, que utilizan su poder para mantener un *statu quo* que condena a la mayoría a una vida de pura subsistencia. Era un arquetipo, pero un arquetipo que prendía porque era como abrir la ventana del pasado de aquella zona. Y cómo no identificarme con Paco el del Molino, si todo en él resonaba en mi interior, como el trabajo en el campo de los niños o hechos más concretos, como que hiciera de monaguillo —yo también lo fui, Zaidín era aburridísimo— y acompañara al cura a las cuevas para dar la extremaunción a una mujer que se estaba muriendo —a mí también me había tocado oficiar entierros—. Hace algunos años, esas cuevas todavía existían, e incluso aún hay algunos agujeros visibles en las paredes de arcilla de las sierras. Además, el libro hacía coincidir los contornos de la narración con la memoria de mis abuelos, casi calcada a la de Sender.

Esta memoria continuó con mi padre y mi madre. Entre las cosas que siempre recordaré de cuando era pequeño, está la exhortación permanente para que me fuera del pueblo, para que estudiara algo que no dependiera de cosas tan básicas como el clima o las subidas y bajadas del precio de los alimentos. Significaba la aceptación de otra derrota y la voluntad de esquivar sus efectos. Con el paso del tiempo, este consejo ha adquirido toda una serie de nuevos significados, pero es lo mismo desde hace un montón de años: la voluntad de los padres de que los hijos tengan una vida con más oportunidades que la suya, como si ellos hubieran interiorizado el *Réquiem* y no quisieran entonar la misma cantinela que Sender. Es más complejo, pero, en parte, el *vete de aquí* también quería decir que habían perdido la guerra.

Francisco, Paco el del Molino, se enfrenta a los terratenientes y a los fascistas y pierde, lo matan; la historia no podía tener otro guion porque no habría sido creíble. Podría haber sido un wéstern, ahora lo llamarían un wéstern rural, pero eso entonces no existía. Su mujer y todos los personajes de su alrededor acaban rotos. Ellos serían los indios, los perdedores, los malos de una película que ganaron los otros. ¿Cuántas veces había oído historias similares? Muchas. Mi abuelo tuvo que hacer lo imposible para no ser enviado a un campo de trabajo, tuvo que ir a pedírselo a una terrateniente de Vallmanya que, según se decía en casa, llevaba siempre un revólver encima. A mi abuelo le concedieron la gracia, todavía no sabemos a cambio de qué, porque esas cosas nunca llegan a saberse exactamente, pero a ella siempre me la imaginé, a través de la descripción que hacía mi padre, como una de las personas que podría haber ordenado matar a Paco al del Molino, una especie de Emma Small, la mala de *Johnny Guitar*.

El *Réquiem* podría haber sido un wéstern si no hubiera terminado mal. Era la posguerra: no había dónde esconderse y quizá fuera demasiado tarde para huir. El control sobre la gente era absoluto. Después de la guerra se podía matar y encarcelar con total impunidad. Se podía empobrecer a la gente hasta echarla de sus casas. De hecho, esa ha sido una de las grandes constantes en los Monegros y, por extensión, en Huesca y en Aragón. Siempre que mi padre contaba la historia, pensaba que aquel revólver oxidado de nuestra casa era la contraparte del revólver de aquella mujer, que contenía su espíritu. El revólver era de ella, y la pistola automática, de los que matan a Paco el del Molino. La herencia de la guerra pasa de padres a hijos.

La biografía de Sender también tiene cierto aire mítico. Se exilia y, de todos los lugares a los que podría haber ido, acaba estableciéndose en California; solo faltaba eso, aún más cinematográfico. Además, su hijo escribió un libro maravilloso sobre cómo encarcelaron y fusilaron a su madre, *Muerte en Zamora*, que estaba en el fondo bibliográfico del instituto. Esta mistificación se ha extendido a otros escritores que llegaron a los Monegros, al menos a los que leí de pequeño o jovencito, como Orwell o Hemingway. Simone Weil, Joan Sales y otros llegaron a mí de mayor, cuando el aprendizaje había pasado ya por la decepción demasiadas veces, pero Sender se sostenía, supongo que estaba tan cerca que era imposible librarse de él. Además, era el nombre del instituto de secundaria, el tiempo del rito de paso que debía permitir que yo me marchara de Zaidín.

Él también lo intentó. A los diecisiete años se fue a Madrid para convertirse en periodista. Tuvo poco

éxito y se vio obligado a dormir en la calle y a lavarse en las duchas del Ateneo hasta que su padre fue a buscarlo. Para mantenerlo cerca, le encontró un trabajo en el diario de Huesca *La Tierra*, un nombre lo bastante explícito, adecuado a Ramón y a su tiempo. Ramón no podía figurar en ninguna parte porque aún era menor de edad. Los alrededores de Tauste, el lugar donde trabajaba su padre, eran por aquel entonces tan áridos como Chalamera, una prolongación del paisaje estepario de los Monegros que Sender y tantos otros hombres de principios del siglo pasado querían recuperar. Existía la voluntad, no sé hasta qué punto utópica y quijotesca, de que ese desierto fuera próspero y de que la gente que vivía en aquellas tierras no tuviera que recordar las palabras que desde hace décadas resuenan por todas partes: «Marchaos de aquí». Los últimos dos grandes periodos europeos, la Ilustración y la Revolución Industrial, habían pasado de largo de España, o, en cualquier caso, su intensidad había sido muy baja. Son las prisas de finales del XIX y principios del XX por no desengancharse de Europa. Dicen que no hay nada más insoportable que saber que no se pueden cambiar las fuerzas que apuntalan el abuso, y yo diría que este es uno de los argumentos fundamentales del *Réquiem*. Mantener a la gente en el campo y, sobre todo, asegurarse de que no conseguían salir adelante significaba garantizar mano de obra barata para los grandes latifundios. «Vete de aquí, vete de aquí...»

El Aragón de la Transición intentaba recuperar de vez en cuando algún nombre propio que sirviera de referente en las escuelas. Estaba Miguel Servet, que era fácil de explicar en las clases de ciencias naturales. También Baltasar Gracián, que era algo muy raro para los niños de aquel tiempo. Y también Joaquín Costa, gracias al cual teníamos agua, no había que olvidarlo. Recuerdo que en una excursión de fin de curso a Huesca el autobús se detuvo en Monzón para que viéramos una estatua suya —horrible, como un robot; en el Aragón de la Transición se hacía lo que se podía— y asistir a una clase improvisada sobre su figura. Sí, se hacía lo que se podía.

Costa nació en Monzón, muy cerca de Zaidín, y pasó sus años escolares en Graus. Era un ilustrado en tiempos de románticos, un reformista recién formado entre la élite madrileña de finales del XIX y un idealista pragmático, con todo el dolor que eso conlleva. Ese dolor ha encontrado cierto reconocimiento, ya que su influencia en la extensión del riego en muchas provincias fue decisiva y por toda España existen calles que llevan su nombre. Muchos canales, como el de Aragón y Cataluña, habrían podido terminar en manos privadas si personas como él no hubieran insistido en mantenerlos en el ámbito público. Era más consciente que nadie de que el agua lo era todo, de que sin agua solo había desierto, arcilla infértil, ganado y cosechas escuálidas. No hablamos de fábricas, hablamos todavía de una especie de prehistoria física, territorial, casi eterna. Y también vivida; yo aún viví todo eso: he visto cómo la tierra se inundaba, los bancales se anegaban y los cultivos crecían; he caminado a través de campos inundados; me he bañado en los canales; me he manchado de barro al igual que lo hicieron decenas, cientos de generaciones antes que yo. Los ríos de los Pirineos han sido una bendición primitiva e histórica, pues proporcionaban tierra y agua. Bastaba con hacer llegar esa agua a donde fuera necesario y de la forma adecuada. No era fácil, pero no era imposible. Si pienso en Costa es porque el paisaje que vio Sender ha cambiado muchísimo; una parte de los Monegros recibe el agua que baja de los Pirineos, haciendo que ese desierto sea fértil. La paradoja es que en los Monegros ya apenas queda nadie y que ahora son las grandes empresas las que se aprovechan de ello. Quizá dentro de unos años, si el clima sigue cambiando, ni siquiera esas empresas puedan hacerlo.

Hace muchos años acudí a un encuentro que se celebraba en un pueblecito cerca de Abizanda, en una de las muchas aldeas sin nombre que hay en el Sobrarbe. Pasé el día junto a los últimos habitantes de la zona, en la Clamosa y en Puy de Cinca. Como tuve que dejar el coche porque los caminos estaban cortados, pude ir con ellos en los todoterrenos. Fue un día larguísimo, se prolongó desde la mañana hasta bien entrada la noche, porque uno de los vehículos resbaló hacia una zanja y tuvimos que sacarlo como pudimos. Algunos se encontraban tras décadas sin haberse visto. El relato no era nostálgico porque estaba cargado de miseria. Uno de los hombres describió cómo rascaban las paredes de las casas para coger el musgo y los líquenes y poder dar algún nutriente al huerto. No tenían abono y la tierra era muy pobre, y aunque tenían el río cerca, no disponían de agua porque el desnivel hacía imposible subirla. «La tierra pasaba hambre y sed», dijo uno de los abuelos, que explicó cómo recogían las hojas de ciertos árboles para abonar la tierra, árboles por otra parte cada vez más escasos, pues los cortaban para hacer leña. Esparcían la ceniza e intentaban conservar todas las heces posibles, e incluso bajaban a remover el lecho del río en busca de légamo. Cuando construyeron el pantano del Grado, algunos pudieron trabajar en las obras, pero quienes se habían significado en el bando republicano nunca encontraron trabajo y tuvieron que irse a Barcelona o Zaragoza. En Barbastro no había trabajo. Era como si Costa nos dijera una y otra vez: «¿Lo veis? ¿Lo veis?».

—Esta tierra no nos quiere ni de visita —decían con amargura los abuelos, con esa ironía que no acaba de esconder la verdad, sentados al borde del camino, a la luz de los faros, mientras los jóvenes hacíamos lo posible por sacar el todoterreno de la pendiente.

Sender y Costa, cada uno a su manera, intentaron cambiar el destino fatal de lugares como los Monegros. Abizanda no está en los Monegros, pero como si lo estuviera, es el mismo Monegros mental. Los dos habían nacido en pueblos pequeños, conocían de primera mano las carencias que hay en todas partes. Costa publica en 1901 un libro con un título que dice incluso más de lo que parece: *Oligarquía y caciquismo como la forma actual de gobierno en España: urgencia y modo de cambiarla*. No sé si se puede ser más claro. Sender lleva este título grabado dentro, y sabe que la presión de los terratenientes, de los poderes fácticos, de la Iglesia y de los militares para que las reformas acaben decantándose hacia su terreno serán cada vez más fuertes. Pasados los años verá como la dictadura de Primo de Rivera solo es un adelanto de la de Franco. En medio está la guerra civil, y después, el *Réquiem*. Los títulos de los libros de Sender y Costa son, en realidad, el mismo título.

Mi padre llama a la puerta. Hace cinco minutos que he oído que su coche entraba en el garaje, viven en la casa de enfrente. Cuando me asomo por la ventana, veo que lleva un saco en la mano, un saco con una forma extraña, y me hace una señal para que baje.

—Ten —me dice mientras abro la puerta. Me da el saco.

—Ah...

—En la entrada, en la calle no.

Me trae el fusil y el resto de los cargadores y las balas. Prefiere que abra el saco dentro de casa.

—No sabemos de dónde salen todas estas armas.

—Exactamente no. Dicen que quizá de Albalate, pero cómo quieres que lo sepamos. Igual que las bombas.

La silla en la que trabajo cuando voy a Zaidín está justo debajo de donde se encontraban las bombas. No está hecho a propósito, simplemente es por estar cerca de la ventana, para aprovechar la luz.

—¿Lo tenías en casa?

—No, en el almacén, tu madre me ha enviado un mensaje. No llegues tarde a cenar.

—No.

—¿Cuándo te vas?

—Pasado mañana.

—Vale.

La norma de la casa es que, si se puede utilizar una palabra, no son necesarias dos. El fusil también pesa menos, pero todo es relativo, sé que tendrá que transcurrir un tiempo antes de que resuelva cuánto ha de pesar la guerra.

Paco el del Molino quería transformar el pueblo y, como corresponde a las tragedias, su muerte solo trajo más tragedia. Leí el *Réquiem* muy pronto, no sé cuántos años tendría, pero estoy seguro de que lo leí antes de ir al instituto, quizá solo tuviera doce. En mi imaginación, Paco el del Molino podía ser mi padre o cualquiera de sus amigos de los años setenta. «Mi madre podría quedarse viuda si hubiera una guerra»; era algo que de niño siempre pensaba. De la misma forma que recordaba las historias sobre el hambre que se pasaba en el pueblo y en Barcelona, porque durante años la gente se vio obligada a trabajar solo por la comida y a Dios gracias. Se contaban historias de muertes por falta de medicamentos, historias sobre la explotación a la que se veían sometidas las familias de los rojos, historias de silencio y de humillaciones, pero de fondo siempre estaban la miseria y su forma física y corporal, el hambre. En *Réquiem* no hay hambre, hay miseria, estoy seguro de que aquella gente no iba sobrada, pero el hambre que se recuerda es el hambre de los años cuarenta y cincuenta. Han pasado muchos años, pero no ha sido hasta ahora cuando algunos historiadores han podido describir aquella posguerra hambrienta con nombres y datos. Supongo que daba vergüenza incluso investigarlo. Tras la guerra civil hubo hambre, y duró muchísimos años y fue especialmente cruda en el sur, pero también en este sur ubicuo y constante que se reparte por toda la Península y del que también forman parte los Monegros, Teruel o el Prepirineo. Las historias sobre el hambre en Zaidín nunca se acaban. Podría hablar de la gente que trabajaba a cambio de poder comer, de los grupos de valencianos que llegaban para trabajar en el arroz —sí, en Zaidín se cultivó arroz durante unos años, el agua hace milagros— a cambio de, precisamente, arroz, y de cómo buscaban ratas de agua, serpientes o lagartos para acompañar los platos. Esto se contaba con cierta exageración, con ánimo aleccionador y para recuperar la autoestima del tiempo que nos había tocado vivir a nosotros. Lejos de pasar hambre, nosotros exportábamos alimentos, miles de toneladas de cereal, fruta y carne; en los setenta, el futuro parecía más viable que nunca.

Las pistolas de mi casa cada vez pesaban más, cada vez eran más peligrosas. No podemos saber quién las utilizó por primera vez, de quién eran o a quiénes mataron. Cada nuevo descubrimiento añadía un poco más de atracción y angustia. Por casa corría la historia de que alguien de la familia las había traído de Albalate. Lo decía uno de los hermanos de la abuela, tal vez el mismo que había escondido las bombas en el tejado. En Albalate había un puente sobre el río Cinca, era un sitio estratégico para pasar a los Monegros, es decir, para ir hacia el frente. A mí me iba bien, pues pasábamos a menudo por Albalate para ir a Ballobar o a Chalamera, y además allí había nacido Félix Carrasquer, un maestro con una biografía apasionante: cuatro años más joven que Sender, anarquista cultísimo, fundador de un grupo cultural que sirvió de modelo para otro grupo que nació en Zaidín, fundador de una escuela autogestionada en Barcelona y de otra escuela en Monzón, la Escuela de Militantes de Aragón, donde se formaban los maestros que tenían que ir a las colectivizaciones... No acabaría nunca.

La biografía de Carrasquer tiene rasgos en común con la de Sender, con una dificultad añadida: se quedó ciego a los veintisiete tras años de miopía aguda. Carrasquer, junto a Sender, Costa y algunos otros, forman un archipiélago de gente que debía llevar agua al desierto, desarrollar los Monegros y Aragón, y tantos otros lugares, y situar el horizonte en un futuro que permitiera dejar atrás un pasado que pesaba como una losa y que todavía hoy arrastramos. Todos estos nombres se confunden en mi cabeza con los nombres de las colinas de arcilla que me voy encontrando por el valle del Cinca, como espíritus con nombres y apellidos, gigantes, humanos, trágicos a su manera.

La guerra civil, por supuesto, lo arrasó todo. Carrasquer tuvo que refugiarse en Francia y, tras pasar por dos campos de concentración y regresar para reorganizar la CNT desde la clandestinidad, fue detenido. Murió en Francia en 1993. En la guerra de verdad no había historias felices. La guerra de las ficciones era atractiva porque era una forma de consumo de la acción y de la historia, una forma de preparar a esta última para aprenderla en la dirección correcta. El cine se encargaba de ello. La realidad de cada sitio, por supuesto, era muy diferente. Las fotos en blanco y negro que podías encontrar en los libros del instituto no tenían nada que ver con las de las estrellas de cine; los hombres que aparecían en ellas se parecían demasiado a los que podías ver en los Monegros o en el valle del Cinca.

Me ha ido bien pasar unos días en Zaidín. He venido a verlos por primera vez desde que me fui y pasado mañana tengo el vuelo de regreso. Ellos también estaban contentos, querían enseñarme el nuevo riego que han ido instalando en algunas fincas. No serán necesarios motores para hacer llegar el agua, la presión que provocará la gravedad debido al desnivel será suficientemente fuerte para hacerla llegar a todas partes con cañerías y tubos de goteo. Es la última etapa de modernización antes de que llegue otra. La inversión es tan importante que solo se puede llevar a cabo si se está muy seguro y muchos agricultores arriendan las tierras a grandes empresas a cambio de que les instalen el riego. En casa a veces han tenido que hacerlo así. No está claro si cuando finalice el contrato se podrá reanudar el trabajo, pero no se puede hacer mucho más frente a los tiempos y la economía. Joaquín Costa se llevaría las manos a la cabeza si viera cómo han cambiado los canales, los pantanos y la agricultura, aunque seguramente seguiría hablando de oligarquía y de caciquismo, a pesar de toda la modernización del riego.

La provincia de Huesca tiene las montañas más altas de la Península, reservas de agua y suficiente desnivel para ir construyendo pantanos, desde los Pirineos hasta el Ebro. También ha sido cuna de personajes como Sender, Costa y Carrasquer, pero deberían añadirse artistas como Ramón Acín, periodistas como Felipe Alaiz o el hermano de Carrasquer, Francisco Carrasquer. En Jaca, cerca de los Pirineos, estaban los sublevados, Gabriel y Galán. Joaquín Maurín era de Bonansa. A ellos también me los imagino como pequeños embalses de historia que todavía empapan esta tierra seca. Cuando lo miras con cierta perspectiva da la impresión de que fuera a salir el último tren, que Huesca se lo jugara todo en aquella década y que diera más hombres que nunca. Con la guerra se perdió también el tren de la historia.

—Venga, *monegrino*..., ¡a cenar! —Es mi madre, que me llama por teléfono. Está en la ventana. Oigo su voz por el móvil y a través de la calle.

Monegrino... Mi madre me llama también monegrino cuando digo algo gracioso o hago alguna tontería. También es irónico y cariñoso, ahora no he hecho

ni he dicho nada, pero supongo que lo relaciona con las charlas que hemos tenido estos días sobre Sender. Le viene de su madre, de la abuela María. En Ballobar y en Chalamera las cosas no eran fáciles, pero si te adentrabas en los Monegros aún eran más difíciles. Los monegrinos tenían que arreglárselas como podían. La vida en Zaidín podía ser dura, pero había agua, tenían el canal de Zaidín, uno de los primeros tramos del canal de Aragón y Cataluña. En la dirección opuesta a los Monegros están Fraga, Lleida y la Nacional II, que lleva a Barcelona, el mundo. Hacia los Monegros estaba el pasado, las tierras baldías y sin agua donde no crecía nada, las montañas de arcilla que iban perdiendo nutrientes hasta volverse blancas. Es el vacío, el vacío que crece, una mancha que ha ido contaminando al resto de Huesca, Zaragoza, Teruel, Navarra, y que llega a Soria y a Lleida y al norte de Tarragona, como un réquiem.

VI

Oleksandra, Masha e Ivanka

Friedrichshain, verano de 2022

Hace ya tiempo que no hablo con Oleksandra, pero yo todavía la aprecio. Fuimos muy amigos, y el día que me vuelva a llamar o a escribir me encontrará donde estaba.

Oleksandra aterrizó en Berlín el mes de abril de 2022, tras asegurarse de que una parte de su familia había podido huir a Estados Unidos, a Misuri, donde los esperaba una comunidad de acogida. En cuanto recibió la confirmación de que habían llegado sanos y salvos, cerró con llave la puerta de su casa y se vino a Alemania con la parte de la familia que no había podido acompañar a la otra, una hermana y dos sobrinos. Se quedaron los cuatro en Berlín mientras conseguían los papeles para poder reunirse todos en Estados Unidos. Todos menos ella, que encontró trabajo aquí. Esa es su odisea en pocas líneas; en ocasiones, resumir es ser injusto con el sufrimiento.

De vez en cuando me contaba, siempre sonriendo —como si la sonrisa fuera una forma de discreción, con esa distancia irónica que implica pensar que el otro nunca acabará de entender las dificultades que se han vivido—, el agotamiento de todas las gestiones, los nervios de cada llamada y el miedo a que algo no saliera bien. Todo ello con la carga de haber tenido que dejar el país por miedo a la guerra y de cerrar la puerta de su casa sin saber cuándo podría volver a abrirla.

Juntos pasamos ratos fantásticos, quedábamos muy a menudo y creo que puedo decir que fuimos muy amigos y que era una amistad sincera. A ella le gustaba hablar —lo necesitaba—, y me contaba historias de su Lviv natal y de China, donde había vivido cuatro años. Me hablaba de Camboya y de Polonia, de viajes a pueblecitos que se convertían en el escenario de la mejor literatura; escucharla era como leer un buen libro. El verano de 2022, que fue cuando nos vimos más, coincidió con la rebaja del precio de los trenes regionales hasta unos simbólicos nueve euros al mes. Podías ir donde quisieras casi gratis, pues la gasolina se había encarecido a causa de la guerra y el Gobierno alemán quería que la gente utilizara el transporte público. Pasé muchas horas en vías y vagones, a veces cogía el ordenador y me subía a un tren solo para disponer de una ventana y ver el país. Dasha me acompañaba, pero cuando se cansaba venía Oleksandra, y a veces íbamos los tres o con más gente. Nos reíamos mucho, ella se burlaba de mi alemán, de los gestos que hacía para superar las situaciones cómicas que provocaban los malentendidos cuando preguntaba en las estaciones o en la calle. Ahora todo eso ha quedado lejos, pero sé que nos apreciábamos de verdad. Me duele escribir esto, porque siento que la distancia hará que nos perdamos el uno al otro, y sé que echaré de menos aquella parte común que solo tenía sentido en la amistad que compartíamos.

En nuestros viajes hablábamos mucho, ella para contarme todo lo que le pasaba y yo para entretenerla, para que no pensara tanto. ¿Cómo era posible aquella guerra? ¿Cómo? Tenía un piso en Lviv del que ni siquiera sabía si lo encontraría si volviera. Su cuñado se había quedado en Ucrania, de su padre nunca me dijo nada. En cuanto llegó se puso a dar clases y a trabajar como traductora en la estación central. Había empezado a aprender alemán, pero dudaba de si debía ponerse en serio con ese idioma porque estaba pendiente de un trabajo en Canadá y aún no sabía si después volvería a Berlín. No es que para ella representara una dificultad excesiva, porque habla un montón de lenguas: ucraniano, ruso e inglés, por descontado, pero también chino, polaco, español..., y no terminaría. El problema era la dedicación, saber cuánta fuerza te queda para emprender caminos como aprender alemán o acostumbrarte a otro país cuando ya no tienes energía.

Un día hablamos incluso de ir juntos a Lviv a buscar la bicicleta que se había comprado tras mucho ahorrar. Decía que la había dejado en el balcón, y siempre me preguntaba si creía que todavía estaría allí cuando volviera. No sabía qué decirle, y nunca fuimos a Lviv porque, en el fondo, ni yo podía arriesgarme a ir allí y poner en peligro cualquier cosa que tuviera que ver con mi familia en Rusia, ni ella podía enfrentarse psicológicamente al hecho de regresar a su casa mientras durara la guerra. Nos imaginábamos, porque la fantasía era casi gratis, que uno de aquellos trenes regionales nos dejaba en la estación de Lviv y que no había ningún peligro para nadie, y que la bici estaba en su sitio y la ciudad en paz. Era un deseo naíf, quizá impropio de dos personas adultas, pero es que no había nada más. ¿Qué más podíamos imaginar, qué más teníamos a nuestro alcance?

Fuimos juntos a muchos sitios —hasta donde permitía el viaje lento de los trenes que se detienen en más lugares de los que pensabas—, pero creo que lo que más se pareció a ir a Lviv fue el día que pasamos en Dresde. Ella quería ir a toda costa. Me gustaría pensar que ambos recordaremos siempre aquel viaje, y si no es así, yo lo recordaré por los dos.

—Para mí es totalmente extraño, es como un giro de la historia. Estas calles que quedaron devastadas las tengo ahora al lado de mi casa y yo no estoy allí. No puedo imaginarme lo que debía de ser esta ciudad en aquel momento, no puedo imaginar qué pasó en Ucrania durante la Segunda Guerra Mundial, y no quiero imaginar qué está pasando ahora. No quiero pensar en ello, no puedo asumirlo. Debe de haber gente que sea más fuerte, pero yo no. No puedo pensar en cómo estará mi casa, me duele tanto que preferiría no tener que cargar con eso. No, no quiero decir que quisiera no tenerla, pero si he de sufrir por lo que le puede pasar, preferiría no tener nada.

Recorrimos toda la ciudad, el bono permitía tomar también transportes urbanos, era como tener una varita mágica. A los dos nos resultaba evidente el paralelismo entre los grandes bombardeos de la Segunda Guerra Mundial y lo que estaba pasando en muchas ciudades ucranianas. Las imágenes en blanco y negro de Dresde tienen algo de abstracto, de expresionismo mudo, recuerdan demasiado a los restos de una hoguera, con las cenizas y los troncos a medio quemar. Esos tonos a veces demasiado contrastados disimulan o empequeñecen a las personas, que podrían dar una escala humana a la tragedia. No soy capaz de imaginar una realidad tan alejada de la mía, nunca he visto una ciudad en llamas. Oleksandra tampoco, pero las fotos que llegan de algunos lugares de Ucrania empiezan a parecerse demasiado a las montañas de escombros que alguna vez hubo justo delante de donde estábamos.

—Es demasiado grande para hablar de ello. —Nunca lloró delante de mí, pero durante unos segundos apareció en su rostro una expresión diferente, como si el aire se rasgara y ella pudiera alargar la mano y tocar Ucrania.

—No espero que lo hagas, tampoco sabría qué decir.

—Me parece bien así: tomar el tren y volver en silencio a Berlín, o hablar de lo que vemos por la ventana. Lo de hoy es como un agujero de gusano de esos que van de un universo a otro. Entras por Dresde y sales en Mariúpol o en Kramatorsk.

En aquel momento eran las ciudades más castigadas, y Oleksandra volvía a ellas como si los dos pudiéramos viajar por dentro de los miles de túneles que el tiempo abre para algunos de nosotros. En las calles de Dresde aparecían grietas que nos conectaban con lo que estaba ocurriendo en ese mismo momento en Ucrania, o con lo que había pasado muchos años antes en Dresde o en cualquier otra ciudad sitiada. Utilizaba la expresión *agujeros de gusano* muchas veces. Es una denominación terrible y preciosa, quizá por eso también es exacta y su significado en términos físicos se adapta tan bien a la percepción de nuestra vida en la historia y en los demás. Algún día también nosotros tendremos agujeros de gusano. Tenía que hablar con alguien de Ucrania, no podía digerir todo aquello sola. Siempre había dejado claro que tanto Rusia como la Unión Soviética eran realidades ajenas, para ella no habían existido, era pequeña cuando cayó la URSS, y toda la vida adulta la ha pasado en un país que ha intentado salir adelante con penurias y mucho esfuerzo.

—El día que lo entendí fue en una conferencia. Había una chica de madre bosnia y padre croata con quien compartía clases. Era muy tímida, siempre se sentaba en un lugar poco visible, poco comprometido. Un día, aquella chica que casi nunca decía nada empezó a hablar sin ni siquiera levantar la mano.

—¿En qué año fue eso?

—Debió de ser en 2004 o 2005, cada lugar va a su velocidad. El profesor estaba explicando las maldades del nacionalismo y dijo que él conocía serbios que nunca se habían preocupado de preguntarse si eran serbios o no. Desarrolló el tema de la identidad como una fuente perniciosa de conflictos, etc. *Perniciosa*, recuerdo la palabra.

—Esa discusión es una vieja amiga.

—Sí, ya lo sé. El problema es que algo tan inocuo había provocado las matanzas de Srebrenica o el cerco de Sarajevo, y aquella chica estaba en clase. «Cuando te quieren matar por ser lo que eres es fácil entender que formas parte de un grupo. Yo estoy hoy aquí porque podrían haberme matado por ser bosnia. Quizá yo no tenía asumido que ser bosnia fuera tan importante, pero ellos me querían matar por serlo. O sea, para ellos sí que era importante.» Eso es lo que le dijo ella.

—¿Y qué pasó?

—El profesor logró salir bastante airoso del asunto. El ámbito académico siempre proporciona los recursos, las citas y las figuras retóricas que uno necesita. Además, en casos como este, la posición de poder es un gran aliado para conseguir el silencio de la mayoría. Tanto en un aula como en la vida. La chica volvió alguna vez más, pero acabamos perdiéndole la pista. Supongo que pensó que aquel no era su lugar.

Las ciudades de Ucrania no arden como Dresde, pero las imágenes de las casas sin techo ni fachada y las calles llenas de escombros generan paralelismos inevitables. El centro de Dresde o bien ha sido reconstruido o bien está reconstruyéndose de forma permanente, como ocurre en otras ciudades que fueron bombardeadas. La herida es tan profunda que aún tendrán que pasar más generaciones para que la tragedia se olvide. En Alemania, las tres décadas que han transcurrido desde la reunificación han servido para nivelar un poco el país, pero todavía existe el mito y el espíritu de los siglos pasados, y esa energía se mantendrá durante las próximas décadas. La ultraderecha, por ejemplo, obtuvo los mejores porcentajes en esta región, lo que no es casual. Si bien es cierto que con el paso del tiempo las diferencias se han ido modulando, todavía hay demasiadas cosas que permanecen dentro de las piedras y dentro de quien las habita.

Es imposible no pensar en todos estos avatares históricos. Oleksandra me habló del pasado de Lviv, de los cambios de nombre —de Leópolis a Lemberg—, de los reinos de Rutenia, de Galitzia, de Polonia, y de los judíos que vivían allí y que murieron. Me hablaba del filósofo Martin Buber, del economista Ludwig von Mises o del inclasificable Leopold von Sacher-Masoch. Citaba de pasada el nombre de Władysław Tatarkiewicz, que fue uno de los autores que más leí cuando estudiaba. Desde que me lo recomendaron, su historia de la estética me ha acompañado siempre. Quizá porque Tatarkiewicz comienza con los primeros intentos de conciliar la belleza con la bondad y la verdad, y recorre toda la historia de los hombres para ver qué dicen sobre qué es eso que llaman arte. Oleksandra no se mueve de los escritores nacidos en Lviv y pasa de la ciencia ficción de Stanisław Lem al lirismo de Adam Zagajewski o al dolor placentero de Sacher-Masoch. Me hablaba de ello como si se tratara de su linaje. No tenía el país bajo sus pies, pero no estaba sola, podía recordar su cultura. Hablábamos de los judíos de Galitzia y de Joseph Roth, que nació cerca de Brody. Me ofrecía un catálogo razonado de recuerdos, todas sus cosas y sus hechos, como si fuera poniendo capas de tierra en un mapa geológico imaginario y ella estuviera sobre la última capa. Sabía que vendrían otras capas y que, como a todos los que nos han precedido, los escombros nos enterrarían y, con un poco de suerte, acabaríamos convertidos en fósiles. Convertirse en fósil no es un problema, el problema es que nadie te encuentre, que no te desentierren, que nadie hable de ello.

—Al menos nos queda esto, ¿no?, la cultura —me lo preguntó como quien te pregunta si el sol es suficientemente firme y fértil para hundir en él las raíces.

—Supongo... La continuidad, una proyección futura más civilizada, pensar que los que estuvieron antes nos ayudarán a no ser tan bestias.

—Supongo —me dijo abriendo los brazos.

Habíamos pasado por una de las calles célebres de Dresde, el Fürstenzug, donde se encuentra el Desfile de los Príncipes, un colosal mosaico que ocupa una fachada del palacio y que se extiende a lo largo de toda la calle. Puedes ver a los reyes junto a sus nombres mientras caminas por la acera. Está todo el linaje de la casa Wettin entre los siglos XII y XX, casi ochocientos años de reyes, príncipes, ayudantes, ministros y consejeros. Hubo versiones anteriores de cal y esgrafiado, que se empezaron a finales del XVI, pero se deshacían por la corrosión que provocaba la lluvia. En 1907 se cubrió con teselas de porcelana que pudieron sobrevivir a las altas temperaturas de las bombas incendiarias. La porcelana es resistente y la historia tiene caminos que a veces se anticipan a ella.

Quizá por eso Oleksandra y yo terminamos en Dresde. Con ella aprendí el juego de las distancias a partir de las causas y los efectos de la guerra, aprendí a entrar en la psicología de las formas y de las expresiones. Yo nunca sacaba el tema, y ella lo agradecía, pero la gente se le acercaba y le hablaba de la guerra como si empezara a ser una condición natural que llevaba adherida, una tara no tanto de nacimiento como del destino, como si fuera inevitable que le tocara pasar por ahí. Acababa harta. Supongo que conmigo se reía y eso le hacía sentir mejor. No era alemán, no era ruso, no era ucraniano y ella se llevaba bien con Dasha.

—¿Cómo justificas bombardear casas llenas de gente, con niños dentro? —me preguntó.

—No puedo responderte. Supongo que te dirían que esa gente también era responsable de los campos de exterminio.

—¿Y los niños?

—Es más fácil ser quien hace las preguntas, ¿no?

—Las bombas me las tiran a mí, a mi pueblo, tengo que poder hacer preguntas.

—Pero no las tiro yo.

—No tengo nadie más a quien preguntárselo, Francesc.

¿Había alguna razón que los justificase? La carga moral que llevaban asociada esos ataques queda fuera de mi alcance. Antes he dicho que tengo la suerte de no haber visto una ciudad en llamas. También he tenido la suerte de no verme en la obligación de pensar si debo bombardear una. No sé si el destino nos prepara para aquello a lo que debemos enfrentarnos. Podemos hacernos preguntas, podemos ordenarlas bien, podemos establecer una relación causal y otra de necesidades sobre el desarrollo de los hechos, pero la cuestión es que los hechos son siempre demasiado graves. No sabría escribir un ensayo sobre todo esto, solo puedo describir lo que he vivido, lo que he visto y oído. Puedes tener muchos metros de estanterías con libros sobre los precedentes, los preparativos, la acción y los efectos sobre la población. Pero entonces resulta que una parte de esos efectos también recae sobre nosotros mismos. Puedes pensar mucho al respecto, pero entonces recuerdas que los bombardeos con aviones durante la Segunda Guerra Mundial dependían de factores como el tiempo que haría o las fases de la luna. De si habría nubes y tendrían suficiente visibilidad para no desorientarse y bombardear otro sitio. Un buen amigo de cerca de Hamburgo me contó que arrasaron el pueblo donde vive porque los pilotos confundieron las luces de la ciudad con el reflejo de la luna en un lago cercano, y en Hamburgo había niebla y nubes y no podían regresar de vacío. Hay otra cosa que considerar sobre el clima, una cosa terrible que también consideraron en los bombardeos de Hamburgo: esperaron a los días cálidos y secos para que las bombas incendiarias fueran más efectivas.

—¿Cuándo se debe dejar de bombardear? —me preguntó Oleksandra.

Siempre que recuerdo la bomba atómica de Nagasaki pienso en que pasaron tres días desde Hiroshima, y pienso también en el tiempo que transcurrió desde el lanzamiento de esa bomba a la rendición de

Japón. Si el ejército estadounidense solo hubiera tenido una bomba y el Gobierno japonés lo hubiera sabido, ¿se habría rendido?

—No lo sé, Oleksandra, ya te he dicho que no tengo respuestas. Soy nuevo en esto de la guerra, como tú.

—Supongo que nadie lo sabe, ¿no? En China todavía recuerdan la invasión japonesa. Yo iba a las ceremonias de recuerdo.

—Pero los jóvenes no saben qué pasó en Tiananmén.

—No, no lo saben. La mayor parte de los jóvenes de China no saben lo que pasó en Tiananmén, en ese país el olvido ha funcionado bien. Y quizá es mejor que a veces sea así, hay sociedades enfermas de tanto recordar. Mira por ejemplo cuando hablan de no sé qué época para justificar no sé qué. No, no quiero decir eso, está claro que hay que saber qué pasó, pero yo ahora solo querría olvidar.

Me cuesta hablar de americanos y japoneses, no sé cómo encajarlos aquí, de hecho no sé cómo encajar todo esto, no sé si se puede encajar en un relato o hay temas que solo aceptan tentativas. A mí, de una manera diferente que a Oleksandra, todo esto también me desborda, me supera, cuesta mucho pensarlo con claridad o sin que la lucidez empiece a verse contaminada por el cinismo. Churchill expresó en varias ocasiones su preocupación por el hecho de que la destrucción estuviera llegando demasiado lejos. *Demasiado* y *lejos* son dos figuras abstractas, con una determinación vaga, si es que podemos decirlo así. Oleksandra nunca me habla directamente de la guerra, de la parte más noticiable, más espectacularizada, de los drones de los que todo el mundo habla o de unas victorias que siempre son pírricas. Las fotografías premiadas siempre hacen daño, es en el silencio donde se entiende todo mucho mejor.

Masha tampoco habla de la guerra si no es de forma muy tangencial, muy aproximada. Su caso es distinto al de Oleksandra porque hace años que llegó a Alemania y lo hizo desde la otra punta de Ucrania, desde Járkov. Lviv y Járkov son los dos extremos, el oeste y el este, la primera cerca de Polonia, la segunda cerca de Rusia. Eso está en el mapa y también en la sociología, pero la distancia entre lo que sienten y lo que cuentan Masha y Oleksandra es la mayor parte de las veces mínima. Las otras distancias son distintas. La lengua materna de Masha es el ruso, aunque cada vez habla más ucraniano. Está casada con Alejandro, un chico ecuatoriano, con quien tienen un niño.

Hemos quedado algunas veces en la planta baja de una casa de Neukölln, la sede de una pequeña ONG que ayuda como puede a los refugiados. Ahí organizan comidas y talleres, y sirve como lugar de encuentro para muchas mujeres ucranianas que viven en otros lugares de Berlín. Es un pequeño refugio en el que prácticamente solo ves a mujeres y niños. Hay mesas para dibujar y pintar, juegos y juguetes, una cocina y rincones para coser y para arreglar pequeños electrodomésticos. Es un lugar acogedor, y Masha y Alejandro son uno de sus pilares.

Fueron los primeros que nos invitaron a salir por Berlín. Recuerdo los primeros encuentros durante la segunda semana de febrero de 2022 porque fue justo antes de que pasara todo y ellos se iban de vacaciones. Puede parecer increíble, pero en los días previos a la invasión la mayor parte de la gente pensaba que todo se podría reconducir. El ejército ruso acumulaba miles de soldados en lo que todo el mundo creía que era solo una amenaza. Seria, pero una amenaza. A todo el mundo le ha costado mucho asumir que se trata de una guerra, que está pasando de verdad. También en el lado ruso, en el que durante muchos meses la gente continuó yendo de vacaciones a Crimea e incluso amigos nuestros de Moscú, acostumbrados ya a las noticias, han hecho planes para pasar unos días en el mar Negro. Cuesta creer, pero las imágenes están ahí, en los medios. Cada vez que la tensión aumentaba se formaban colas de coches para salir de Crimea. Además había colas en los puentes, tan frágiles y tan al alcance del ejército ucraniano. No sé cómo describir todo esto sin que parezca frívolo, pero quizá la inconsciencia o la costumbre acaban siendo mecanismos de supervivencia. Dasha me decía que había hablado con una amiga y que le había dicho que estaban haciendo planes para ir hacia el sur a pasar unos días de vacaciones, es decir, a orillas del mar Negro.

—Dice que les da igual, que no aguantan más en Moscú.

—¿Y no pueden ir a otro sitio? —preguntaba yo.

—¿Dónde quieres que vayan? ¿A Siberia?

—Mujer...

—Yo ya no sé qué decir. ¿Qué quieres que diga? Vivir todo este tiempo en Moscú, bajo la presión de la guerra, de los medios, de la otra gente, no es fácil, ¿eh? Todo el mundo quiere huir. Y solo pueden huir dentro de Rusia. ¿Qué quieres que diga?

Masha pudo traer a sus padres desde Járkov tras una odisea como la de Oleksandra. Estuvieron viviendo juntos durante tres meses, hasta que Alejandro pudo encontrarles un lugar en el que quedarse de manera estable, lo que, teniendo en cuenta lo que cuesta encontrar piso en Berlín, es muy meritorio. Fue tan difícil que el padre de Masha, viendo las molestias que causaban a su hija, dijo más de una vez medio en broma que quizá era mejor volver a Ucrania. Hay gente que regresa, pero ellos son demasiado mayores —ya eran demasiado mayores para salir— y Járkov es zona de frente. No lo decían en serio, querían evidenciar que las molestias no le hacían sombra a la tragedia, pero los ánimos también tienen un límite. Ellos también necesitaban escribir algo de literatura, algo de comedia. Montar y desmontar un comedor y un dormitorio cada día está muy lejos de lo que puede ocurrir en primera línea en un comedor o en un dormitorio. Mientras, la vida sigue su curso en todas partes, y Masha y Alejandro todavía tienen que renovar sus papeles cada año porque ninguno de los dos es comunitario.

Todo esto genera dolor y no es fácil de soportar. Masha habla abiertamente de la terapia que está siguiendo, todo el mundo va a terapia, todo el mundo necesita alguien con quien hablar. Oleksandra también ha encontrado una terapeuta que le hace un seguimiento semana tras semana. Las situaciones son tan tensas que a nadie le bastan los amigos y la familia, que quizá también se encuentran en una situación inestable.

—Por eso todavía no digo nada, supongo.

—Prefieres hablarlo con tu terapeuta.

—No sé, puedo hablar con mucha gente, pero es que hay un peso difícil de cargar. Es todo el relato anterior... No sé por dónde debería empezar a contártelo a ti.

—A mí no tienes por qué contarme nada, no te preocupes por eso.

—Llevo más de cuarenta horas con ella. Imagínate, más de cuarenta horas hablando sin parar. Y estoy contenta porque no he cambiado de terapeuta. Podría haber ido mal y que no nos entendiéramos. Pero creo que la cosa funciona y que estoy mejor con la terapia.

—Eso es todo lo que quiero saber, que te sientes mejor contando tu historia y que no se trata de autoayuda barata.

—A veces incluso la autoayuda barata es necesaria. Créeme, a veces la autoayuda barata te proporciona la misma conclusión. Lo que ocurre es que el camino para llegar no es el mismo. Y supongo que se trata de eso, de esas cuarenta horas y de las otras horas de sufrimiento y de pensar en ello. Eso no puedes imprimirlo en una taza o en una camiseta. Una cosa es decirlo y otra cosa es pasar por ello. —Masha también ha recorrido los caminos que hay dentro de los agujeros de gusano—. A ti quizá también te iría bien.

—Supongo que los libros sirven para eso, no sé cuántas horas de conversación habré volcado en ellos.

—Quizá por eso mismo, quizá tú lo necesitas más.

Una chica que conocí en el hotel y que siempre estaba escribiendo, Mariia, me dijo que llevaba un diario y que en él anotaba también las conversaciones con su terapeuta, que en su caso era un hombre. Llevar un diario quería decir varias libretas, muchas páginas. Ese montón de páginas, toda esa energía gastada en pensar y recordar para escribir, la presión de la bola del bolígrafo contra el papel, los llantos, la impotencia, todo eso significa *pasar por ello*, un juego de proximidades y distancias, de compromisos pactados, de horas de escucha. Escucharlo es otra forma de *pasar por ello*. Quizá escribirlo también lo sea.

He ido con Masha y Alejandro a varios lagos cercanos a Berlín, hemos quedado algunos domingos de verano para ir a bañarnos juntos. Ecuador también ha pasado por meses de mucha incertidumbre e inestabilidad. De desastre, dice Alejandro, y un desastre no es una guerra, pero significa ir hacia atrás, construir otro tipo de ruinas, significa no progresar, obligar a la gente a que se vaya, porque nadie quiere que se le caiga la casa encima. Ellos dos lo ven de otro modo, están en Alemania y tienen un niño que ya empieza a ir a la escuela. Ambos tienen trabajo y hablan alemán. No tienen la nacionalidad y seguramente aún tardarán años en obtenerla, pero cada año que pasa son más alemanes, menos ecuatorianos y menos ucranianos. Quizá un día, dentro de mucho tiempo, podrán solicitar el pasaporte alemán, pero, mientras puedan trabajar, no es algo que les quite el sueño, nunca se sabe cómo cambiará la historia. ¿Quién dice que en un tiempo no pueda volver a haber una guerra en Europa? Esto no lo dicen ellos, lo digo yo.

Alejandro nos guio por los rincones de Prenzlauer Berg, había trabajado en varios de sus equipamientos y había visto una parte de la evolución del barrio. Masha había trabajado de asistente social y había visitado a abuelas del tiempo del viejo Berlín. Entre los dos podían hacer una buena radiografía de los cambios. Según decían, entendían mejor Berlín que Ecuador o Ucrania. Durante todo este año, Ecuador también ha tenido muchos problemas; a veces, cuando les preguntaba algo, sus miradas se mantenían firmes, pero no podías saber hacia dónde se dirigían. Estaba su hijo, eso no era ninguna broma, Ecuador podía caer y Ucrania oriental podía acabar arrasada, pero había un niño que apenas tenía un año. Los dos tenían la historia demasiado cerca.

Oleksandra y Masha no han llegado a conocerse. Oleksandra no quería ir al local de Neukölln, ni siquiera quería conocer a más ucranianos en Berlín, decía que ya no podía soportarlo, que tenía suficiente Ucrania y suficiente Rusia en su interior, que ella no le traspasaría a nadie ese peso, pero que tampoco quería cargar con el de los demás. Por si acaso, nunca he insistido a nadie con nada, bastante trabajo tengo yo con intentar entender algo para poder contarlo. A ellos también les pasa, les cuesta mucho hablar del asunto, no por mí, por ellos; yo no les pido que me cuenten nada porque eso no tiene ningún efecto, las cosas no se cuentan, se ven y se viven, y yo solo puedo llegar a contar los efectos de su vivencia, incluso cuando apenas hay palabras, como en el caso de Ivanka, otra amiga. Una de las cosas que aprendes cuando la guerra acaba con todo es que el mundo se multiplica por sí mismo, y que la cantidad de situaciones nuevas y a la vez llenas de sentido no son pasivas, se mueven, hablan, reclaman respuestas. Los acontecimientos te pueden sobrepasar, pero eso a los acontecimientos les resulta indiferente.

A Ivanka la conocí en un grupo de trabajo de cine. Cada domingo por la tarde, a las cinco, nos reuníamos unas treinta personas aficionadas al cine. Había guionistas, fotógrafos, compositores, diseñadores que trabajaban en efectos especiales y *amateurs* que entrábamos y salíamos de la agenda. Éramos gente de todo el mundo, creo que no había nadie de Berlín, todos vivíamos en la ciudad, pero nadie había nacido allí. El ambiente tenía algo mágico, creo que todos intentábamos cuidar la reunión porque no era fácil conseguir un espacio así. Después de algunos encuentros vino una chica que se quedaba siempre en un rincón. Era algo más joven que yo, aunque también estaba por encima de la media del grupo. Siempre se quedaba un poco aparte y miraba mucho el teléfono, muy seria y algo distante de todos.

Antes de acercarme no sabía que era ucraniana, supongo que es el destino, pero no pienso disculparme por las coincidencias, este libro está lleno de ellas. Cuando me disponía a decirle algo, me hizo un gesto con la mano para que esperara y se conectó los auriculares a los implantes cocleares. Hice todo lo posible por no demostrar sorpresa, vocalicé lo mejor que supe y empezamos a hablar y a escribir en un papel. Se llamaba Ivanka y era actriz, había protagonizado una película y había participado en otras. En Ucrania, por supuesto. Allí podía hablar ucraniano y podía hacerse entender con la lengua de signos rusa. Entendía a medias el inglés y desde hacía pocos meses estudiaba alemán, pero se le juntaba todo: dos idiomas nuevos y dos lenguas de signos nuevas. Había visto el grupo de cine y se había animado a acudir, pero no entendía casi nada, pues la gente hablaba a distancia y los auriculares no podían captar los matices. Una de las primeras cosas que hizo fue enseñarme un vídeo en YouTube que mostraba una voz inteligible pero distorsionada.

—Así es como yo oigo. Así es como oigo a través de los implantes cuando me habláis.

—Vaya...

—¿Qué has dicho?

Acordé con el resto del grupo que le facilitaríamos las cosas, que yo me sentaría a su lado con el ordenador y que escribiría en inglés en su traductor lo que se iba diciendo. Por supuesto, no podía escribirlo todo, solo una parte, e intentaba que tuviera otras personas de referencia. Había más gente, no estaba solo, ni mucho menos, pero trataba de buscar asientos bien situados y llegaba puntual para que se sintiera segura y acompañada.

Nos hicimos amigos y fuimos a muchos sitios juntos. Ahora que ya no vivo en Berlín se ha complicado todo, porque no podemos hablar por teléfono y por videoconferencia también resulta muy difícil. Nos escribimos a menudo, pero cada vez menos; todo se pierde, lentamente pero se pierde. Ella tampoco está bien, le ha costado mucho recuperarse de todo. Ese *todo* es una infancia difícil con agresiones de todo tipo, es una mujer muy atractiva, muy elegante. Recuerdo la primera vez que vino, su melena blanca y ondulada, como pintada al óleo. Tenía que apartarse el pelo para ponerse los audífonos cada vez que alguien quería hablarle. Después sacudía un poco —solo un poco— la cabeza y parecía que los mechones sabían exactamente dónde colocarse para ocultar la electrónica. Me mostró los vídeos del día de la operación que mandó grabar. También de los días posteriores, de la recuperación. Quería hacer un documental, una historia de recuperación, de superación, de sanación. Eso era en la Ucrania de antes de la guerra, un tiempo en el que todavía era posible imaginarse algo que tuviera una cierta continuidad.

A veces pienso que la guerra empezó precisamente por eso, porque Rusia no puede soportar ningún progreso que no esté sometido a la voluntad de quienes la gobiernan. Putin lo hizo en el interior, cuando vio que la clase media crecía, viajaba, comparaba y empezaba a querer reformas. La devolvió al punto de partida, y desde entonces el punto de partida vuelve a ser una amenaza que siempre acaba convirtiéndose en una realidad. Cuando nos cansábamos de hablar muy claro, sacábamos los teléfonos y nos traducíamos la voz. Yo intentaba vocalizar bien el inglés y ella utilizaba un ruso tan suave que casi se entendía aunque no supieras lo que significaba. Ruso, ucraniano, inglés y alemán, y los dobles de cada lengua de signos. A veces no podía más y necesitaba descansar, decía que ya habían sido demasiadas palabras. Pasábamos días sin hablar, y yo lo entendía, el lenguaje es un peso excesivo.

Se hizo amiga de Dasha. La última semana que estuvimos en Berlín fuimos los tres a una fiesta. Invitamos a Oleksandra, pero nos dijo que no le apetecía. No insistí, tal vez le apeteciera una fiesta pero no *esa* fiesta. Era una fiesta del exilio, casi todos eran rusos que habían tenido que marcharse de su país, pero también había grupos de ucranianos, la mayoría mujeres. Ivanka se puso muy contenta al reencontrarse con gente a la que había perdido la pista y que no sabía dónde estaban. No es tan fácil mantener el contacto, los móviles se pierden, los números no funcionan, hay correos electrónicos en servidores cancelados, por no hablar de las direcciones... Es algo que también me pasa a mí con ellas tres, cada vez hablamos menos. Quisiera pensar —quiero pensar— que la nobleza de la amistad hará que las cosas sigan donde las dejamos, pero no sé si es verdad.

No, no es verdad. Con Masha y con Ivanka todo sigue donde estaba, pero con Oleksandra la distancia geográfica también es anímica y creo que incluso personal. Un día me dijo que yo vivía con una rusa y que ella era ucraniana, y que yo no podía terminar de entender lo que le pasaba. No dije nada porque estaba preparado para esas palabras, las estaba esperando desde hacía días, semanas, quizá desde hacía meses. Lo había notado, había notado cómo nos íbamos separando. Por eso no dije nada, porque había oído sus palabras en forma de premonición. Alguien podría pensar que existía también algún tipo de atracción y que todo se confundió, pero no fue así, a veces las cosas son más sencillas de lo que parece. Nuestra amistad se fue escapando por un agujero negro y no sabemos dónde ha ido a parar.

Ella sabía que tanto Dasha como yo nos habíamos manifestado en contra de la guerra y nos había visto en el hotel, pero supongo que necesitaba distanciarse de los refugiados. Puedo entenderlo y, al mismo tiempo, aceptar que no soy nadie para entenderlo o dejar de entenderlo. No creo que quisiera hacerme daño, prefiero pensar que necesita tiempo para digerirlo y que algún día volveremos a hablar. Quizá solo quería que nuestra amistad fuera de otra manera, resaltar la diferencia de que ella estaba sola. No sé cómo viviría yo mi vida si mi país estuviera en guerra por defenderse o por invadir otro país. Hay experiencias que no son del todo transmisibles, que quizá son solo observables y con eso es suficiente si el pacto es honesto. Es lo que intento hacer al llenar estas páginas. Solo es un libro, pero el pacto es honesto, signifique lo que signifique eso cuando uno escribe.

VII

Salvar a los héroes

Berlín y Zaidín, septiembre y octubre de 2022

Colinas como elefantes blancos (el título original es *Hills Like White Elephants*), uno de los cuentos más famosos de Hemingway, se sitúa en algún rincón indeterminado de los Monegros. Lo leí cuando la fascinación que me provocaba el personaje empezaba a mutar en la decepción que anticipa la compañía y la comprensión, que es lo que queda cuando te desenamoras de un escritor y has pasado ya la última fase del duelo. Si te desenamoras es porque antes te has enamorado. Hay escritores que llegan a nuestra vida como si tomaran posesión de los territorios que ellos mismos te descubren, y tú, en ese momento, no puedes hacer mucho más que rendirte ante ellos.

Es la función del mito —en realidad los escritores son prescindibles, son solo un instrumento—, de la narrativa y de la literatura desde hace muchísimos años, reproducirse dentro de los hombres con la intención de transmitirse y propagarse en el yo de tantas personas como sea posible. Hemingway, como de pequeño lo habían sido Verne o Stevenson y después lo serían tantos otros, fue una iluminación adolescente. De la fantasía a la realidad: era el descubrimiento de un mundo que iba de Estados Unidos a África y que llegaba hasta el frente de Aragón. Hablo de la adolescencia y de la fascinación de saber que los elefantes a los que aludía el cuento eran las sierras blancas y áridas de los Monegros.

También hablo de ello con esa vergüenza propia de los enamoramientos de los catorce o los quince años. Devoraba los libros de Hemingway porque encajaban en el tiempo y en el lugar, en las expectativas y en el pasado. Además, se parecía tanto a un actor, con aquellos uniformes, aquellos trajes de safari y aquellos jerséis de lana, como los de las fotos de *El viejo y el mar*, que admito que me costaba diferenciar la épica de Hollywood de la de Hemingway. Era el escritor héroe: había matado leones y elefantes, había sido corresponsal de guerra y había escrito sobre el Kilimanjaro y sobre París. No solo había estado cerca de Zaidín, sino que encajaba con el talante que se nos exigía a los chicos en ese momento. Era un modelo de masculinidad casi perfecto: fuerte, alto, valiente, bebedor y mujeriego. ¡Por el amor de Dios, si con diecinueve años se alistó como voluntario para conducir ambulancias en Italia, mientras que yo a esa edad iba a la universidad! Si existiera una competición de vidas, ¿cómo se podría igualar eso?

Con el tiempo no solo descubrí que estaba lejos de ser el héroe que quería creer que era, también tuve que admitir que las razones que sustentaban esa percepción tenían que ver con una determinada época: no caducaban si las considerabas en el contexto en el que fueron creadas, pero no se sostenían fuera del tiempo y del espacio que les suministraban energía. Hemingway también se dio cuenta de ello y escribió *París era una fiesta*, el libro suyo que más me gusta y que me ha acompañado durante más tiempo. Aparte de los cuentos, por supuesto, especialmente *Colinas como elefantes blancos*.

Hemingway encajaba bien en Zaidín porque la memoria de la guerra estaba viva, pero también porque el pueblo se adecuaba a los valores de sus libros y a las películas que se habían hecho a partir de ellos. Los mejores actores y las mejores actrices en películas que respondían a la fuerza y la valentía que se nos exigía. Los héroes tenían que sufrir, la cobardía no se aceptaba bajo ninguna circunstancia, y una mezcla de trabajo abnegado y honor acababa por completar aquella educación que se iba repitiendo generación tras generación. Tenías que superar mil ritos de paso, desde atravesar el río por los rápidos más peligrosos hasta trepar por las paredes verticales del patio de la escuela, donde tenías que subir hasta tres pisos de pared de ladrillo agujereado mientras los otros esperaban que te echaras atrás. No sabías de dónde provenía aquella autoridad, pero tú obedecías: subías las paredes y atravesabas el río. Siempre temblabas.

Luego, por supuesto, cuando ya eras *todo un hombrecito*, lo que contaba era el trabajo: ni el calor, ni el cansancio, ni la penosidad, ni tampoco el peligro podían ser motivo de queja. Si había algo peligroso, cualquier miembro de la familia podía aludir a tu falta de valentía diciendo que de una cosa u otra había que morirse, y que quizá no era tan malo ir adelantando trabajo. Si te quejabas de que te dolía algo, la respuesta de la abuela era que tuvieras paciencia, que todo se acababa, ya fuera la enfermedad o el enfermo. Siempre había disponible algún dicho que, como un mandamiento, servía para callarte. No lo personalizo porque no era una cuestión personal, simplemente eran los tratos culturales del momento. Estas frases, con pocas variaciones, se las decían a todos los niños de Zaidín para que las tuvieran bien asumidas cuando crecieran. Así, cuando fueran hombres, podrían transmitirlas a las siguientes generaciones sin preguntarse demasiado si era de ese modo como debían relacionarse con el mundo. Y atención, esas frases también las escuchaban y las repetían las abuelas, y llegaban a las madres y a las hijas, a las mujeres, a las chicas y, finalmente, a las niñas, que se las lanzaban de nuevo a los chicos para que el círculo no se detuviera nunca. Se trataba del instinto de supervivencia, que se ajustaba a la imagen del hombre fuerte e impregnaba la de la mujer fuerte. Al Hemingway boxeador, al que admiraba el valor de los toreros, aquello le hubiera gustado. A mí, en ese momento, también me gustaba, del mismo modo que me gustaban el Spencer Tracy de *El viejo y el mar* o el Gregory Peck y la Ava Gardner de *Las nieves del Kilimanjaro*.

Han pasado muchos años. Visto desde ahora, la literatura de Hemingway ha ido perdiendo encaje en el relato oficial, pues era necesario dejar atrás la guerra civil y la dictadura, pero, para mí, las frases que Hemingway enviaba al *New York Times* sobre

Belchite y Quinto eran fundacionales. No es posible que las leyera de jovencito, pero había algunas frases parecidas escritas en otros lugares y es como si yo ya supiera que estaban ahí, porque cuando las encontré no me generaron ninguna sorpresa. ¿Qué otra cosa podría haber escrito?

«El polvo amarillo de Aragón soplaba sobre ellos, sobre las ametralladoras cubiertas con mantas...»; «Pero a resguardo, en la orilla, estaban los hombres encorvados, temerosos y sonrientes, con sus dientes centelleando, como brillantes grietas...»; «Desde que los vi por última vez la primavera pasada, se han convertido en soldados. Los románticos se han retirado, los más reticentes han vuelto a casa con los heridos...», escribe en la crónica del 14 de septiembre de 1937. Hay épica, existe la voluntad de transmitir al público americano que esa es una lucha justa y que el Gobierno de la República hace todo lo posible para ganarla: «Robert Merriman, antiguo profesor de la Universidad de California y jefe del Estado Mayor de la XV Brigada, lideró el asalto final. Sin afeitar, con el rostro ennegrecido por el humo, sus hombres relatan cómo se abrió paso lanzando bombas; la metralla de las granadas lo hirió hasta seis veces en las manos y en la cara, pero se negó a que le vendaran las heridas hasta que la catedral fue tomada».

De todo eso, de todo ese poso, de las ideas que contiene y de cómo estructuran el recuerdo, nunca acabas de darte cuenta del todo. Va atravesando los años que enlazan las veces que has ido a los Monegros con otras que has olvidado y que alguien que te acompañaba te recuerda. Un buen amigo, al hablarle

de este libro, me recuerda la importancia que tuvo el estreno de *Tierra y libertad*, la película de Ken Loach, inspirada en el *Homenaje a Cataluña* de Orwell. Me dice que fuimos juntos a verla, y después de mucho pensar en ello me viene a la memoria que recorrimos una larguísima ruta en su coche. Me lo ha tenido que recordar él, porque a mí se me había olvidado por completo. Poco a poco, todas esas imágenes se vuelven más nítidas, y sí, es cierto que había una épica, que está presente tanto en el libro como en la película, y que Orwell ha ido ocupando en esta historia un lugar más central que Hemingway, pero creo que el primero no hubiera podido tener el espacio y el tiempo que ha acabado teniendo en mi vida y en toda esta historia sin el segundo. Sí, vagamos por los Monegros a lo largo de dos días, porque pasamos la noche en Zaidín y al día siguiente regresamos. Son él y mi madre quienes se acuerdan, y es que supongo que yo he ido tantas veces que algunas se me escapan.

Todas estas idas y venidas, todos esos países que salen en el libro, todas esas experiencias y esos recuerdos intentan responder a una frase que se repetía en mi casa desde que era pequeño y que me ha acompañado ya para siempre: «Deberías haber pasado una guerra». La educación, obviamente, era mucho más que eso, pero también era eso, y lo era de una forma muy sustantiva. Ellos no lo habían tenido fácil y querían que te espabilaras. Sentencias cortas, duras y cargadas de significado, como si supieran que de un día para otro puedes quedarte sin nada y entonces solo tendrás frases como esta para intentar salir adelante. Las consecuencias de ese estoicismo nos formaron. Nos entrenaron para un mundo que provenía de lo que ellos habían vivido y para un futuro desconocido que deseaban que fuera mejor que su presente. Había muchas frases y todas pretendían prepararte para lo peor, pero «Deberías haber pasado una guerra» me ha acompañado hasta el día de hoy y sé que recorre todo lo que nos ha pasado durante este tiempo como un nervio invisible y sensibilísimo.

Los viejos del pueblo tenían esa frase marcada a fuego, y hoy el trauma se me hace evidente. La suya había sido una injusticia histórica, y mi vida, comparada con la que ellos habían vivido y padecido, era segura y llena de abundancia. Esa frase llevaba su carga, el recordatorio de que yo le debía algo al destino, de que había sido afortunado con el tiempo que me había tocado vivir. Era cierto, porque ellos habían pasado hambre y aflicción, y el miedo se les había quedado dentro. Habían sufrido tanto que cuando me lo contaban, mi tiempo, tan diferente al suyo, no me permitía acabar de entenderlo. Yo sabía que lo que conta-

ban los ancianos era verdad, nunca dudé de ellos, si acaso pensaba que exageraban un poco para asustarme, pero sabía que el núcleo era cierto porque mi padre y mi madre corroboraban todo lo que me decían. Mi padre y mi madre tampoco lo habían tenido fácil, pero podía constatar la progresión humana y social que llegaba hasta mi época, próspera, fiable y tranquila. La atracción por alguien como Hemingway, por tanto, quizá no era casual. En él veía al héroe que podía vengar, aunque fuera simbólicamente, a todos los que habían pasado por la penuria de la guerra y la posguerra, alguien que había desafiado al régimen de Franco. Pero entonces, inevitablemente, llegaba la contrapartida: ¿qué hechos tendría que vivir yo para que la vida tuviera un sentido que estuviera a la altura de todo lo que se me había contado? No era víctima y no era héroe. ¿Qué guerra debía vivir? No puedo saberlo, tampoco sé por qué Hemingway escribía ni por qué devoraba el mundo de aquella manera.

Los recuerdos confusos a menudo hablan más del porqué de la confusión que de los recuerdos. Hemingway era un John Wayne que sabía escribir. No solo vivía sus aventuras como reportero de guerra en todas las contiendas importantes; también había visto sus fotos encima del ring o bebiendo champán en el Ritz de París el día que liberaron el hotel. Y no podemos olvidar el añadido político, porque Hemingway era de los *nuestros*: había estado en el lado correcto de la historia, contra los fascistas, contra los malos. Se había involucrado de forma constatable. Había escrito *Por quién doblan las campanas*, la novela de la que surgió la película con Ingrid Bergman y Gary Cooper. Era la combinación perfecta: la narrativa de la guerra civil desde el lado correcto, la mujer más guapa del mundo y el héroe noble que asume su destino. Teníamos incluso a aquel Hemingway ya mayor y canoso y con un poco de barriga que aparece con fusiles en la mano y sentado a una mesa rodeado de comida y risas, o que escribe *El viejo y el mar* a la misma edad que yo escribo estas páginas mientras me avergüenzo pensando que lo veía como un anciano. *El viejo y el mar* la protagonizó Spencer Tracy, pero yo siempre imaginé que quien iba en esa barca era el Hemingway crepuscular, medio vencido, medio venerable. Era imposible no mitificarlo, no era necesario convertirlo en héroe porque, de hecho, era la idea de héroe la que debía adecuarse a Hemingway.

En Zaidín, toda aquella hipermasculinidad debía librar la guerra en el campo, que a veces era como decir la selva. No existían grandes batallas, pero la dureza cotidiana del trabajo era una de las verdades sólidas y compartidas del pueblo. No era necesario ser un héroe, pero no podías desfallecer ni estaba permitido andarse con excusas. Se sabía que la recompensa del reconocimiento de los demás nunca llegaría, que siempre se lucharía en medio del barro y que la vida sentimental no sería la de las películas o las novelas. Podías ir al cine y ver fuegos artificiales, pero la vida teníamos que iluminarla con bombillas de pocos vatios, con los faros de los tractores. Madrugar como un soldado, cargar pesos sin mostrar cansancio, soportar el calor o el frío, no tener miedo a ir al campo por la noche, no lamentarse de la penosidad de las tareas... Estas eran nuestras pruebas, con la amenaza constante de saber que, si no las superabas, lo primero que te dirían sería que deberías haber pasado una guerra.

El caso es que una parte de ese nervio quedó adormecido hasta que le leí esa misma frase —«deberías haber pasado una guerra»—, precisamente, a otro escritor que también estuvo en el frente de Aragón, Joan Sales. Él no lo decía exactamente así, por supuesto, pero lo que decía se le parecía bastante. Sé que yo tenía veintiocho años cuando leí *Incierta gloria* porque recuerdo dónde lo leí y que ese otoño publicaba mi primer libro. Con el paso de los años, la novela de Sales fue solapándose con lecturas anteriores, porque también estaban los relatos de Tísner y de Calders y de otros autores que tenían una edad similar, y, sobre todo, la edad de mis abuelos. Los tres fueron voluntariamente al frente. Leyéndolos, se puede ver hasta qué punto existe un sentido, una voluntad que vincula la valentía necesaria para ir a la guerra, la razón de todo lo que defienden y una moral y una ética que se sostienen a pesar de los encontronazos, las heridas y las contradicciones.

Pero, volviendo al punto inicial, la razón, la moral y la ética pueden defenderse desde el escritorio, mientras que la valentía, si hay una guerra, solo se demuestra de verdad en el frente. Por eso la frase todavía me golpea: «Deberías pasar una guerra». Quién sabe, quizá sí. ¿He sido lo bastante valiente en la vida, teniendo una guerra tan cerca? Quizá no. Hemingway se presentó como voluntario. Yo no lo he hecho. De acuerdo, no es mi país, pero tampoco era el país de Hemingway ni el de Orwell.

Leyéndolos, leyendo *Incierta gloria* y las cartas que Sales envía a Màrius Torres, leyendo *Unitats de xoc* [*Unidades de choque*] de Pere Calders o *556 Brigada mixta* de Tísner, entiendo mejor aquella fijación juvenil con Hemingway. Él lo podía vivir como observador, mientras que los otros se jugaban la piel, el futuro y el país. Hemingway era lo más parecido a una estrella del cine, podía viajar por medio mundo e incluso regresar a la España franquista que ayudó a combatir. Creo que, de hecho, podía arriesgarse como nadie: su país y su idioma eran los más poderosos del mundo, y él era un corresponsal de guerra y un escritor bien pagado. Formaba parte —se lo había ganado, no quiero quitarle ningún mérito— de una élite mundial que podía ir de un país a otro y ser bienvenido prácticamente en todas partes. No, la guerra que él debía pasar no era la suya, tal vez por eso la buscaba. Hemingway podía irse, mis abuelos no. Calders y Tísner tuvieron que exiliarse. Sales se quedó. Hemingway tal vez no tuviera una casa fija, pero tenía un mundo, tenía el mundo que su país dominaba.

«Ojalá vivas tiempos interesantes», dice el dicho chino, que es también una especie de maldición y que parece ser la divisa vital de Hemingway. Para mí es más complicado, no desde un punto de vista humano, sino literario. Siempre he escrito sobre lo que ha pasado a mi alrededor, las historias me las proporciona la vida, y quizá por eso siempre he considerado como una carencia no haber vivido más, sin saber muy bien qué significa ese *más*. Quizá sea la comparación lo que me duele. Una vez entrevisté a un periodista estadounidense, George Packer. Había venido a Barcelona para participar en el homenaje a George Orwell. Yo había leído *The Unwinding*, que en castellano se publicó como *El desmoronamiento: Treinta años de declive americano*, un subtítulo bastante explícito. Se trataba de un libro sobre la cultura y el poder en su país, y a mí me había gustado mucho. Me moría de ganas de preguntarle cómo había conseguido entrevistar a personas tan importantes como las que aparecían en el libro. Había gente como el polémico político Newt Gingrich, la presentadora Oprah Winfrey o el secretario de Estado y exmilitar Colin Powell, entre otros. Suspiró y me confesó que a esos que había citado nunca los había podido entrevistar, que vivían protegidos tras muros de abogados y guardaespaldas. Había tenido que reconstruir su vida a través de fuentes indirectas, noticias, entrevistas y reportajes, y también a través de sus memorias. Ah, vale; yo también suspiré, pero con una sonrisa. No le quito ningún mérito a Packer, *The Unwinding* es un libro excelente, pero me reafirmó en las dudas que siempre había tenido sobre cómo podría yo acceder al Gran Mundo. Además, ¿estaría dispuesto a pagar la entrada? «Ojalá vivas tiempos interesantes...» *¿Ojalá?*

¿Volvía a proyectarme en Hemingway? ¿Me juzgaba a mí mismo por faltarme una parte de vida? Es posible. Reflexioné mucho sobre ello y llené algunas páginas. Recuerdo que me pregunté qué me faltaba como escritor y que apunté tres cosas necesarias y dos que circulaban por encima y por debajo. Las tres primeras eran las más fáciles de definir: vivir en el extranjero, conocer el poder y pasar una guerra. Irse era complicado pero factible; la vivencia del poder era más arriesgada y podía tener consecuencias impredecibles; y todo lo que tenía que ver con la guerra, a menos que te lo tomaras frívolamente, era una locura. Ahora, cuando pienso en ello, me doy cuenta de que no se deben pedir las cosas de forma demasiado seria porque a veces los deseos se cumplen. *Ojalá...* He visto cómo funciona una parte del poder desde dentro y puedo imaginarme el resto; hace tiempo que estoy en el extranjero y probablemente me quedaré una buena temporada; y los daños colaterales de la guerra han sido lo suficientemente intensos como para constatar la devastación que provoca en personas a las que quiero. Y no, hoy por hoy no soy capaz de responder si tomaría las armas por algo que no fuera mi familia.

No es nada nuevo, es el viejo problema de la experiencia y el pacto con la realidad: aquellos «deberías pasar una guerra» o «si hubieras pasado la guerra» se

transformaron, muy cerca de casa y a través de Joan Sales, en una forma literaria. La guerra de Sales era mucho más cercana que la de Hemingway, y además él también me decía, a su manera, que debería pasar una: «La guerra ha sido la gran experiencia de mi vida, lo que más me ha interesado, lo que más me ha apasionado», declaró en una entrevista. Para ser sincero, yo no recordaba así esas palabras. Dentro de mi cabeza, la cita de Sales estaba más cerca de la exclamación de los ancianos, se había ido transformando hasta ser idéntica a ella, lo que no sé hasta qué punto es bueno, teniendo en cuenta que la cita sigue con: «Creo que el escritor debe ser testigo de la verdad». ¿La verdad estaba en la guerra? ¿Había en la guerra una verdad más pura, más compleja o más rica que en cualquier otro sitio?

No hay ninguna línea que marque una diferencia de grado entre lo que decía Sales y lo que decían mis abuelos, todo lo que él pueda decir se mueve dentro de una franja amplísima en la que cabían dudas, zigzags y arrepentimientos. En el caso de mis abuelos había una cierta educación sentimental, querían tener razón, pero también querían salir adelante. Sabían que si les había pasado a ellos podía pasarme a mí, que mi vida no estaba exenta del riesgo de una catástrofe y que estaría bien que me preparara por si alguna vez tenía que enfrentarme a una. Sé que al mismo tiempo proyectaban, como han hecho todas las generaciones sobre las que las sustituirán, un punto de envidia, como el que yo puedo sentir hacia las que me pasarán por encima. No podemos evitarlo, queremos los avances que nos promete el futuro y que sabemos que no vamos a disfrutar, pero sobre todo queremos un poco de futuro en el presente. Un poco, al menos.

En la cita de Sales estaba todo, y ese *todo* es independiente del amor que sentían por mí, es una parte de ese hilo subterráneo que acompañaba a los tres deseos que inconscientemente le pedí a la lámpara mágica; la descripción de la cuarta forma, subterránea, y de la quinta, etérea, las dejo para otro libro. Si la cita de Sales venía de la mano de *Incierta gloria*, su novela venía de la mano de la vida que había vivido. Para él había sido muy importante, pero ¿debía serlo para mí? ¿Tenía que hacerme la pregunta? ¿Tengo que hacérmela? Porque ahora me lo pregunto cada vez que recibo noticias de Ucrania o de Rusia. ¿Quiero ir más allá o ya tengo suficiente? A veces me justifico diciéndome que lo que me ha tocado vivir era lo que el destino me tenía preparado y que no es necesario hacerse más preguntas, que es inútil y son otros tiempos, que yo no vivo en los Estados

Unidos de hace cien años y que nunca seré Joan Sales ni Ernest Hemingway. Y tampoco quiero serlo.

Incierta gloria me impresionó de una forma muy parecida a como lo hicieron *Homenaje a Cataluña* o el *Réquiem*, y se incorporó de forma natural al lugar y a la historia, como si la hubiera estado esperando. La acción transcurría un poco más al sur, pero yo conocía bien aquellas comarcas, había ido allí bajando desde Mequinenza, donde tenía muchos amigos. No se trataba del mismo lugar, pero terminaba pareciéndose tanto a los Monegros que la continuidad era totalmente lógica. Además, era también un espacio simbólico, porque enlazaba con el recorrido del Sales soldado, que había ido desde Huesca hasta el sur de Zaragoza y después hacia Teruel. Había leído sus cartas, escritas y enviadas desde los mismos pueblos que había recorrido en busca de Georges Orwell o de Simone Weil. Si él había sentido mi paisaje como suyo, yo también tenía derecho a sentir mía su novela.

Incierta gloria es una novela sobre el pacto que los hombres hacen con el mundo cuando saben que el mundo se puede acabar en cualquier momento. Parece como si desde el primer momento se quisieran preparar para después de la guerra, porque no pueden entender ni imaginar cómo recordarán lo que viven, cómo será ese después, cómo transformará la guerra lo que son y todo lo que han vivido. Hay terremotos históricos, pero la tierra no tiembla, permanece inalterable, y como la energía de la batalla debe ir a un sitio u otro, son los hombres los que se transfiguran. Están en medio de la contienda, pero la telaraña de afectos y prevenciones los salva de la guerra, les abre un espacio donde desarrollarse. El teniente Brocà, su mujer Trini y el seminarista Cruells, personajes de la novela, se ven atravesados por los dos protagonistas que hacen de motor del libro, Soleràs y Carlana. Carlana es la única que es del pueblo; Brocà y Soleràs vienen de fuera. Trini no se acerca nunca a ellos, y Cruells también permanece siempre al margen. No es el pueblo del *Réquiem*, donde se ve más claro quiénes son los buenos y quiénes los malos. Sender es trágico, porque no puede huir del lugar de donde viene. Sales viene de Barcelona y la ciudad no se lo pondrá fácil, pero sobrevivirá; sabe que no solo hay que pasar una guerra, también hay que superarla, para poder escribir sobre ella.

El Bajo Aragón, además, es un lugar que no se rige por los ideales de la modernidad republicana, en eso es un poco diferente de Huesca, menos carlista, más cercana a Francia y a Barcelona. Es un lugar exótico, de un exotismo disponible, a diferencia de los lejanos países de Hemingway, repartidos por medio mundo. Soleràs, el loco de la baraja, es quien mejor participa del significado del territorio, quien mejor lo entiende y ensancha. Quizá sea el más consciente de que el sentido de la guerra no es la victoria, sino la guerra misma, y en el Bajo Aragón, más fracturado que los Monegros, encuentra un lugar ideal para disfrutar de su tiempo. Carlana también lo sabe, porque es la continuidad, la tierra que se regenera, la hija de un hombre que recibe el mote de Cagorcio. Carlana no puede venir de más abajo, es la que nace del estiércol y crea al heredero de todo lo que rodea a los demás. Cada uno de ellos, a su manera, le explican al lector qué significa una guerra, qué les pasa por la cabeza, el corazón y el estómago. Replican la distancia que marca Sales entre lo que ha vivido políticamente —solo hay que leer sus cartas— y la *poca* política que hay en la novela. Incluso la *poca* guerra, tratándose de una novela ambientada en el frente. En Aragón la guerra se ralentiza, el tiempo adquiere una escala distinta, como si quisiera dar margen para vivir las historias que contará en los años venideros.

Vista desde hoy, la de Joan Sales es una guerra perdida antes de empezar, no creo que pensara que podían llegar a ganar. Fue testigo de las luchas internas en Cataluña, sabía hasta qué punto comunistas, anarquistas, nacionalistas y socialistas eran irreconciliables, y además, él, que a su manera era creyente, se sentía tan lejos del anticlericalismo de los unos como del nacionalcatolicismo de los otros. No es extraño que *Incierta gloria* hable del amor y de la trascendencia más que de la guerra, porque ¿dónde más podía refugiarse? ¿Cómo explicar todo aquel desmoronamiento? Incluso las novelas de derrota como el *Réquiem* necesitan un héroe como Paco el del Molino. Sales no tiene héroes porque no crea buenos tan buenos como para merecer el calificativo de héroes. Hemingway tal vez sea testigo de muchas guerras, pero no vive ninguna dentro de su país; Sales se juega la piel y el cerebro.

La guerra lo contamina todo, cambia la forma en que se comparten los valores, incluso su esencia. La derrota, en la guerra de verdad, siempre es poco honorable, como lo es casi siempre la victoria. Juli Soleràs duerme dentro del estiércol para estar caliente —él también es un hijo simbólico del Cagorcio—, y juega con las momias que encuentra en un convento y las coloca en posturas obscenas. El loco, que sabe algo del destino, sabe también que la normalidad es una convención, que es imposible librarse de la guerra permanente, ya sea declarada o en forma de violencia de baja intensidad. La carestía en la retaguardia, las enfermedades y el miedo degradan a los personajes; la moral de las historias es una forma de creer que existe un sentido histórico. Pero no, cuando se observa la historia de cerca, las convenciones se desvanecen. Del mismo modo que uno no puede ser profeta en su tierra, tampoco puede encontrar héroes en ella. Gary Cooper no tiene cabida en el Bajo Aragón, y Sales sabe que todo se reduce a la incierta gloria de un día de abril. Los Monegros son demasiado grandes, demasiado extensos, están demasiado vacíos. El Bajo Aragón es demasiado veterotestamentario.

La cuestión no es si hace falta pasar una guerra para escribir, la cuestión es si hace falta pasarla cuando tú te lo has preguntado, cuando desde pequeño la guerra ha estado tan presente y no eras consciente de que el «deberías haber pasado una guerra» se te había quedado grabado para siempre en la memoria. No sé, no tengo respuestas, solo tengo historias. Lo que sí sé es que, con el tiempo, lo que me ha quedado de la novela no es la guerra, y tal vez su lección, si es que hay alguna, es que lo más interesante de la guerra es precisamente lo que ocurre mientras no se hace, que quizá sea la única parte comprensible. Lo más interesante es el cómo. Ahora que hemos entendido que solo podemos conseguir la paz perpetua si admitimos también la guerra perpetua, lo interesante es saber cómo mantenemos la fe en el pasado y la esperanza en el futuro. Sin la guerra, este libro no sería posible. Si la hubiera ido a ver de más cerca, tampoco.

«Deberías pasar una guerra»; «Una guerra, eso es lo que deberías haber vivido»; «Ya verías, en la guerra»; «Tú, que eres así, en una guerra...»; «En la guerra sí que...». Entiendo a mis abuelos. Querían, como Sales y como Hemingway, avisarme de que lo mejor era no pasarla, *vivir como si*, que es lo que hemos hecho toda la vida. *Vivir como si* significa estar preparado siempre para lo peor y tener la inteligencia para evitarlo. «Deberías pasar una guerra» significa que aprenderías algo de ello, que tras la experiencia obtendrías algún beneficio. ¿Qué se aprende? ¿Qué aprendieron? ¿Qué ha quedado de la guerra? La única certeza es que genera relato, y que, para que la conversación sobre el futuro continúe, ese relato no puede pasar por alto las partes oscuras.

Hace años apareció la noticia del hallazgo de un conjunto de momias en Quinto. Se ve que las condiciones de humedad y temperatura de la iglesia habían conservado los cuerpos de los difuntos, que fueron descubiertos durante unas obras. Las he ido a ver, las han expuesto con la esperanza de que eso atraiga al turismo. A mí, atravesar los Monegros para ir a Quinto a ver unas momias de hace doscientos años me parece un plan insuperable, pero no sé si soy el tipo de turista que buscan. Fui porque no podía dejar de pensar en las momias que describe Sales en su novela, *memento mori* de los demás personajes. Se supone que las momias están tal y como las encontraron, que no ha habido ningún Soleràs que las haya colocado en posturas obscenas, así que el museo solo es grotesco en la medida en que pueden serlo las políticas culturales de cada lugar. Un programa de esoterismo tuvo bastante que ver con el asunto. Durante unos días estuvieron hablando de las momias, no mucho, pero lo suficiente como para que el lugar saliera en la prensa y los responsables locales se animaran a decir que sí, que harían un museo. Hay un bar en Quinto que conserva los recortes de prensa de esos días de abril. Le pregunté a un hombre que tomaba café lo que pensaba de aquello y, tras resoplar, me dijo que no era necesario desenterrarlos, que si a mí me parecería bien que desenterraran a gente de mi pueblo y los expusieran a la vista de todos. Cuando no hay guerra, la cotidianidad del tedio es capaz de trivializar cualquier cosa. «Deberías pasar una guerra», muy bien, pero ¿y qué ocurre cuando la guerra ya ha pasado?

He releído a Hemingway. Hasta empezar a escribir este libro no había vuelto a leerlo, y es curioso porque, de todo lo que había leído, lo que más recordaba era su cuento en los Monegros: una pareja espera el tren, ella está embarazada y él querría que abortara. Es ella la que encuentra hermosas las sierras de los Monegros, con sus pendientes largas y suaves que caen como trompas de elefantes y forman vientres y orejas, y con sus barrancos, que parecen colmillos que se clavan en el suelo. Las colinas parecen una manada, y su perfil contra el cielo espaldas, cabezas y lomos que acaban en laderas, trompas larguísimas que llegan al suelo y se juntan con las curvas de los colmillos.

El corazón de los Monegros está lleno de estas formas, de sierras áridas y pobrísimas. Pueden verse los cristales de yeso que el sol quema durante el verano y las margas cenicientas, que conservan el gris de la niebla de un invierno a otro. En el norte de los Monegros hay elefantes blancos junto a las estaciones de Tardienta o Zuera. Hay una línea que iba por el sur del Ebro, desde Caspe hasta la Puebla de Híjar, donde quizá las sierras son algo más rojas, pero también tienen formas paquidérmicas. Donde los elefantes son blancos es más hacia el centro. He recorrido las líneas de tren para ver si hay algún sitio donde la estación coincida con las colinas que aparecen en el cuento, aunque es posible que Hemingway imaginara un lugar ideal que contuviera todas estas características.

A mí me gusta imaginar a esa pareja en la Puebla de Albortón. No creo que las colinas y la estación coincidieran allí, seguramente fuera en otros lugares, pero como la estación de Hemingway es ubicua, me tomo esa licencia. La vía de Utrillas llevaba lignito desde las minas de Zaragoza y pasaba por lugares habituales para Sales. En Puebla hay unos elefantes perfectos, creo que son de los mejores que he encontrado. Es muy probable que Hemingway viera otras colinas y no estas. Hay algunas muy bonitas hacia el interior de la Almolda y yendo a Farlete y Monegrillo, o de Torrecilla a Valmadrid. Sales envió cartas desde algunos de estos pueblos y seguramente Hemingway los vio, aunque fuera desde lejos. He descartado, como si se tratara de las casas emparejadas de Hamburgo, las sierras que rompen un poco el color y ya no son blancas. También las que son demasiado suaves o abruptas, o aquellas en las que los matorrales ocupan más superficie, pues los elefantes deben ser muy blancos. Quizá por eso las que más me gustan, las que más se acercan al ideal, son las que pueden verse en la Puebla de Albortón, no lejos de la estación en desuso que aún sigue ahí, sin vía y sin servicio. He de reconocer que toda esta película me la monto yo. Pero influye que Sales escribe una carta muy bonita a Mercè Figueres desde la Puebla, el 12 de octubre de 1937, una de las que más me gustan. Le dice:

> Querida Mercè:
>
> Te quejas de que no te cuento todas las cosas que me suceden en relación con las operaciones del frente. Te diré con toda franqueza el tipo de mecanismo fatal que lo provoca: mientras duran las operaciones no se puede escribir por razones obvias; no tienes silla, ni mesa, ni papel, ni humor para escribir:
>
> *L'homme n'écrit rien sur le sable*
> *À l'heure où passe l'aquilon.*
>
> Después, una vez que finalizan las operaciones, no sé por qué fenómeno psicológico se te borran de la memoria.

Luego le cuenta una aventura con una gabardina y más cosas sobre una guerra que se describe sin la acción que la define. Eso lo hace en otros momentos, por supuesto, pero es como si se preguntara una y otra vez: «¿No es mucho mejor narrar esta experiencia de guerra a través de todo lo que no abarca, a través de todo lo que intenta huir de ella?». Pienso en ello cuando vuelvo a recordar el cuento de Hemingway, mucho más que sus crónicas. La única duda que me queda es si para escribir así conviene también haber pasado una guerra.

VIII

El alma de los otros

Friedrichshain, de junio a diciembre de 2022

Era el final de la primavera y todavía hacía mucho frío. Quería llegar a casa porque había sido demasiado optimista y no me había abrigado lo suficiente para ir en bici. Marlene se burlaba de mí porque en algún momento incluso temblaba. Volvíamos de un encuentro en la montaña del Demonio, la Teufelsberg, una colina en el límite occidental de Berlín. Es una montañita artificial hecha con los escombros de los bombardeos de la guerra sobre un lugar en el que había habido una escuela militar. Marlene me invitó al colofón de una *rave* clandestina que se celebraba junto al río, no lejos de la Teufelsberg. No sabría muy bien qué hacer en una *rave*, pero una de las últimas actividades de la fiesta era una visita al observatorio situado en lo alto de la montaña, una antigua estación que había servido para la escucha de las transmisiones del otro lado del telón de acero. Hoy es un lugar de culto rodeado de vallas y, de vez en cuando, vigilantes. «En Berlín todos sabemos saltar vallas y muros», me dijo Marlene para animarme a que fuera.

La ocasión valía la pena. Íbamos a entrar en el observatorio con alguien que había vivido allí durante un año, un año en un edificio hecho polvo sobre una montaña de escombros. Las dos únicas condiciones que nos puso fue que no podíamos hacer fotos —quería que le escucháramos— y que si venía la policía nadie hiciera ninguna tontería. No está permitida la entrada, por supuesto, y no es que sea un lugar peligroso, pero estuvo ocupado durante años y tiene todos los ingredientes para que resulte atractivo: la nostalgia, la historia, la situación y, sobre todo, la prohibición de entrar. Lars, nuestro guía, había nacido en Berlín Este hacía cincuenta y tres años y había tenido sus momentos de pasión con Marlene en lo alto de las torres, o sea, tocando el cielo de Berlín en la Teufelsberg. De eso me enteré más tarde; debería haberlo intuido, pero el frío no me dejaba pensar demasiado.

De regreso a casa nos encontramos con el mercado de los domingos de la avenida del 17 de Junio, uno de los más grandes de Berlín, pero solo había cuatro tenderetes, pues el covid no acababa de dejar que llegaran los turistas y la lluvia había asustado a los habituales. Yo no quería pararme, estaba helado, pero Marlene insistió en que fuéramos al último tenderete porque no había nadie. Supongo que es así como empiezan las cosas, *para venir a lo que no sabes has de ir por donde no sabes*, como dice san Juan de la Cruz. Yo no buscaba nada, pero me llamó la atención un cuaderno muy bonito, con ribetes y gofrados dorados. Lo cogí de una caja que había en el suelo y no entendí nada porque la letra era pequeña y aún no sabía leer Sütterlin. Eso sí, había una fecha, 1942, y dos fotos. Se lo enseñé a Marlene, que me dijo que tampoco entendía nada, pero que aquello era como la fruta, si lo tocabas, tenías que quedártelo. El chico del tenderete, que también tenía frío, sonrió y me dijo que pedía quince, pero que con diez ya se conformaba, estábamos casi solos y a los dos nos dolía el viento. Nunca regateo porque no sé hacerlo, me siento muy incómodo, o compro o no compro, pero eso de rebajarle el dinero a otro me hace sentir mal. Además, como soy supersticioso, creo que tarde o temprano acabaré ganando o perdiendo la diferencia. Quizá por duplicado.

—Pues ni quince ni diez, doce con cincuenta —me dijo.

Me despedí de Marlene. Ella se fue hacia el piso de Neukölln —finalmente se había instalado allí— y yo hacia el centro y después a Weberwiese, un itinerario que no sabía que después haría tan a menudo, cuando nos trasladáramos a Charlottenburg. En casa, tras una buena ducha caliente, intenté leer el cuaderno, pero no entendí nada, salvo de la primera página, donde la letra es muy clara en comparación con las siguientes: «El tío y la tía Mann como regalo a su sobrino Leo el día de su decimoctavo cumpleaños, para que cuente la historia de la familia. El 14 de mayo de 1942, año de guerra». Las siguientes páginas están escritas en Sütterlin, un tipo de caligrafía muy extendida, casi predominante, durante las tres primeras décadas del siglo xx. El trazado se modifica y en algunos casos adopta un estilo geométrico que transforma el texto hasta convertirlo en una lengua con otro alfabeto. A estas alturas ya me he acostumbrado y, siempre que la caligrafía no sea muy mala, la puedo leer. Si está escrito con mala letra resulta imposible, incluso los programas que reconocen texto te dicen que les es imposible entender lo que les has enviado.

Cuando lo junto todo pienso que pertenece a otro mundo, a un mundo que no es el mío, pero precisamente por ello me pregunto por la atracción que me provocan estos documentos y por el sentido del azar. En el caso del diario había algo más: existía el misterio de una cierta confusión añadida. El texto, pasadas unas cuarenta páginas, se acaba de forma abrupta en noviembre de 1943 y es retomado por otra mano. Pasan cinco años hasta que alguien vuelve a escribir, y no es Leo, sino su hermano.

Es un regalo de cumpleaños, y después de la dedicatoria viene la primera parte, la que escribe Leo Nürnberger, que empieza a escribir sobre Gaby, la chica de la que se ha enamorado locamente. Todo lo que escribe es una carta de amor al amor, un torrente de sentimientos que deja en un segundo plano la guerra y en un tercero la historia de su familia. Va ofreciendo pinceladas aquí y allá a través de su vida, y nos explica quiénes son, de dónde vienen y todo lo que pueda resultar relevante, pero hay otra urgencia, el amor: ha descubierto qué significa estar enamorado y se lo explica al confidente por antonomasia, el diario personal. Dado que nos dice el día que nació, el 14 de mayo de 1924, sabemos que cuando escribe las primeras líneas tiene dieciocho años. Dieciocho años y enamorado:

... quiero llenar estas primeras páginas con un acontecimiento nuevo, con un acontecimiento que lo cambia todo porque es un anhelo que nos afecta para siempre, porque nos damos cuenta de que podemos experimentar lo ineludible, lo incomprensible, la omnipotencia de lo que nos convierte en hombres:

El amor. El amor por una chica y la feliz certeza de ser correspondido.

Estas son las primeras líneas del diario, cuyo desarrollo llena dos páginas más. El año anterior, Leo todavía ridiculizaba estas sensaciones, pero ahora que ya puede decir que está ante su primer amor, su vida se ha transformado. Es la escritura pulcra de un enamorado que pospone algunas páginas los deberes que le han puesto sus tíos. Esto es lo más importante que le ha pasado, y lo cuenta con la protección que le proporcionan la intimidad y el secretismo de un diario.

Leo nos contextualiza muy bien el enamoramiento y, al hacerlo, lo intensifica. Lo hace con cuidado e intenta no dejarse ningún detalle. Cuando conoce a Gaby, él está en el *lager*, en un campo de servicio para jóvenes, y él es *lagermannschaftsführer*, es decir, jefe de servicio. El *lager* se encuentra en Hanauer Weiher, cerca de un lago, entre Estrasburgo y Sarrebruck, en la región de Alsacia. No es un lugar cualquiera; junto con Lorena, han sido dos regiones sometidas a una disputa constante entre Francia y Alemania. Nos habla de los oficiales del ejército que lo reciben y de las veces que va a una taberna cercana —creo que todavía existe, pero no puedo asegurarlo—, y de cómo un día se encuentra con un grupo de chicas que están en un campo cercano. Verla le deja en estado de shock y vuelve a casa pensativo, sin aliento, no logra dormir.

> Soy muy feliz. ¡Sí, la quiero! ¿Es esto el amor? No lo sé. ¿Es lo que nos hace perder el sueño por la noche y solo acaba cuando volvemos a estar con la persona a la que se dirigen todos nuestros pensamientos? ¿Es el anhelo de lo que queremos abrazar, el anhelo de la boca, del cuerpo de la otra persona? ¿Es la nostalgia de la persona con la que se comparte el corazón y el alma? ¿Un alma con la que sentirse protegido, que te da fuerza para hacer cosas, para salir adelante?

Cuando Leo escribe todo esto, el 27 de septiembre de 1942, Gaby tiene diecisiete años. Son dos adolescentes, y él no puede dejar de pensar en ella:

> Gaby es completamente diferente a sus hermanas. Es joven, llena de vida, y sin embargo le rodea la frialdad. Uno podría pensar que expresa desprecio, un desprecio casi aristocrático. En ella el pecado es inconcebible, pero detrás de su conducta recta he encontrado un corazón cálido, una feminidad muy fuerte. Una feminidad frenada por la timidez, por la timidez y por más timidez.

El diario continúa con la narración de cómo va adquiriendo más responsabilidades en el escalafón militar. Hay una mirada retrospectiva que proporciona sentido a su continuidad y a su labor en el ejér-

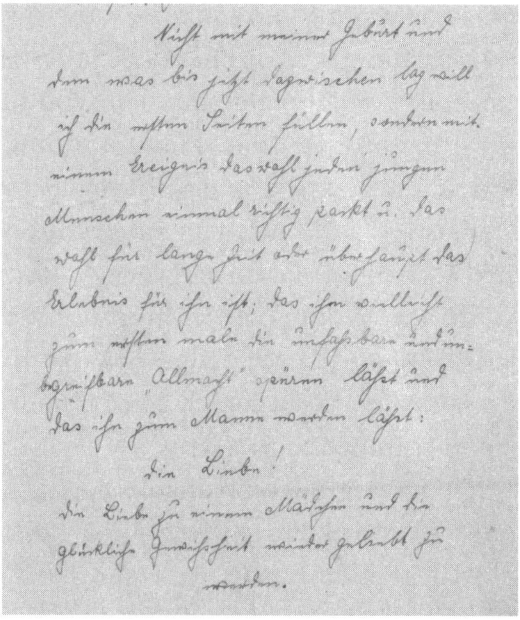
Nicht mit meiner Geburt und dem was bis jetzt dazwischen lag will ich die ersten Seiten füllen, sondern mit einem Ereignis das wohl jeden jungen Menschen einmal richtig packt u. das wohl für lange Zeit oder überhaupt das Erlebnis für ihn ist; das ihn vielleicht zum ersten male die unfaßbare und unbegreifbare „Allmacht" spüren läßt und das ihn zum Manne werden läßt:
die Liebe!
Die Liebe zu einem Mädchen und die glückliche Zweisamkeit weiter geliebt zu werden.

cito; va aprendiendo de todo lo que sucede. Describe a los amigos que deja atrás porque son unos degenerados, así como a los que admira y con los que comparte tareas y posición. La familia aparece aquí y allá, cuenta cosas de su casa y de los viajes que han hecho juntos hasta que, finalmente, llega el momento de ir al campo de entrenamiento en Hanauer Weiher. Salta de un lugar a otro, porque vuelve a salir Gaby, y así llegamos al día en que lo licencian, el 20 de septiembre de 1942. A partir de entonces, le pueden llamar al frente en cualquier momento. Él está preparado: «El 4 de febrero de 1943 me convertí en soldado. Por fin mi deseo se hizo realidad. Ahora ya no tengo que limitarme a escuchar las buenas noticias, sino que puedo luchar en el frente y así ayudar a liberar a nuestra patria». Hay más anotaciones sobre lugares que visita como soldado, sobre sus camaradas. Son sus amigos, se da cuenta de la responsabilidad que, como soldado alemán, tiene con su país y con sus compañeros de filas. Hay un momento en que la letra cambia, cada vez escribe más rápido y acompaña las fechas del diario con nombres, ofreciendo una relación de las entradas en el hospital, de las bajas, de amigos que van a diferentes destinos. Las descripciones que hace de los días son muy cortas, como si escribiera con prisa, a veces habla sobre su familia, y de nuevo sobre Gaby.

Después, dos páginas en blanco.

A partir de aquí el diario lo escribe su hermano, y lo hace el 18 de septiembre de 1948: «Yo, Fritz Nürnberger, escribo después de que la muerte le arrebatara la pluma a mi hermano, caído en Italia el 29 de mayo de 1944». Fritz es el hermano pequeño de Leo, y en 1948 retoma el diario para confesar que se siente perdido, porque el amor de su vida, la chica de la que está locamente enamorado, le ha dicho que ella no siente lo mismo que él. Hay un momento en que habla de amistad y de amor platónico. Cualquiera que haya escuchado estas palabras en boca de la persona de la que se ha enamorado sabe el nivel de frustración y de desengaño que pueden contener. El significado profundo del amor y del deseo para un chico que ha perdido a gran parte de su familia en la guerra, que ha visto todo el desastre que ha provocado el régimen nazi, es también una voluntad de vivir, una mezcla de desesperación e injusticia. Ha perdido a su hermano, su hermana está lejos, no habla de sus padres y no puede encontrar consuelo en el amor. ¿Hasta qué punto habla de todo esto porque ha leído lo que escribió su hermano? No lo sé, es algo que no explica, pero es curioso que dos hermanos, en el mismo diario, hablen de lo mismo. Quizá Fritz pensó que era el lugar donde debía hacerlo, para seguir el hilo del enamoramiento de su hermano. Quizá en ese momento no había más papel, solo hace tres años que ha terminado la guerra. O quizá sí lo había pero no en un cuaderno tan bonito como aquel, es 1948.

Las primeras páginas son para recordar a Leo. Lo quería mucho. La noticia de su muerte fue durísima y, por lo que se puede leer, supuso una especie de premonición de la derrota de la guerra. Fritz es más reflexivo que Leo, habla de la conciencia del cuerpo y del espíritu, escribe sobre su lugar en el mundo y sobre cómo sobreponerse a los desengaños y a todo lo que está viviendo. «Beatus qui solus», escribe, feliz el que está solo, y también reflexiona sobre el significado de la palabra *pasión*, sobre lo que significa tener una determinada personalidad o sobre sentimientos y erotismo. Leo habla del amor romántico, incluso del amor platónico, inalcanzable. Fritz quisiera que no fuera así, el deseo le hace daño, no es capaz de sacarse a la chica de la cabeza y la vida no le ayuda. Leo es un héroe romántico, Fritz un derrotado de la posguerra que el día de Navidad de 1950 concluye el diario con su última anotación.

Dos meses después de encontrar el diario fui a comer con unos amigos a Mauerpark. Habíamos quedado en el parque y vi que había un mercado justo al lado. La conversación de la sobremesa se iba

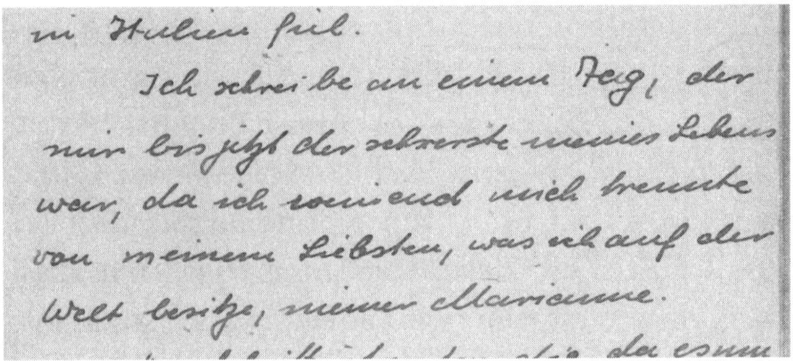

Ich schreibe an einem Tag, der
mir bis jetzt der schwerste meines Lebens
war, da ich soeben mich trennte
von meinem Liebsten, was ich auf der
Welt besitze, meiner Marianne.

repitiendo y me levanté para estirar las piernas. Sentía pereza porque hacía mucho calor, no sabría situar el día, pero recuerdo que el sol hacía que no tuvieras ganas de quedarte en el césped. Después del frío habían llegado tres días en los que alcanzamos los 38 grados. Me dirigí al final del recorrido de los tenderetes de ropa y *souvenirs*, hacia donde estaban los chatarreros. En un puesto había unas cajas que me llamaron la atención porque de ellas salían unas vetas rojas muy llamativas. Las vetas conducían a unos paquetes de cartas, debía de haber seis o siete, con papeles y documentos entremedio. Daba gusto verlos, tan bien ordenados y atados. Los cogías y pesaban, podías notar cierta corporalidad, una materia que también transmitía el peso de la letra. Pedí permiso con la mirada para deshacer un nudo y leer las cartas dirigidas a una tal Frau Martha Hammerschmidt, recuerdo el nombre. Se me ha quedado en la memoria, quizá porque hay muchos discos grabados en el Hammersmith Odeon de Londres, no lo sé. Miré todos los montones y tropecé con un pliego dirigido a una tal Maria Nürnberger. Estas cartas las examiné bien, incluso vi que había una libreta en medio. El cordel era más basto, como el de una zapatilla deportiva. Había algo ahí que me sonaba, pero no sabía lo que era, así que no las compré.

Lo que me sonaba era el apellido, por supuesto, pero Nürnberger podía sonarme por mil motivos. Habían pasado dos meses y había leído decenas de nombres diferentes, y ni siquiera sabía si Nürnberger era un apellido frecuente. Parece mentira, pero no até cabos. En ese momento no recordé el apellido de los protagonistas del diario. Solo cuando regresábamos a casa en bicicleta caí en la cuenta y miré el móvil. Había hecho algunas fotos de las páginas y de algunos párrafos para enviárselas a Marlene. No solo era el mismo apellido, era la misma letra de la segunda parte del diario: era la letra de Fritz, o al menos así me lo parecía según el vago recuerdo de las cartas que acababa de ver. Dasha me miró con esa cara que pone cuando piensa que estoy chalado, pero yo di la vuelta y llegué a tiempo de encontrar aún el tenderete. Cerraban, y casi todo estaba ya en la furgoneta, así que le describí al hombre las cartas y, tras un rato rebuscando, sacó la caja con los fardos.

El peligro de demostrar mucho interés por algún objeto concreto es que el precio sube de forma inmediata. Si el comprador regresa expresamente y hace que el vendedor busque el artículo en la furgoneta quiere decir que tiene algún valor para él. Tampoco podía pedirme mucho por un fardo de cartas. Veinticinco euros: él no se los esperaba, al fin y al cabo ya se iba, y a mí me pareció un precio justo. Son las cartas que Fritz Nürnberger le envía a su hermana. Hoy, mientras escribo esto, pienso que las casualidades no existen, que solo hay causalidades, y que, después de haber encontrado el diario, tenía que encontrar las cartas.

Dentro del paquete de cartas hay numerosos recibos bancarios, extractos de ahorros, una agenda y también otro diario, más pequeño y breve, de Fritz. Supongo que en algún momento Maria se fue a vivir a Berlín o a algún lugar cercano y la empresa encargada de vaciar pisos repartió lo que había entre los diferentes revendedores. Creo que hay toda una serie de tenderetes que dependen de la misma persona, a veces he visto cómo le consultaban los precios de cada cosa. Es un chico rubio, alto y gordo, muy fuerte, con la cara redonda, que va en una enorme furgoneta blanca, como las que se utilizan para las mudanzas. Lo he visto en varios mercados, controlando sin controlar, lo he visto en Mauerpark y en Boxhagener, y creo que la gente que hay en el mercado de Schöneberg forma parte de la misma empresa.

Fritz escribe a su hermana con regularidad, la quiere mucho. Él es médico y ella, por lo que he podido entender, trabaja como criada en una casa. Una vez por semana llega una carta, a veces más. Creo que se han quedado solos, que no tienen más familia, pero esto es solo un fardo de cartas, estoy seguro de que hay muchos más. En cualquier caso está bien que el amor siga llenando hojas, se preocupa mucho por ella y siempre hay una carta para las fechas señaladas, para las festividades y los cumpleaños.

Volví al mercado de la avenida del 17 de Junio para preguntarle al chico que me había vendido el primer diario si sabía algo de aquella familia, pero era como preguntarle al dependiente de la frutería si había visto tomates como los del año anterior. Él tenía que preparar los mostradores, una semana con trofeos de caza, otra con relojes de pared, la siguiente con instrumentos musicales, y siempre rodeado de vajillas antiguas y muchos juguetes que poco a poco iban confundiéndose unos con otros de tanto chocar y mezclarse en el fondo de las cajas. No sabía nada de las cartas, se acordaba de mí porque ese día los dos temblábamos de frío, pero nada más. Sin embargo, me dio la dirección de un almacén en Pankow y apuntó debajo su nombre y su teléfono, para que supieran de parte de quién iba.

Llamé a Marlene por si quería venir conmigo, pues me daba un poco de pereza ir solo, pero me dijo que estaba muy ocupada.

—¿Dasha no quiere acompañarte? —Me extrañó oír a alguien hablando de fondo.

—Empieza a pensar que esto mío con los álbumes y los diarios es un poco una locura.

—Tiene razón... Yo te acompañaría, pero tengo mucho trabajo.

—¿Y ese trabajo tiene nombre? ¿No se llamará Lars lo que te mantiene tan ocupada? ¿Qué es eso que se oye? —Estaba en su casa y se oía ruido de fondo, debía de ser Lars.

—¿Y a ti qué te importa?

—De la montaña del Demonio al Demonio de la montaña.

—Vigila en el almacén de Pankow, no vaya a ser que se queden contigo como un trasto más. —Se echó a reír y colgó.

En el almacén de Pankow, en la entrada, había dos furgonetas con las puertas abiertas de par en par y un chico con una manguera de aspiración que no me hizo mucho caso. Para llegar a la oficina, situada bajo un altillo, había que pasar por contenedores de obra y estanterías industriales llenas de mil cosas diferentes, todo a medio camino entre un gabinete de curiosidades, una tienda de segunda mano y un taller de reparación. Los objetos se iban refinando a medida que te acercabas a la oficina, una galería limpia y bien iluminada repleta de alfombras turcas o persas como las que se exponen en el suelo del mercado de la avenida 17 de Junio. El chico rubio y corpulento se limitó a levantar la mirada por encima de los papeles, estaba ocupado con un grupo de chinos que valoraban joyas. Es algo que he visto también en los mercados, detrás de los tenderetes: un grupo de personas, normalmente chicas chinas o vietnamitas, con lupas de relojero, observando cuidadosamente anillos, pendientes, cubiertos o candelabros. Pero yo no miré demasiado; no quería parecer un entrometido, y el chico que me había dado la dirección no estaba. El señor Mahmut sí estaba avisado de mi visita, le di la referencia del chico del mercado y entonces, con paso lento, como si supiera que aquello no corría prisa, se dirigió hacia unos estantes llenos de cajas de cartón, las mismas cajas de cartón que podían encontrarse los fines de semana en los mercados de Berlín. Me dijo que me lo podía tomar con tranquilidad, que ellos cerraban muy tarde y que tenía todo el tiempo del mundo.

Fui incapaz de encontrar un orden lógico, supongo que a lo máximo que se puede aspirar cuando se vacían pisos es a un orden aproximado. Una pareja que había allí me dijo que trabajaban en la universidad y que estaban buscando documentación sobre unos termómetros, que si encontraba algo sobre eso se lo dijera y me recompensarían. Me dieron una fotocopia con nombres e imágenes de unos termómetros que al parecer tenían una historia particular que no he querido averiguar, porque entonces no acabarías nunca y, además, cada uno a lo suyo. ¿Qué buscaba yo? ¿Más cosas de la familia Nürnberger? Una aguja en un pajar; una coincidencia, vale, pero dos, imposible. ¿Qué había? De todo. Cajas y más cajas de facturas antiguas, documentos notariales con sellos diversos, libretas escolares, colecciones de cupones, sellos y pegatinas, y paquetes con cartas, muchos paquetes de cartas atados con cintas, con cordeles, con gomas, dentro de cajas de zapatos, en bolsas transparentes... Miles de cartas, decenas de miles de cartas. Me pasé un buen rato mirándolas y leyéndolas, y podría haberme pasado así meses, pero no vi nada de los Nürnberger.

A cambio, en una caja llena de libros, mapas y libretas de notas, todos ellos de una escuela, encontré dos diarios de dos chicas muy bien conservados. Son dos adolescentes, y a una de ellas la he encontrado después en varios documentos de un archivo que hay en internet: pasó el resto de su vida en la RDA y participó en obras de teatro, he visto su nombre en los folletos de publicidad, en la lista de actores. De la otra chica no he tenido tiempo de buscar ninguna pista. Había más manuscritos en aquellas cajas, supongo que alguien, al ordenar los objetos, los dejó en ese rincón. ¿Habría más diarios en aquel almacén?

Todo aquel caos me tentaba, porque en el desorden había al menos algunas reglas fijas que lo hacían más atractivo. En el sitio de los libros solo había libros, en el sitio de los papeles, papeles. Había una caja solo con libretas de banco, lo que me hizo pensar que quizá algunas de esas libretas correspondían a otros documentos de otras personas y que, por tanto, se había perdido la unidad biográfica. Había algunos carteles con los nombres de las direcciones de donde venían las mercancías, pero pocos; es algo que nunca he visto en los mercados. Por último, si una cosa estaba atada a otra con un cordel, quería decir que procedían de la misma casa. Vi que también hacían mudanzas, que no solo vaciaban pisos, y que había una parte del almacén llena de bobinas de ropa, algo que también he visto en algunos merca-

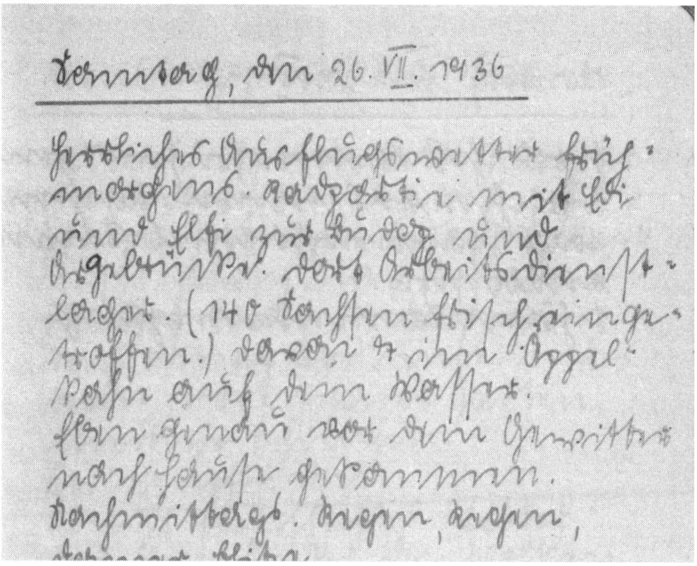

dos. Evidentemente, aquella gente no podía limitarse a vender antigüedades.

El diario de los Meier estaba en una caja intacta, una de las que aún no habían tenido tiempo de mirar. Había libros viejos, casi antiguos, y, entre los libros, el diario. Es lo que más pereza les da a los chatarreros, los libros. En los mercados tienen muy poca salida, apenas se ven porque el circuito del libro de viejo va por otra vía. Es probable que encontrara el diario de los Meier porque se camuflaba bien entre los ejemplares con los que compartía caja. Pero no era un libro, era un diario, un diario ilustrado con fotos. Y era muy raro porque parecía escrito por muchas personas. Como en el caso del diario de los Nürnberger, tampoco era evidente que se tratara de un diario personal, pero, fucra lo que fuera, no podía dejarlo allí, así que cogí los tres diarios y me dirigí a la oficina.

El dueño continuaba ocupado con los chinos, que ya habían recogido parte del material y tenían varias bolsas de plástico llenas de joyas. Una de las chicas seguía mirando piezas con la lupa de relojero, mientras que otra discutía con el dueño y le enseñaba fotos en el móvil. El señor Mahmut no pudo ni entrar, y el otro le hizo un gesto con la mano para que se las arreglara conmigo. Me pidió sesenta euros por las tres piezas, por los recuerdos de tres vidas. ¿Es poco? ¿Es mucho? ¿Es justo? No tengo respuestas para esas preguntas. Es lo que es, y por tanto debe de ser precisamente lo que hay que pagar para que tanto ellos como yo podamos continuar en la historia. Estoy seguro de que en el almacén había más diarios, y estoy seguro también de que en Berlín y en otras ciudades hay más almacenes con más cajas y más vidas, pero la mía, mi vida, es limitada incluso para hacer conjeturas o preguntas.

Evidentemente, me pregunto una vez más qué hago yo con todas estas cosas, si realmente debo quedármelas, pero es que la alternativa es que se pierdan. La sensación de poseer estos diarios y estos álbumes tiene algo de ilícito, de injusto, pero es muy probable que si no me los llevo yo acaben perdidos o deshechos en un sitio u otro.

Los diarios de las chicas son unos objetos preciosos. Uno lo reservo para cuando esté más entrenado con la Sütterlin, porque la caligrafía es tan puntiaguda que me resulta imposible descifrarla. El otro tiene anotaciones muy anodinas, todo son descripciones rutinarias de tareas y actividades. No me gusta escribir esto, porque es como si dijera que su vida no tiene interés, pero es así de duro. Que no hay en el mundo lucha más dura que la que mantienen las historias entre sí es quizá la conclusión más importante que uno puede extraer de leer la guerra. Por eso hablo del diario de los Nürnberger y del diario de los Meier, porque son dos pequeñas joyas. El de la familia Meier es un resumen perfecto de la historia doméstica, la suerte o el destino ha querido que se mantenga intacto. No ha sido abierto, no ha recibido maltrato alguno y ha quedado preservado de la humedad pese a haber recorrido medio mundo.

En el almacén solo entendí una parte de la idea. Creía que estaba hecho a partir de cartas pegadas a sus páginas, pero no es exactamente así. Este diario es una locura... Un padre de cuatro hijos, dos hermanos y dos hermanas, les pide a las cuatro familias que se han formado que lo ayuden a escribir un diario familiar, puesto que, como dice, quiere que salga bien, que puedan sentirse orgullosos, que pueda perdurar.

Lo han conseguido.

El diario comienza con una página de instrucciones: las entradas del diario serán cortas y deben reflejar lo más importante que ha sucedido ese día; se pueden pegar fotografías, pero no es un álbum; debe servir para que sus nietos recuerden quiénes son y de dónde viene la familia; y en cuanto a la logística, este diario es un diario móvil que permanecerá durante cuatro semanas en cada casa y que empezará a escribirse en casa del padre Meier. ¿Qué es lo que motiva este diario? La muerte de su esposa, que hace que piense en el tiempo que le queda a él.

Firma como *Vater* Meier, padre Meier, y dedica las primeras veinte páginas a explicar quiénes son y de dónde vienen. Pega una foto de su esposa y cuenta lo tristes que fueron aquellos días. Poco a poco empieza a contar cómo se las arregló todo el mundo para poder encontrarse y darle el pésame, y a través de los días que pasan juntos describe la geografía familiar, partiendo de Jena, que es desde donde él escribe, y desplazando después el foco a las ciudades donde viven sus hijos y sus hermanos. También, de forma involuntaria, habla del trabajo de uno de sus hijos, Ernst, que ha de pedir fiesta en la fábrica óptica donde trabaja, Zeiss-Ikon. Durante el verano de 1937, el padre Meier va de una ciudad a otra para visitar a la familia y devolver las visitas que le habían hecho durante el entierro. Se siente solo y va a ver a su hermano Richard en Rathenow, donde aparece en fotos con sus consuegros.

Acaba convirtiéndose en un diario sobre la guerra, pero la energía que lo pone en marcha es la de la lucha contra la soledad. Durante el verano de 1938 recupera la actividad que tuvo que interrumpir en invierno, del cual solo vemos dos fotografías, un paisaje nevado y una foto del interior del comedor en Nochebuena. La primera participación del padre Meier en el diario acaba con la firma y una foto suya. Y el lugar y la fecha: Jena, 15 de febrero de 1939.

Aquí comienza la historia de otra parte de la familia. Una de sus hijas, Luise, escribe las primeras páginas después de su padre. La pulcritud es norma de la casa, cuesta muchísimo encontrar una falta o una imperfección. Por supuesto, no hay ninguna tachadura, lo que significa que pasaban a limpio las impresiones y las descripciones que consideraban definitivas. El diario transmite todo el respeto que le debían a su padre.

A partir de aquí el diario empieza a viajar. El primer viaje es a Sudáfrica; de pronto nos encontramos en Johannesburgo. Es el 27 de marzo y Ernst, que ha ido a visitar a su hermana y a su cuñado a Sudáfrica, describe la alegría que ha sentido al recibir el diario por correo. Se maravilla del recorrido que han hecho las páginas de su padre y del camino que todavía les espera, porque tras descender al extremo sur de África el diario viajará al norte de Estados Unidos. El relato de Ernst empieza recordando a su madre en una especie de carta de consuelo dirigida a su padre, pero enseguida pasa a la descripción de la revuelta de los bóeres en 1914, al principio de la Primera Guerra Mundial. También encontramos el primer comentario sobre la tirantez entre alemanes e ingleses. Hay tensión entre las diferentes formas que tienen de ver la presencia de ambos Estados en el mundo. Reprocha a los ingleses los escrúpulos que muestran a la hora de describir las acciones de los alemanes, cuando ellos se han impuesto en todas partes con fuerza y violencia. Está al corriente, desde Sudáfrica, de los discursos de Hitler, y, cómo no, le brinda un apoyo convencido.

Las reflexiones políticas se mezclan con la descripción de la vida familiar. Se acerca la Pascua y salen fotos de los pícnics y de la búsqueda de los huevos de Pascua, añoran al resto de la familia y hay palabras para su padre y también sentidos recuerdos

hacia su madre. En cambio, no hay ninguna pista sobre los negocios que los han llevado tan lejos de Alemania. El lugar es paradisíaco, y los niños son los protagonistas de las fotos que van pegando. Se comentan las películas de la época, sobre todo las de Shirley Temple, que Erika, la hija pequeña de la familia, ha visto muchas veces en el cine. La madre ya se ha cansado de ver tantas veces la misma película, pero al parecer la pequeña Erika está fascinada por la actriz e incluso va peinada como ella.

Entonces, después de la firma, «los Meier de África», el diario salta de forma repentina a Bellaire. Confieso que cuando lo leí la primera vez pensé que se trataba de algún lugar fronterizo con Francia, pero es Bellaire, en Míchigan. Es el 15 de junio, y dice que el diario llegó con gran alegría el 20 de abril. No lo esperaban, recuerdan que su padre se lo había comentado, pero ya no pensaban en ello. Les hace mucha ilusión ver las fotos de su familia y los textos que las acompañan. Me pongo en su lugar y recibir algo así, con las palabras del resto de la familia, con las fotos de Alemania y Sudáfrica, también haría que los ojos me hicieran chiribitas. Quien escribe es Else, una de las hijas del padre Meier. Hace muchos años que no ha visto a la familia y las fotos hacen que se le salten las lágrimas. Sin embargo, en la segunda página ya habla sobre Alemania y sobre cómo es percibida la comunidad alemana por el resto de la ciudadanía. Todo el mundo sabe que ella ama a su país y de momento se han encontrado con gente comprensiva, pero no sabe muy bien cómo puede continuar la cosa. Desde el día de la llegada del diario hasta el día en que escriben han pasado casi dos meses, han tenido tiempo para pensar qué escribir y cómo hacerlo.

Los viene a visitar el padre Meier con su hija Luise y les hace mucha ilusión volver a tener el diario entre sus manos. Todo el mundo tiene ganas de escribir algo y las caligrafías se suceden una tras otra. Ahora el que escribe es Hans, el yerno, que comenta las fotos que se han hecho el abuelo y su nieto. La Zeiss le envió a trabajar a Rochester hace más de un año, y desde entonces no olvidan Alemania, pero llevan una vida americana. El nieto ya es todo un americano, posa como sus ídolos del béisbol.

En julio de 1939 el diario ya vuelve a estar en Alemania. El padre Meier lo ha llevado a Dessau y ahora son Karl y Erna quienes escriben. La política ya se deja notar por todas partes. Son los que más fotos de la familia pegan, como si de ese modo pudieran dejar al margen los acontecimientos de esos días, que es más o menos lo que hace el padre Meier hasta que la realidad se impone. Cuando retoma el diario lo hace para complementar las primeras páginas, que había dedicado a los recuerdos familiares. Cuenta más hechos y más anécdotas de la familia y de los lugares a los que viajaron juntos, pero esos textos quedan interrumpidos enseguida por otros que empiezan con un título muy explícito: «Las primeras memorias de la guerra. Recuerdos de la guerra en Polonia y de la guerra con Francia e Inglaterra: es el día 1 de septiembre de 1939». Constituyen la parte central del diario. El padre Meier seguirá escribiendo durante doce años, hasta el 7 de septiembre de 1951.

En las páginas que escribe durante todos estos años consigna lo que va pasando en Europa y lo que le ocurre a su familia. Aparece la constante inquietud por saber si su yerno Otto ha podido volver sano y salvo a Johannesburgo tras salir de viaje de trabajo. No tiene noticias de su otro yerno, Hans, que regresó de Estados Unidos para alistarse y se ha perdido en el frente, y por eso intenta hablar con alguien de su empresa, Zeiss, para ver si le pueden dar alguna información. Todavía tiene contactos, había trabajado en la empresa muchos años y su hijo también trabajaba en ella hasta que entró en el ejército. Respira aliviado cuando comprueba que algunas cartas han podido superar el estricto control que impone el Reino Unido al correo que sale de Sudáfrica y se entera de que todos están más o menos a salvo. Utilizan para ello a la Cruz Roja, pero todo el mundo utiliza a la Cruz Roja para cosas que no debería hacer la Cruz Roja y el correo empieza a interrumpirse y vuelven a sufrir por la ausencia de noticias.

En la vida del padre Meier todo se desarrolla rápidamente. Resume los meses de la mejor forma que puede a través de cada uno de sus hijos y de sus hijas, de sus yernos, de sus nueras y de sus nietos. Pasa por la invasión de Polonia como lo hizo el ejército alemán, con una prosa administrativa. La pluma avanza por el papel con la misma frialdad con que lo hacen las tropas. Empieza a escribir con pluma de tintero, se puede ver cómo se le va terminando la tinta y cómo vuelve a mojarla. Consigna la alianza con Japón, las negociaciones con Chamberlain, los encuentros de Hitler y Mussolini y todas y cada una de las vicisitudes de la Segunda Guerra Mundial, que son muchas, desde la batalla de Dunkerque a la ocupación de Bélgica. Por último, sabemos que Ernst está en Bélgica —con el ejército, por supuesto.

El padre Meier cuenta las ciudades que van cayendo en manos de las tropas alemanas, tanto en el este como en el oeste. Los países cuentan en la prensa mentiras sobre Alemania. El tono va cambiando, a veces parece que solo quiera escribir sobre lo que sucede, en función de lo que le llega de la radio o de los periódicos, incluso de algunos comentarios de la gente, pero la vida y la familia asoman por todas partes. Junto a las líneas que nos hablan de cómo el ejército alemán controla Bulgaria y Rumanía, aparece la noticia de que le han otorgado una pensión o describe la preocupación de su nieto, que teme no volver a ver a su padre, Ernst.

Llega la hora más temida, la invasión de Rusia. La nota es breve, sabe que no hay vuelta atrás. En el diario no hay ningún momento de alegría, salvo cuando vuelve a ser abuelo. Siempre mantiene una mezcla de crónica personal, colectiva y de autojustificación. Apunta datos y lugares como si con esa información el texto pudiera contener una verdad moral, pero es imposible. No hay objetividad porque las cifras y los nombres de las ciudades no pueden resumir lo que está pasando, solo actúan como una exposición de hechos y lugares que da la razón al Reich: «La guerra le está saliendo muy barata a Alemania», anota el 16 de enero de 1942. Antes ha consignado las cifras de las bajas, las bolsas de prisioneros, los kilómetros que han avanzado las tropas alemanas en todos los frentes. La guerra le está saliendo muy barata, pero él ha enterrado a un nieto, el hijo de su hija mayor, su querido Hans, Johannes Seitel, hace solo tres meses. Anota lo que dice Hitler cuando habla por la radio. También lo que dicen Göring y Goebbels. La guerra avanza por África y por debajo del mar gracias a un montón de tanques y submarinos. El padre Meier es comedido y la disciplina contable castra cualquier posible épica. Mientras, nace otro nieto, el 24 de septiembre.

Cuando llega 1943, las continuas idas a los refugios son ya una costumbre. Hay víctimas; el 25 de mayo dice que han muerto nueve personas en Jena, y consigna que el 29 de junio las bombas destruyen la catedral de Colonia. Pasa por el hospital, porque le operan, aunque no explica de qué; eso sí, dice que tiene setenta y dos años y que espera vivir algunos más para ver a su familia reunida otra vez. Constata que las tropas rusas están luchando en

Oriol y en Belgrado. Los americanos acaban de desembarcar en Sicilia de la mano de los ingleses y los bombardeos llegan a Roma, donde matan a niños y destrozan los bienes culturales. El 28 de julio los bombardeos llegan también a Hamburgo.

El día siguiente, el 29, es su cumpleaños, y no puede evitar lamentarse por la cantidad de sangre joven que se ha derramado, a la vez que recuerda de nuevo a su nieto Hans. La guerra ha dado un vuelco y empieza a salir cara, y él se da cuenta de que tal vez no acabará bien. De la sangre de los otros no habla, pero ya no aparecen las cifras de los kilómetros conquistados o de los millares de prisioneros. En cambio, la geografía alemana empieza a ocupar el lugar que tenía antes de extenderse por todo el mundo. Ya no habla de Rusia o de África, sino que aparecen Bremen, Núremberg o Frankfurt, que es donde caen las bombas aliadas. Su hijo Karl, que ha luchado en Rusia, cada vez está más cerca de casa, y lo que debería ser motivo de alegría es ahora causa de preocupación.

La caligrafía continúa siendo buena, excelente incluso, pero antes era precisa y preciosa, y ahora contiene pequeños errores. El 30 de junio de 1944 recoge el discurso de Hitler al pueblo alemán y describe su voz como animosa, valiente. La anotación de Meier al día siguiente es de solo una línea: «Dentro de mí anida un tiempo oscuro».

Lo vuelven a operar, ahora ya dice que de la vejiga, que todo ha ido muy bien y que se está recuperando sin demasiados problemas. Sin embargo, los últimos meses de guerra han sido infelices y, al final, dice que la invasión ya ha empezado: los ingleses y los americanos han desembarcado en Normandía. La cantidad de mentiras que se están contando sobre Alemania es enorme, afirma. El puerto de Cherburgo ha sido fuertemente bombardeado, como Londres. Vuelve la vida cultural a la ciudad, regresan el teatro, el cine y los conciertos. Dice que se respira otro ambiente y que todo se ha organizado muy bien. La patria, escribe, se mantiene firme detrás del frente. El 16 de julio es el aniversario de la muerte de su mujer, a la que él siempre llama «madre», pues es consciente de que serán sus hijos y sus nietos quienes leerán el diario.

El tiempo pasa y Meier escribe como si quisiera resumirlo todo. Hay mil desastres, pero, si hay que resaltar algo, es el atentado que sufre el Führer, que gracias a Dios ha salido ileso. Belgrado ha caído y Finlandia lucha ahora junto a los borrachos rusos contra Alemania. La situación se agrava de tal modo que el 18 de octubre se da la orden de reclutar a todos los hombres de entre dieciocho y sesenta años. Pasados dos días le llegan buenas noticias de su hijo Ernst, que se encuentra en un campo de internamiento con su familia. Sin embargo, están bien de salud, y eso le alegra de tal modo que se dirige a sus hijos y a sus nietos y les pide que lo lean y que entiendan que están ocurriendo tantas cosas que solo puede escribir lo esencial. El 23 de octubre de 1944 es un día especialmente señalado. Los americanos y los ingleses han atravesado la frontera con Alemania y han ocupado Aquisgrán. Los enemigos están en casa.

Pienso en la diferencia de edad que separa a los Nürnberger del padre Meier, en los jóvenes Nürnberger y sus males de amor en medio de la guerra y la posguerra. Pienso en el viejo Meier, que tiene miedo de todo lo que le puede pasar a su familia. Pienso en mí, en medio de la nave de Pankow, con todas aquellas cajas de cartón y las estanterías, ni viejo ni joven, casi tan cerca del uno como de los otros, y me vienen a la mente las decenas de cajas que se pierden de tanto marearlas, los paquetes de cartas que se van deshaciendo, la lluvia de algunos días de mercado, la tinta soluble en agua con la que están escritos estos diarios. En las páginas más tristes del diario del padre Meier hay algunas manchas que han hecho que la tinta se corra, parecen lágrimas.

Esto pasa al final, cuando ya da por perdida la guerra. Antes de llegar a ese punto, todavía mantiene la esperanza y recoge el discurso de Hitler del 1 de enero de 1945. Todo irá bien, habrá una ofensiva, durante las últimas semanas el ejército alemán ha hecho prisioneros a veinte mil soldados americanos. No sé qué credibilidad le da Meier a estas noticias, teniendo en cuenta que esto lo pone al lado de los avances llevados a cabo por los rusos desde el este. Dice que Jena ha sido respetada por la guerra, pero que empiezan a llegar refugiados de Silesia y de todas las antiguas ciudades alemanas del este. Hace mucho frío y no hay carbón. El 21 de febrero los rusos ya están cerca, pero los discursos de Hitler se vuelven más frecuentes. El 25 vuelve a hablar, y habla también Goebbels, que asegura que van a ganar la guerra. Sin embargo, las siguientes páginas son una descripción de los constantes bombardeos y del desastre. Los rusos pegan y violan a las mujeres y envían a los hombres a Siberia. El viejo Meier no sabe qué pensar. De la fábrica de Zeiss solo quedan los escombros. Frankfurt, Kassel, Stuttgart y Dánzig caen una tras otra y ya solo pueden comer una mezcla de patatas, pan y manteca. Hacen vida en la bodega hasta que llega el 14 de abril, el día que Jena cae. Finalmente, la derrota.

«No hay gas, no hay electricidad, hace días que no tenemos periódicos, la radio no funciona. —La letra se hace más pequeña y quizá más clara—. ¿Qué será de nosotros?», se pregunta. Pasan algunos días hasta que se dan cuenta de que la ocupación es una realidad, los americanos han llegado a la ciudad y las calles están bajo control de tropas de otro país. Supongo que se ha restablecido la electricidad o que se las han ingeniado de algún modo, porque el 20 de abril, aniversario del Führer, escuchan la radio y otra vez oyen las mismas arengas de siempre. «La guerra se ha convertido en algo en lo que todo el mundo que no esté loco verá que todo es mentira y asco.» Meier escribe el diario en su casa, en una ciudad que lleva varios días en «manos enemigas». A partir de aquí, todo se derrumba: hay miseria y colas para conseguir comida, el país está ocupado y los soldados han sido hechos prisioneros. El 16 de junio tienen que llevar a su hija Luise al hospital, presa de una crisis nerviosa que no saben cómo detener. No dice qué ha pasado, pero cuesta poco imaginarlo; las violaciones se han convertido en algo habitual.

Va contando el paso de los días y recuerda los cumpleaños de sus hijos, el de Ernst, por ejemplo, que continúa en un campo de concentración. Menciona los días felices con sus nietos, piensa en los familiares que están a salvo y en los que sufren. Pasa revista a todo lo que ha vivido durante la guerra y dice que su casa de Dessau, la casa familiar, ha sido saqueada y ocupada por los rusos. Da la impresión de que espera a las fechas señaladas para volver al diario, como el Año Nuevo de 1946. Hace siete meses que ha acogido a una familia de Silesia que lo ha perdido todo, aunque él, en su casa, tampoco es que pueda ofrecer mucho. El diario avanza, pero en ningún momento aparece la más mínima muestra de arrepentimiento, ninguna pregunta sobre la simetría de esta situación, ninguna reflexión sobre el dolor que han provocado durante tantos años las tropas alemanas en todos los países que han invadido.

Uno de los mejores diarios escritos durante este tiempo es el de William Shirer, un periodista que estuvo en Alemania antes y después de la guerra y que fue expulsado de allí durante la contienda. Recoge la falta de comprensión y de arrepentimiento de muchísima gente que se lamentaba más de haber perdido la guerra que de los crímenes cometidos. Una mujer le dice en el año 1946 que ellos tenían derecho a invadir Polonia porque los polacos son inferiores. Shirer lo anota con una prosa dolida, como un lamento. Quiero imaginarme esa página de su diario con gotas y la tinta corrida. Durante 1950, Meier se queja más de una vez de tener que estar bajo un régimen comunista y sin alma, pero en ningún momento reflexiona sobre cómo han llegado hasta allí todos aquellos militares. Su hija se encuentra mejor, pero ha costado mucho tiempo. No dice en ningún momento que haya sido una violación, pero se sobreentiende. Cultivan un huerto para tener algo más de comida, lo que hace un poco más llevadera la Nochebuena. Fritz Nürnberger describe también esa vida al raso, de derrota moral. Tiene a su hermana, pero quisiera un amor de fuera de la familia para seguir con otra forma de vida. A veces tiene la sensación de que no hay nada, de que todo ha terminado para siempre.

La página siguiente es premonitoria. Meier ha pegado una foto suya, como de carnet o de pasaporte, y escribe la última entrada. Quiere la paz y una Alemania unida. Sabe que es demasiado tarde. Lo escribe el día de su octogésimo aniversario y deja constancia de los ramos de flores que le han enviado. La caligrafía empeora, no demasiado, pero sí lo suficiente para contrastar con la perfección de las páginas anteriores. Parece que se trate de un testamento, porque es la última página que escribe. Es el 7 de septiembre de 1951, y el 5 de agosto de 1952 quien escribe es ya su hijo Ernst —es de suponer que ya ha salido del campo de prisioneros—, que toma el relevo de su padre.

A partir de aquí el diario vuelve a circular por la familia, pero los saltos temporales son notables. Hay fotos y textos de Sudáfrica, del año 1961, que parecen animar a los otros miembros de la familia a aportar algo. Karl, el pequeño de los hermanos, celebra las bodas de plata con su mujer. Es la única foto en color que hay en el álbum. Después de esta foto está

la penúltima anotación, de noviembre de 1976, escrita también por Ernst, que dice que hacía quince años que no abría el diario. Vuelve a trabajar para Zeiss y repasa anécdotas de la familia. Las últimas páginas las escribe su esposa. No hay fecha, pero dice que escribe porque dentro de tres semanas será Navidad y ha decidido volver a leer el diario. El diario de los Meier era un diario colectivo, de representación del yo frente a los demás. Los momentos de sinceridad compartida se mantienen bajo un código que no permite el reproche, si este procediera; es decir, hay unos mínimos comunes denominadores que hacen que los límites de lo que se puede contar sean compartidos. El único que los rompe es el padre Meier al final de su vida, y lo hace de una forma tan comedida que, si cuestiona esos límites, es para reforzarlos.

Regresé al almacén de Pankow para ver si había más cosas en la caja. Esta vez me acompañó Lars,

Marlene no quiso venir. Yo estaba orgulloso de poder mostrar un lugar como aquel a un berlinés de nacimiento, pero Marlene se mosqueó un poco, porque se ve que Lars se alborota fácilmente y después tiene ideas y pone en marcha proyectos que nunca termina de sacar adelante.

—A ver, Marlene, que no me necesita a mí para alborotarse, que él ya se alborota solo.

—Sí, en eso tienes razón, pero vigílalo, que no acabe haciendo una de las suyas.

No encontré nada más, pero valió la pena ver lo bien que se lo pasaba Lars. Decía que era otra Teufelsberg y continuamente encontraba cosas que le gustaban mucho, pero al final no se quedó con nada. Insistí en regalarle algo, pero cada vez que se lo decía él me contestaba lo mismo: «¿Para qué?», «No hace falta», «¿De qué me serviría?».

IX

La lección de alemán

Friedrichshain, marzo de 2023

La chica nueva que llegó en octavo tomó mi relevo como blanco de todas las burlas. Diría que yo me hice con ese rol en séptimo, cuando la chica-blanco-de-todas-las-burlas anterior ya había perdido interés para el grupo y a mí se me ocurrió decir que quería ir a estudiar al instituto. Fui el único que levantó la mano cuando la maestra lo preguntó, y desde el inicio del curso hasta que terminé octavo la escuela se convirtió para mí en un infierno. Algunos días había más fuego, otros algo menos de brasas, pero siempre tenías que estar al tanto de por dónde aparecería el diablo. Creo que nunca lo he pasado peor que entonces.

El instituto pondría fin a aquella situación, pero me sentía tan mal que tenía la impresión de que el tiempo avanzaba más lentamente solo para cebarse conmigo. Por suerte —lamento tener que decirlo así—, la chica nueva recibía por todas partes, y eso permitía que algunos días yo me sintiera un poco más aliviado. Creo que en su casa tampoco es que corriera mucho la alegría, pues llegar de buenas a primeras a Zaidín no debía de ser fácil. La gente del pueblo les puso un mote, los Rumasa, que era el nombre de un *holding* empresarial que quebró en los ochenta, en nuestra época escolar. Venían de alguna ciudad de cerca de Barcelona y al parecer tanto ella como sus hermanos habían ido a una buena escuela, se notaba en las formas y en cómo iban vestidos.

La chica nueva era un año mayor que nosotros, había repetido curso, supongo que por el trastorno que supuso trasladarse a vivir a Zaidín desde Barcelona. Sabía francés, o al menos sabía más que todos nosotros juntos. Le habían enseñado a pronunciar las vocales, los finales de palabra e incluso la entonación. Cuando a la pobre le tocaba leer y aplicaba la fonética adecuada, todo el mundo se burlaba de ella y la profesora no sabía cómo poner paz. Cada vez que se oían las ges en cada erre, el juego de vocales o las tónicas al final de la palabra, todo el mundo la ridiculizaba. Yo, por supuesto, no me reía, pues me resultaba demasiado fácil imaginarme por lo que estaba pasando y también me sentía culpable, ya que, al menos en parte, ese escarnio me tocaba a mí. Forastera, repetidora y leyendo con acento francés en Zaidín a mediados de los ochenta: la chica nueva tenía su pequeño infierno particular.

Yo también le proporcionaba a ella cierto alivio, ya que, por si fuera poco, y porque pensé que de perdidos al río, fui el único chico que pidió ir de colonias a Francia. Eran las primeras convocatorias y te lo pagaban casi todo para que las familias se animaran a apuntar a sus hijos. Que durante aquellos años los campesinos franceses se dedicaran a volcar los camiones de fruta que cruzaban la frontera no me ayudó mucho, la verdad. En Zaidín aquello era visto como una declaración de guerra, y, claro, entre los chicos, ir de colonias a Francia era ser un traidor. Visto desde la distancia, que yo fuera aquel niño y que aquella chica siguiera pronunciando las palabras en francés a pesar de la humillación constante parece bastante irreal. Tampoco sé si llamarnos *niño* y *niña* o *chico* y *chica*, ni si esta indefinición afecta a todo lo que sufrimos, porque fue durísimo. Yo llegué a dejar de estudiar para sacar malas notas y que me apuntaran a las clases particulares que hacían el resto de los chicos, pero era tan difícil suspender que ni proponiéndomelo lo conseguí. Al final aguanté, porque «Deberías haber pasado una guerra», y ella siguió leyendo bien en francés. Yo no sé si hubiera podido hacerlo, dada la presión que recibía, pero cuando pienso en todo aquello me alegra recordar que no se acobardó. Todavía hoy puedo verla, sufriendo, de pie en medio de la clase, intentando que las risas no la distrajeran demasiado. Yo, a mi manera, la envidiaba. No se lo decía a nadie porque solo me hubiera faltado eso, pero la envidiaba: fue la primera vez que vi que alguien podía aprender otra lengua.

Podía ir mejorando el francés durante las otras colonias, las locales, es decir, en el campo, hablando con los temporeros que venían a recoger fruta desde Argelia, Marruecos o Senegal. Aquellos hombres pronunciaban las palabras como la chica nueva. Cada uno con su acento, claro, los senegaleses no hablaban igual que los argelinos, pero los sonidos eran similares y, por supuesto, se parecían muchísimo a los de los franceses que había visto en las colonias. La primera vez que escuché la palabra *fonética* fue en medio de melocotoneros, en boca de un chico marroquí que estudiaba para ser maestro de francés. Había venido a recoger fruta para poder pagar los estudios de sus hermanos. Aquel chico me dijo que esa chica, si hablaba como le acababa de decir, tenía una buena fonética y un buen acento. Yo todavía tenía que hacer muchos ejercicios.

Estos días pienso con frecuencia en todo aquello, hay recuerdos que no se van. Una profesora de la academia a la que acudo me ha dicho que he mejorado y me ha dado una alegría enorme. Tomé una clase de pronunciación en alemán, pero a partir de ahí he de espabilarme yo solo. Durante la clase me corrigieron las ä, ö y ü, y me ayudaron a separar las palabras largas. No es algo que se pueda aprender en una hora, por supuesto. La profesora me recomendó que buscara un tándem para hablar alemán, alguien con quien conversar, y fue uno de los mejores consejos que me han dado. De hecho, busqué tres, porque quiero aprender y sé que no tengo ni la capacidad, ni la memoria, ni la plasticidad de un alumno medio.

—¿Por qué aprendes alemán, Francesc? —me preguntó.

—Ahora vivimos en Berlín y...

—Pero si en Berlín todo el mundo habla inglés... Hay mucha gente que lleva años viviendo aquí y no sabe decir ni una palabra. Y además, empiezas de cero. —Los alemanes siempre tan directos.

—Ya lo sé, ya.

Han pasado casi cuarenta años, pero estos días la chica nueva me viene a menudo a la cabeza. Hago ejercicios para pronunciar vocales largas y diferenciar los diptongos, un proceso que sé que va a durar años. Dasha me ha ayudado con el inglés cuando lo he necesitado, ella es prácticamente bilingüe, y en francés ya sé que no podré ocultar este acento *rocheux* que dicen que tengo, un acento de montaña, lleno de piedras y riscos. No me importa, quiero hablar lo mejor posible, pero no quiero enmascarar el sonido de mi lugar de origen. Con el alemán, la dificultad aumenta. Existen complicaciones propias del idioma, como las palabras compuestas de tres o cuatro palabras; la suma de consonantes de las monosilábicas que se encadenan; la ä, la ö y la ü; o el ritmo de sus larguísimas frases, que te hacen volver loco buscando una entonación comprensible. Algunos profesores lo entienden, otros se ponen algo nerviosos. Me matriculé en la academia en noviembre de 2022, once meses después de llegar a Berlín. No pude hacerlo antes porque tenía demasiado trabajo. Leía cómics y escuchaba pódcast, pero no me puse en serio hasta que tuve el libro anterior acabado.

Tarde o temprano tenía que llegar. Ha sido tarde, lo reconozco. Tengo cincuenta años y siempre soy el mayor de la clase, lo entiendo. La cita de Woody Allen, «La vida es demasiado corta para aprender alemán», tiene una parte de verdad. Las clases me gustan porque las videoconferencias tienen un punto de irrealidad y magia. Los estudiantes y los profesores nos conectamos desde cualquier punto del mundo y nunca sabes a quién te encontrarás. A veces, cuando somos pocos —cinco es el número máximo de alumnos que se acepta en cada encuentro, y la media es de tres—, puedes enterarte de algo de sus vidas, y como la mayor parte de los profesores están fuera de Alemania, siempre hay alguna historia nueva. Muchos viven en países del Mediterráneo, en Turquía, España o Grecia. Podría hacer un mapa de las antiguas colonias o de las fábricas de Volkswagen en el mundo. Descendientes de los primeros alemanes de Bolivia, Paraguay, Sudáfrica, Namibia o Tanzania y expatriados en Tailandia y Malasia. Algunos en Austria y muy pocos en Suiza. Tengo mis profesoras favoritas, por supuesto: Christina, que está en Portugal, o Elke, que está en Turquía. En Cochabamba tengo a Lars, que siempre lo pasa mal con mi fonética, hace muecas como si le estuviera rayando el coche. Es mayor que yo y es de la vieja escuela, es el único con el que hablo de usted.

Los alumnos también estamos dispersos por todas partes, la mayoría en Alemania, y después repartidos por Reino Unido, Rusia, Turquía, Taiwán, Vietnam, Venezuela, Colombia y, a veces, alguien de Estados Unidos, pero nunca me he encontrado con noruegos, suecos o finlandeses. Una profesora puede abrir la clase en La Paz y, como alumnos, tener a un ingeniero francés que está de prácticas en Basilea, a una enfermera de origen indio en Hamburgo, a una especialista en marketing brasileña que va y viene entre Río de Janeiro y Viena y a un escritor catalán que todavía no sabe muy bien lo que hace en Berlín. Cada uno con su acento y con sus problemas de pronunciación. En la siguiente clase, la diversidad puede ser la misma. Una constante que destacar, sin embargo, es la cantidad de alumnos, chicas y mujeres sobre todo, procedentes de Rusia y de Ucrania. Alguna vez, cuando el profesor pide alguna frase, a alguien se le escapa algún ejemplo con las vivencias de los últimos meses, resulta inevitable.

Hay casos curiosos, como el de un griego que vive en Alemania desde hace muchos años y que se ha apuntado porque sus compañeros de trabajo le dicen que habla mal. Él dice que lo habla muy bien, pero lo cierto es que cuesta mucho entenderlo. También hay una ingeniera francesa a la que enseguida se le ve que se ha apuntado al curso a la fuerza y porque su empresa se lo paga, pero se nota que a ella el alemán no le gusta nada, por decirlo suavemente. Desconecta la cámara, pone mala cara, termina la clase antes de tiempo... A mí me hace gracia y creo que se ha dado cuenta, porque alguna vez, cuando le ha tocado hablar, ha dicho con ironía algo sobre cómo me río.

Voy entrando poco a poco, las clases se suceden y van cayendo las mil cuatrocientas horas que dicen que tienes que pasarlo mal para aprender alemán. Uno de los gestores de la academia nos dijo que, para los que vienen de lenguas latinas, el inglés exige una media de ochocientas horas de esfuerzo y dedicación. Lo tienen todo contabilizado, y sé que miden también mi aprendizaje; a las mil cuatrocientas horas de peaje para aprender alemán se le restan cien si ya sabes inglés. Cada cultura fija un precio por abrirse a ti, y cada tramo es diferente. ¿Cómo se puede cuantificar? En este azar de formas personales y psicológicas, históricas y colectivas, intervienen mil cosas que uno no se espera. Estas cifras son el *big data* de las empresas que enseñan lenguas, pero yo no sé el precio que pagaba la chica nueva por cada clase de francés. Aún le debe de escocer: si yo me acuerdo, ella se acordará aún más. La lengua es emotiva, supongo que la empresa lo tiene muy en cuenta, por eso los profesores son tan amables y positivos. A veces notas que mienten, porque has leído muy mal un texto complicado y te dicen que no, que lo has hecho bastante bien. No, ha sido un desastre, pero supongo que lo último que quieren es desanimarte.

No siempre sonríen, por supuesto. Me vienen a la cabeza los días posteriores al gran terremoto del 6 de febrero de 2023 en Turquía. Algunos profesores viven en esa zona y era imposible empezar la clase sin preguntar si estaban bien. Entonces, a pesar de la disciplina, tampoco era posible interrumpir la conversación. La franja de actividad del seísmo abarcó desde el Mediterráneo hasta el interior de Turquía, y los tres temblores más intensos provocaron decenas de réplicas y más de cincuenta mil muertos. Cincuenta mil muertos son solo diecinueve caracteres, tres palabras que son como el polvo de los edificios que caen. Los profesores, por supuesto, tenían que dar la clase, y alguien que vive en Japón o Chile quizá ya tiene bastante con sus propios terremotos. Cada clase es un pequeño mapamundi al azar, con su geopolítica superficial y profunda, con sus réplicas y sus respuestas. Alguna vez han coincidido alumnas rusas y ucranianas, pero lo cierto es que nunca he visto tensión alguna. En una ocasión, una alumna ucraniana explicó que sabía de amigos suyos rusos que habían tenido que huir para no ser alistados. Al principio, durante los primeros meses de guerra, la academia ofreció clases gratis a los refugiados ucranianos, y después de eso las ha seguido ofreciendo a todos los refugiados que quieran aprender idiomas.

Con algunos profesores se crea cierta complicidad temporal, pese a que las normas de la academia son estrictas: no se puede mantener ningún tipo de contacto entre alumnos y profesores fuera del horario de clases online. Pero, claro, a veces estás solo en la clase, puedes hacer una hora de conversación y es el momento de hablar de cosas que con el guion del curso o con otras personas no se podrían plantear: el trabajo, las ideas políticas, la familia o la vida de cada uno. Supongo que en mi caso, como me ven mayor, creen que pueden mostrarme más confianza. Es lo que me pasó con Elke, con quien coincidimos varias veces solos.

—¿Por qué aprendes alemán, Francesc? —me preguntó.

—Es una larga historia. Supongo que lo aprendo porque he venido a Berlín y no me gusta hablar inglés aquí, pero también porque hacía años que quería aprenderlo, como el ruso. La verdad es que siempre he considerado una carencia no poder leer en estas lenguas. Además, tengo la sensación de que esto va para largo.

—Acabas de empezar, el alemán exige tiempo.

—Quiero decir lo de vivir aquí, en Alemania.

—Caramba.

—Tú has preguntado, yo respondo. —Los alemanes son directos y su actitud se me ha pegado más que su fonética.

—Pero ¿lo necesitas para el trabajo? —Es una de las preguntas clásicas.

—Sí y no. Quiero aprenderlo.

—Muchos nos hemos ido de Alemania y tú al revés —sonrió como si esa sonrisa tuviera debajo un millón de caras diferentes.

Los profesores se extrañan cuando les dices que quieres aprender el alemán y no les dices que te lo exigen en el trabajo. Yo todavía no sé lo que pasará en el futuro, pero quiero aprenderlo. Eso de aprender lenguas como *hobby* se lo he oído decir a algunas personas, pero es muy poco habitual. Es difícil, es extraño que el aprendizaje no esté relacionado con el trabajo, y los más mayores, en un momento de sinceridad, todavía te hablan de la connotación que arrastra de ser la lengua de los malos de las películas, sobre la lenta superación del estigma. La dificultad, las tipografías que se asocian al alemán, aún entorpecen más la aproximación. En el caso de Elke, esa corriente subterránea posee un peso notable, si bien yo no lo pude intuir en aquellas primeras clases.

Ha pasado mucho tiempo, pero la cultura alemana todavía arrastra su lastre. Algunos profesores te dicen en confianza que saben que aún es una lengua con muchas connotaciones. Puede verse en los discursos explícitos y en la enorme cantidad de implícitos que hay por todas partes. En la sutileza de las formas que persisten en la vida cotidiana y en las sombras, en ciertos límites que recuerdan las ausencias, como cuando paseas por Berlín y ves los solares que marcan la ciudad con cicatrices y fracturas. Cuando camino no puedo evitar pensar que aquí o allí había una casa, un bloque de pisos lleno de gente que no está. Me los podría imaginar en el alféizar de las ventanas, mirándome al pasar, como espíritus translúcidos al borde de las grandes avenidas. Me los podría imaginar con trajes de otra época. La lengua contiene todo eso. Me pregunto si el alemán actual posee también la herencia genética del bien y del mal, si las lenguas —cualquier lengua— heredan lo que se ha hecho mal en su nombre.

Las variables son múltiples y cada uno las toma o recibe como puede. Una buena amiga le tiene aversión al alemán. Su bisabuelo pudo huir de cerca de Chernivtsí y salvar a una parte de su familia llevándola a Argentina, mientras que la otra parte murió en campos de concentración. Cuando le dije que estaba aprendiendo alemán hizo una mueca. Su padre, que vivía en Buenos Aires, tuvo que exiliarse en Francia después de que los militares llegaran al poder. A veces la diáspora no se acaba nunca, y los efectos de las lenguas tampoco. Asociará para siempre la lengua alemana con el sonido de los discursos de los años treinta. Habla de la fonética, de la aspereza y de la virulencia de la entonación.

Un día me envió un artículo que había leído, uno de los estudios que más me han impactado. La profesora de psiquiatría Rachel Yehuda ha investigado cómo el estrés postraumático de una generación puede causar afectaciones neuronales en la siguiente. El título de uno de sus artículos no puede ser más explícito: «Sobre cómo los traumas de los padres dejan marca en la biología de sus hijos». Retomó la investigación que habían realizado otros científicos con veteranos de Vietnam, que habían analizado cómo se habían modificado los niveles de adrenalina y cortisol, reguladores del estrés, y la replicó en los hijos de los supervivientes del Holocausto. Se dio cuenta de que tenían niveles de cortisol altos incluso cuando no habían tenido una experiencia directa del hecho ni habían padecido estrés postraumático de forma directa. Se realizarán nuevos estudios y probablemente algunos matizarán el de Yehuda, pero yo no puedo negar que también lo percibo así, que la herencia cultural acaba transformándonos, que ciertos niveles que a menudo pasan desapercibidos se modifican. Mi cultura íntima y social nunca podrá desprenderse del *Réquiem*.

No es una cuestión banal, muchos de los profesores que han pasado por la carrera de Germanística tienen que enfrentarse tarde o temprano a la reconstrucción del significado de la lengua. Hacen un ejercicio que otros idiomas creen que no necesitan. Cuesta admitir que lo que nos ha servido para comunicarnos con la gente que más queremos desde pequeños, la melodía que nos ha acompañado siempre y que nos constituye, pueda haber servido para todo lo contrario. Esta introspección, si se hace sinceramente y de forma honesta, es uno de los ejercicios más complejos a los que podemos enfrentarnos. Ocurre con todas las lenguas hegemónicas o que han sido hegemónicas, en alguna región del mundo o en el mundo entero. Ocurre con el inglés, con el español o con el mandarín, con las lenguas imperiales, ocurre con el francés y con el ruso.

Dasha lo ha vivido muy de cerca durante todo este tiempo; investiga y da clases de Lingüística Rusa, con todo lo que eso significa. Ha sido un verdadero trabajo de campo para los dos. Hace pocos meses, por ejemplo, una profesora ucraniana que trabaja en Alemania expresó su renuncia a seguir hablando ruso, pidiendo públicamente que, si la gente no sabía ucraniano, le escribieran en inglés. Había nacido en la zona rusófona de Ucrania y hablaba el ruso mucho mejor que el ucraniano, pero no quería que esa lengua siguiera formando parte de su vida, al menos de manera central. Publicó un largo texto en las redes sociales avisando de que no respondería a nadie que le escribiera en ruso. Lo hemos vivido con algunos de nuestros amigos: los que ya sabían ucraniano quieren hablarlo, y algunos que no sabían hablarlo lo aprenden. Este ha sido uno de mis temas de discusión más frecuentes con Oleksandra. A veces cuesta ver las cosas aunque las tengas ante tus ojos.

El Gobierno ruso ha utilizado su historia de atracción sobre las otras lenguas desde que comenzó la guerra. Pushkin, el padre de la literatura y la cultura rusas, era ruso, y su antepasado negro es aceptado como algo exótico, como algo que se pierde en el tiempo. El siguiente en el linaje, Gógol, nació en Poltava, territorio ucraniano, y escribió en ruso. La frase «Todos salimos de debajo del abrigo de Gógol», atribuida a Dostoievski para darle más consistencia y autoridad, es una alegoría de una potencia infinita. Es preciosa y terrible, y no es de extrañar que la guerra cultural haya afectado a la identidad nacional de los escritores ucranianos. Los escritores contemporáneos discuten el valor de las alegorías, la academia investiga el rastro de la historia y la política necesita el relato que más se adapte a sus intereses. Todo esto podría ser discurso y nada más que discurso, pero no lo es, al final se transforma en realidad, en hechos, en objetos, en acciones. No es fácil pensar en la literatura y en el relato cuando las bombas han matado a la escritora ucraniana Victoria Amelina. El capote de Gógol no la protegió, la mató. Es muy cómodo situarse solo en el plano teórico y leer artículos y participar en las redes sociales con argumentos más o menos lógicos, pero hay gente que muere y siempre hay una teoría que lo justifica. Por todo ello leí con alivio cómo un escritor ucraniano que admiro, Andréi Kurkov,* describía a Bulgákov como un amigo, como alguien que se hubiera puesto del lado de los que defienden Ucrania.

Dasha está aprendiendo ucraniano, ha aprobado los primeros niveles y me dice que yo también debería aprender algunas expresiones. Ha decidido no quedarse al margen de este asunto, enfrentándose a mucha gente que todavía piensa que el ucraniano es un dialecto o, simplemente, una degradación del ruso. La frase del capote de Gógol es muy bonita, pero también es injusta. Oleksandra, Masha o Ivanka pondrían una mueca, y es que el capote de

* <https://www.theneweuropean.co.uk/mikhail-bulgakov-friend-or-foe-andrey-kurkov/>.

Gógol es una de las mejores formas de blanquear el expansionismo ruso.

—La alta literatura es un regalo envenenado, porque ¿cómo puedes estar en contra de Gógol y de Dostoievski? —me dijo un día Oleksandra.

El alemán me cuesta. Están las dificultades del género neutro, que se añaden a un masculino y un femenino que no siempre se corresponden con los del catalán; los casos que obligan a declinar palabras y combinaciones; los verbos que juegan con las combinaciones; y, finalmente, más allá del orden de la oración y de una serie de cosas que exigen una gimnasia mental considerable, un vocabulario propio que no adopta las formas que vienen del latín y verbos y sustantivos que se separan y se unen cuando menos te lo esperas. De todas formas, me gusta que cueste, me gusta que todavía haya cosas difíciles. Aprender alemán continúa siendo un proyecto moderno, requiere tiempo y esfuerzo, exige humildad para aceptar la imperfección y paciencia para consolidar el progreso. Tropiezas y caes porque el ritmo adecuado no tiene nada que ver con la prisa contemporánea. Después de mucho tiempo, llega la recompensa y te permite entender un documental sin subtítulos, una noticia económica o incluso una canción. Es el premio, y con la lengua viene el regalo de una cultura inabarcable, con todas esas profundidades y zonas oscuras que todos conocemos y que alguna vez salen en las clases. Muy poco, todo sea dicho; la empresa va con mucho cuidado y son conscientes de que tienen alumnos de todo el mundo, y tanto los materiales como los profesores tienen muy acotados los límites de la corrección política. Es como la fonética, siempre habrá fronteras invisibles.

Mientras tanto, sigo estudiando.

Hay días que tenemos clase a medianoche, algunos domingos damos clase a las siete de la mañana, y un día una profesora me dio clase desde la cama, con cara de sueño y en pijama. He visto a dos personas desnudas, una vez a una chica que daba saltos mientras salía de la habitación y otra a un señor mayor con una barriga enorme que pasó con parsimonia delante de la pantalla mientras su mujer, una profesora jubilada, le gritaba y nos pedía disculpas. Tuvimos que decirle que no se preocupara, porque parecía que le iba a dar algo, estaba a punto de llorar.

A Elke la conocí en una clase que hice solo con ella. Si no se apunta nadie más, tienes la suerte de recibir una clase particular. Como tenía algo de relación con el tema del que hablábamos, Elke me fue haciendo preguntas sobre lo que estaba escribiendo, y yo se lo expliqué vagamente, sin entrar en detalles. Y entonces sonrió. Esa sonrisa... La clase avanzaba, pero a ella se la veía impaciente, y de vez en cuando preguntaba algo relacionado con el tema del libro. Hasta que, después de un silencio, ya no pudo aguantar más.

—Tengo todas las cartas que mi abuelo le envió a mi abuela. Desde Ucrania. Hay muchas.

—Es verdad que en aquellos años el correo era importantísimo. Me ha sorprendido la cantidad de cartas que he encontrado.

—Las de mi abuela se han perdido casi todas, pero las de él llegaban regularmente. He intentado escribir algo, pero soy incapaz, me cuesta demasiado.

—No debe de ser fácil, es como subir al desván, siempre da un poco de miedo.

—En mi caso es bajar a la bodega, al subterráneo. Me cuesta mucho. Lo he escaneado todo, lo he transcrito todo, pero no puedo. Y ahora aún menos.

—Tienes mucho trabajo con las clases.

—Sí, con las clases también... Pero ahora, además, está la guerra.

—Claro.

—Mi abuelo estaba en Ucrania, eso es lo que intento decirte. Mira, aquí no podemos hablar, no nos permiten tener contacto con los alumnos, te enseño mi correo por la pantalla. Apúntalo y escríbeme. —Se acababa la hora y los profesores deben ser puntuales, porque muchas veces dan dos o tres clases seguidas.

Le escribí ese mismo día y ella me respondió enseguida con un larguísimo correo. Me contaba la historia de su familia e intentaba ser objetiva con su abuelo, es decir, tomaba tanta distancia como le era posible. He de ir con cuidado con lo que escribo aquí, esta historia no me pertenece y todavía existe la posibilidad de que ella la cuente. Además, escribe muy bien, ella no acaba de creérselo pero sus correos siempre se leen con interés y están llenos de detalles y de vida. Tras dos correos de cada uno, me envió un enlace a una carpeta llena de documentos y fotografías, un cajón de la cómoda lleno de fotos y papeles. Hay archivos y más archivos, las cartas escaneadas y transcritas, las fotografías y las postales que se enviaban y también las impresiones en litografía que hacían en Ucrania. Como imprimir con piedras es una técnica que, si se sabe hacer bien, resulta bastante barata, la utilizaban cuando iban escasos de material. Las cartas son un libro, un libro que yo no podré escribir, que no podré incluir aquí porque se desborda por los márgenes de las páginas, como tantos otros hilos que salen de estos capítulos. Tengo que cortar por algún sitio, porque si no nunca acabaría.

Además, ese libro lo ha de escribir Elke. Bueno, tal vez no, tal vez no lo tenga que escribir y solo deba quedar el recuerdo en la cabeza de quienes hemos leído las cartas. Tal vez mi libro sería su vida y la de sus abuelos, no lo sé. Lo que sí sé es que el pasado hace todo lo que puede por convertirse en presente. Sin saber cómo ha ocurrido, del modo más inesperado, te lo encuentras encima de la mesa aguardando para ser contado. Elke lo ha ordenado todo y lo ha transcrito con paciencia y honestidad: cuando no entiende una palabra deja un espacio vacío o un interrogante.

Respiré hondo cuando comprobé que la casa de su abuela se encontraba a trescientos metros del piso de la Nehringstrasse, no muy lejos de donde trabajaba, en Siemensstadt, el complejo industrial de la Siemens, que todavía está en funcionamiento. Las coincidencias me abruman, porque hacen que me cuestione mi empirismo escéptico. Hemos hablado de ello, creo que está un poco decepcionada conmigo por no incluir nada aquí, pero esta historia tiene otra voz y otro parlante. Incluso otra fonética.

¿Quién soy yo para escribirla? Nadie, comparado con ella. He de escribirle para pedirle permiso para contar esto que estoy contando, por supuesto. Le traduciré al inglés lo mejor que sepa esta parte del capítulo.

Elke y yo nos escribimos con regularidad. Nos enviamos fotografías y novedades cada mes. Ella vive en Turquía, últimamente va de un lugar a otro en una caravana. No me he atrevido a preguntarle sobre su vida. Sé que en un determinado momento dijo basta y lo dejó todo. Utilizó la expresión inglesa *suddenly the penny dropped*, de repente cayó un penique, que significa que de repente entiendes algo y a partir de entonces ya no eres el mismo, porque suele utilizarse cuando ese algo conlleva una cierta gravedad o trascendencia. Sé que ha vivido en Estados Unidos, en Australia y también en el Irak de después de la guerra, y por eso la animo a escribir. Aún no nos hemos visto en persona, pero le tengo aprecio. Alguna vez le he enviado un mensaje en alemán, pero los correos largos me cuestan demasiado, así que todavía nos escribimos en inglés. Siempre me dice que poco a poco.

—¿Por qué aprendes alemán, Francesc?

Se lo he explicado de forma fragmentada, con pocos detalles, porque las clases son de una hora y hay otros estudiantes, y porque a los demás tampoco les importa... Pero no es una pregunta que tenga una respuesta fácil, y necesita un tiempo para despegar, hay muchas consideraciones previas. Aprendo alemán porque cuando he dicho que era un proyecto moderno, yo me lo creo, porque en el fondo todavía creo que no hay otro camino para ir construyendo. Me lo creo tanto que he hecho mío el adagio que dice que todo lo que utilizamos para la cultura lo podemos utilizar para la barbarie. Soy consciente de que he visto la barbarie. La he visto en los álbumes de fotos y la he podido sentir en Berlín. Dasha y yo la sufrimos cada día, pues cada día llegan noticias escalofriantes de Ucrania y de Rusia. He heredado el fracaso, las contradicciones y los aciertos de los Sender, los Costa o los Carrasquer. Hemos regado con su agua, he leído sus libros y he vivido sus anhelos. También aprendo alemán porque todavía arrastro la carencia personal y colectiva de la Ilustración, al fin y al cabo vengo de donde se acaban o empiezan los Monegros. Sí, en el fondo yo envidiaba a la chica nueva, y pensaba que ella, al menos, tenía algún motivo por el que merecía la pena sufrir el escarnio que recibía: sabía francés. Y, de hecho, dentro de mí, muy adentro, entendía también mi propio escarnio: había dicho que quería continuar estudiando, que era como decir que quería irme del pueblo. Y empezaron a hacerme pagar el precio del cambio. Dejaría de ser como ellos, hablaría de otro modo y no me reconocerían, y como el después no lo conoce nadie, me lo hacían pagar por adelantado. Por si acaso. Nos pasamos la vida llenando los vacíos que hemos creado. De hecho, esa es la explicación de muchísimas cosas; es de ahí de donde sale la energía para escribir y para seguir adelante, de la voluntad de acceder al mundo. Por eso el alemán era una asignatura pendiente. Hay más cosas, claro, pero esa es fundamental.

No sé qué habrá sido de la chica nueva. Ni siquiera sé si idealicé su nivel de francés y en realidad no había para tanto. Sé que yo también arrastro mis duelos, como esa amiga mía que todavía recuerda Ucrania y Argentina. Es una de las carencias que no han podido solventar ni los Monegros, ni Aragón, ni Cataluña, ni España, que no pueden mantener debates civilizados. Todo eso es lo que contiene la pregunta.

Me falta una última cosa, ese punto de azar que acompaña este tiempo en Berlín: finalmente, las cartas de Elke. Las he leído todas y he pensado mucho en ella. Sé que me las ha enviado porque todo esto pesa demasiado. En los últimos correos me dice que está descubriendo familiares nuevos, antepasados que no sabía que existían. Yo le he dicho que hablaré de ella en mi libro y se ha alegrado. Creo que así compenso que no pueda escribir sobre las cartas de su abuelo. Pero es que esa historia le pertenece a ella. Lo sé con la misma seguridad con la que sé que las historias de este libro son mías. Me las he ganado desde que levanté la mano y dije que quería seguir estudiando.

X

Guerra y paz

Berlín, primavera de 2023

Leo «I'm in Saint Petersburg» y respiro aliviado. El último mensaje suyo lo había recibido desde Vaalimaa, en la frontera de Finlandia, antes de entrar en Rusia. Dasha se ha podido conectar un momento a internet. Solo me dice que está bien y que llega a tiempo para tomar el tren, no quiere abusar del favor que le han hecho. Las compañías telefónicas extranjeras ya no tienen conexión a internet, y una camarera de la cafetería le ha dejado conectarse a través de su móvil. Me dice que algún día volveremos allí y yo le contesto que por supuesto y que salude a Gógol y a Mandelshtam de mi parte. Me responde con tres emoticonos: *carcajada*, *beso* y *adiós*.

La primera noche de la primera vez que fui a Rusia dormí al lado de la Nevski. Fue en marzo de 2011, invitado por la lectora de catalán de la Universidad de San Petersburgo, Anna Brasas. Fui allí de rebote, porque Anna quería llevar una obra de teatro que yo había escrito —quería llevar a los actores, no al autor—, pero los trámites administrativos lo impidieron, pues nadie sabía cómo pasar la escenografía por la aduana. Cuando los actores de la compañía vieron que no podrían ir, le dijeron a Anna que yo había escrito unos cuentos sobre Rusia, *Cuentos rusos*, que quizá podrían interesarle. No era lo mismo, claro, pero, más allá de las dificultades, en 2011 los recortes postcrisis ya habían llegado a todas partes y era mucho más barato hacer viajar a un escritor que a una compañía de teatro, por pequeña que fuera.

Sabía que tarde o temprano tendría que enfrentarme a aquella cita, sabía que tenía que ir a Rusia. Quizá desde pequeño. Los cuentos habían tenido un cierto éxito, se habían traducido al castellano, al francés y al inglés, lo que en 2010 era todo un hito. Al menos para mí. Me inventé cinco escritores —tres escritores y dos escritoras— de épocas diversas y les asigné unas biografías y unas obras que hacían que pareciera que había alguien detrás. El libro tenía la introducción de una joven filóloga rusa, Anastasia Maxímova, que tampoco existía, y un prólogo que firmaba yo, el autor real.

Lo había imaginado como un juego, pero el resultado, contra todo pronóstico, fue exitoso. El día que fui a hablar con mi editor de entonces, Jaume Vallcorba, me sorprendió diciendo que tenía que publicarse a toda costa. Había empezado a escribirlo como un experimento, para encontrar nuevos registros, estructuras diferentes y estilos que me permitieran alejarme de los libros anteriores. Había imitaciones de cuentos tradicionales, copias de distintas formas de escribir artículos —una distancia que me permitía la ironía e incluso el humor— y piezas de cajón de sastre que nunca había utilizado como escritor. Lo que el editor había leído eran los cuentos, uno tras otro, sin orden ni concierto. Pensé que una antología era un formato habitual, que se podría crear una ironía, una más, sobre cómo leemos el pasado; y el resultado fue *Cuentos rusos*, cuentos de cinco autores, desde un supuesto escritor de cuentos tradicionales hasta una escritora de la era Yeltsin. En medio, un escritor de la revolución, una escritora que adquiría las características de la premio nobel Svetlana Aleksiévich, a la que había leído en francés y en inglés, y otro escritor de la caída de la URSS. Era una verdadera locura, pero una locura verosímil, porque de vez en cuando algún amigo me envía una foto del libro en las estanterías de literatura extranjera de librerías o bibliotecas. Una locutora de una radio importante de Madrid me hizo toda la entrevista convencida de que los autores existían y de que yo solo era el que presentaba el libro y la antología. Fue una entrevista larga, en directo, y yo no podía dejarla en evidencia, así que admití que todos aquellos escritores existían de verdad. Todo el mundo destacaba la verosimilitud y la capacidad de sugestión de las historias. Intenté incluir cierto conocimiento de los lugares y una adaptación consciente de los modelos narrativos de las distintas épocas. Este era el libro que iba a presentar en San Petersburgo, los nervios estaban justificados.

Llegué al viejo aeropuerto de Púlkovo, que todavía tenía mapas de cerámica y mosaicos de la URSS. Las instalaciones y las largas colas en las cabinas de control de pasaportes también eran de la URSS. El único que se las saltó fue el boxeador Nikolái Valúev, que con sus 213 centímetros y sus 150 kilos se abría paso con su séquito entre la gente. Si te gusta el boxeo, reconocerás a Valúev donde quiera que vayas, no pasa inadvertido. Fuera me esperaban Anna y su amigo Pável Tendera, que estaba eufórico porque había visto salir al boxeador y porque poco después había salido yo. Esa coincidencia debía de ser algún tipo de augurio. Los augurios... Siempre recuerdo la historia de una amiga creyente que le pidió a Dios un mensaje y en ese momento cayó un rayo muy cerca de su casa. Era un día de tormenta y, justo después de pedirlo, vio como todo se iluminaba y parecía que iba a resquebrajarse el techo. Sin inmutarse demasiado le preguntó: «Bueno, pero ¿qué significa esto?».

Al día siguiente, Pável pasó a buscarme por el hotel y me llevó a la universidad. Me esperaban Anna y mi intérprete, Daria Alexandrova. Fue la primera rusa que conocí y la primera a la que le di la mano. Han pasado doce años y hace diez que estamos casados. Supongo que los augurios deben de ser esto, aunque no sé encontrar la relación con el boxeador; quizá el gigante sea la figura que protege nuestra relación. Daria, Dasha, que es el diminutivo que utilizamos todos, fue mi intérprete en la universidad. La presentación y lectura de los *Cuentos rusos* fue muy bien, los alumnos fueron sinceros y dijeron que habían leído el libro con la desconfianza que les inspiran los occidentales que pretenden explicar Rusia. Afortunadamente, en los *Cuentos rusos* no hay ninguna voluntad de explicar el país, y evité conscientemente los clichés habituales. Así lo reconocieron los estudiantes y profesores que lo leyeron. Sé que no queda bien decirlo, pero creo que tanto el libro como su recepción aún se mantienen.

En San Petersburgo no pasó nada con Dasha. Ni yo le gustaba a ella ni ella me gustó a mí. Pasados algunos meses volvimos a encontrarnos en Barcelona, donde yo le hice de guía con la misma distancia que habíamos mantenido en San Petersburgo. Hasta que un día hicimos una excursión juntos y, ay, entonces sí.

Si escribo sobre todo esto es porque Dasha ha ido a Rusia a ver a Irina, su madre, a la que acaban de operar de cáncer. Salió de Berlín vía Helsinki, ha llegado en autobús a San Petersburgo, de San Petersburgo tiene otro tren a Moscú y, después, otro tren a Vladímir. Serán casi dos días de viaje, la guerra va cerrando vías de entrada y salida y las combinaciones son cada vez más complicadas. No funcionan las tarjetas de crédito, no se puede entrar con euros y, como ya he dicho, las compañías telefónicas europeas no tienen conexión.

¿Cómo puedo decir hoy que fui muy feliz en Rusia? ¿Cómo puedo recordar aquellos momentos de alegría de los viajes en tren o en el viejo Yigulí? A veces reviso las carpetas de fotos y se me encoge el corazón al pensar que costará mucho poder recuperar los tiempos sin guerra. No sé si será posible volver a experimentar aquella sensación en el tren nocturno, en la litera del vagón, parados en no sé qué lugar, a las tantas de la noche, con todo el vagón durmiendo, sin puertas ni separaciones, cuando contemplé cómo en el exterior las ventiscas hacían que la nieve se fuera acumulando en la estación, a los pies de las farolas, en los carteles. Oía silbar al viento mientras la gente se acurrucaba en las colchonetas como si pensaran que la nevada podía entrar en el vagón en cualquier momento. Repaso carpetas de fotos y encuentro nuestro primer viaje estival hasta Nizni Nóvgorod. El Volga se había retirado de las llanuras inundables, pero aquel año llevaba más agua y estaba esplendoroso. Me da un poco de vergüenza escribir *esplendoroso* en tiempos de guerra.

La anterior vez que Dasha fue a visitar a su madre hizo el viaje desde Tallin. Fue con su hermana. Ya había estallado la guerra y sabíamos que el paso fronterizo con Rusia era más laxo, menos peligroso que en el aeropuerto de Moscú. Digo menos peligroso porque el peligro no es previsible y cualquier cosa puede significar la cárcel: una llamada, un correo, un texto en las redes sociales... Mientras escribo esto, leo la noticia de que han sentenciado a dos años de cárcel a Alexéi Moskalev, el padre de la niña que hizo un dibujo contra la guerra de Ucrania. Han encerrado a la niña en un orfanato, y el padre intentó escapar sin éxito. No sé cómo calificar la mezcla de dolor e impotencia que se repite en tantas otras personas que han mostrado su oposición a la guerra. Por eso sufro por Dasha, porque ha fundado con dos amigos una pequeña ONG de apoyo a los refugiados. Y por todo lo que ha publicado en su muro de Facebook, por mucho que ahora lo desactive, y porque, por mucho que yo proteja mi cuenta de Twitter, lo que he dicho y leído sigue ahí. Lo ha borrado todo para que no se diga, pero el riesgo continúa, y las noches sin dormir también.

Recuerdo a los amigos de San Petersburgo, que ahora tenemos dispersos por todo el mundo. Algunos se fueron provisionalmente a Serbia, Montenegro o Georgia, y poco a poco van pensando en cómo reharán sus vidas. Tenemos una amiga que es profesora de universidad y que ha dejado su trabajo, tiene cincuenta y dos años y no soporta vivir en Rusia. Su hijo mayor tiene dieciocho años, y su marido, de cuarenta y siete, habla suficientemente bien el inglés para poder ir donde le den trabajo y papeles. Por el momento viven en Pekín, y con ellos también hablamos a través de una VPN, pues nunca se sabe quién puede estar escuchando; ambos tienen pasaporte ruso en China.

Me llega una foto. Dasha ha encontrado una red abierta y se ha conectado para enviarme la fachada de una oficina de correos que está cerca del piso donde ella vivía, donde vivíamos los dos cuando yo iba allí. Es una oficina de correos con servicio de aduanas a la que acudimos en su día para ir a buscar unos libros que Dasha había ganado en un concurso. Lo organizaba el Casal Català de Berlín y puedo prometer que no tuve nada que ver, que el texto lo escribió ella y que yo ni siquiera lo leí. Que fuese de Berlín debió de ser otro de esos augurios de los que hablaba Pável. El premio consistía en un lote de libros que debía llegar a su piso de San Petersburgo, pero había quedado retenido en la aduana, es decir, en la oficina de correos, bajo vigilancia. ¿Por qué? No lo sabíamos.

Aquello nos iba muy mal porque teníamos billetes de tren y, además, costaba mucho aclarar cuál era el problema. Nos fueron pasando de un funcionario a otro hasta que, finalmente, vino el jefe de la oficina. No podían darle los libros porque no estaban seguros de que no se tratara de libros prohibidos. Diría que es más ridículo que tragicómico, pero lo cierto es que el paquete venía de Berlín y la sospecha podía tener cierto sentido, pues entre la comunidad rusa de la capital alemana, ya en aquel momento, había grupos de resistencia a Putin.

—Pero ¿por qué? Si son libros de literatura catalana —dijo Dasha enrojecida, como siempre que ha de discutir con alguien.

—¿Literatura? Muy bien, ¿y yo cómo puedo saber que eso es verdad? —respondió el funcionario sin mover un solo músculo.

—¿Qué quiere decir con que cómo puede saberlo? Son libros que he ganado en un concurso literario en catalán.

—¿Esto es catalán?

—Sí, es catalán. Son libros de literatura catalana.

—El problema es que no hay manera de demostrar que sean libros de literatura catalana. No disponemos de un traductor. —Era un autómata.

—Yo soy traductora de castellano, francés, inglés, y también de catalán.

—Pero usted es la destinataria, podría decirme que estos libros son una cosa y que sean otra. ¿Y si son libros prohibidos camuflados? —Yo no podía acabar de creérmelo.

—¿Pues qué hacemos? ¿Se los queda usted?

—El hombre hacía muecas—. Yo puedo traducirle los títulos. Uno al lado del otro podrá compararlos.

No había manera. Quizá si hubiéramos pagado algo bajo mano todo habría ido más rápido, pero eso también comportaba un riesgo. Aún hoy nos acordamos mucho de ese día, porque iban pasando los minutos y las horas e íbamos a perder el tren. Al final, nerviosos y cansados, le dijimos que nos íbamos y él nos dijo que le enseñáramos los libros en el ordenador. Vio los rostros de los autores y, con el traductor de Google, que en aquellos años no era tan preciso como ahora, fingió quedar convencido y nos entregó el paquete. No pagamos nada; es decir, él no ganó nada, pero tampoco se quedó el paquete y, por tanto, tampoco tuvo que hacer los trámites de devolución.

Me acuerdo bien de aquel día porque Irina nos esperaba y nos iba enviando mensajes. Teníamos muchas ganas de llegar a Vladímir. Alexander, el padre de Dasha, nos había preparado el coche para que pudiéramos ir a ver al resto de la familia. Pero antes teníamos que pasar por correos. No solo tuvimos que cargar con las maletas, también tuvimos que arrastrar una caja de libros de quince kilos de San Petersburgo a Vladímir... Añoro mucho Rusia, y todo es una mierda porque sé que no puedo ir, pero eso no sería importante si no fuera por las razones que me impiden realizar el viaje. Tengo miedo de que esta guerra no se acabe, de que para hundir a Ucrania estén dispuestos a hundir a Rusia. He borrado y reescrito los párrafos de este capítulo mil veces.

Alexander nos dejó a punto el viejo Yigulí —una copia industrial del Fiat 124 de 1966, lento y pesado, pero fiable y poco exigente— y nos enseñó una palanca que había hecho él para desplazar el motor de arranque, su particular dispositivo antirrobo. Cuando aprendí cómo funcionaba, me entregó la llave del coche. El padre y la madre de Dasha habían sido ingenieros en una fábrica de piezas de automoción en Vladímir. Hacía tiempo que se habían jubilado, pero aún inventaban cosas como aquella. Su padre todavía colabora con una red de radioaficionados. Supongo que en tiempos de guerra también deben de controlar ese tipo de cosas. Cuando hablo de Rusia solo puedo comenzar historias, no sabría terminar ninguna de ellas.

El del Yigulí fue uno de los viajes más bonitos que hemos hecho. Recorrimos el noreste de Moscú, Yaroslavl, Kostromá, Ivánovo, durmiendo en la casa particular que nos recomendaba la anterior. Ahora parece algo imposible. La última etapa fue Yúriyev-Polski, la ciudad en la que Dasha tiene familia. Tengo grabado el recuerdo de esas visitas, jamás las olvidaré porque son la otra cara de la moneda, todo lo bueno que vimos y vivimos juntos a pesar de todo. Cada día que pasa, esos recuerdos y esas imágenes se vuelven más valiosos, pues no queremos que el *a pesar de todo* —ese *todo* a veces tan doloroso— nos acabe ganando la partida.

La primera visita fue a su abuela, Lidia Konstantinova, que nos abrazó tan fuerte que no podíamos ni movernos y que no dejaba de hablar mientras nos apretaba, ahora a mí, ahora a Dasha. Lo único que yo no entendía eran las palabras, el resto lo comprendía todo. Me agarró la cara con las manos y me besó, llorando de la emoción. Lidia se había quedado ciega hacía años. Vivía en su piso de toda la vida, orientándose en él como quien recuerda su pasado y sabe dónde están todos los lugares a los que puede aferrarse, aunque el presente sea oscuro. Había una estantería con libros que no podía leer, una tele muy vieja que aún podía escuchar y, en las paredes, numerosos retratos de la familia que ya no podía ver. De muy joven luchó contra las tropas que cercaban Leningrado en las mismas calles que recorre Dasha. Las historias nunca se acaban; le contaba a la familia cómo atravesaba los lagos y los ríos helados del norte de la ciudad: la gente que estaba dentro del sitio no tenía comida y aquellos eran los únicos pasos. En el ejército, tras un tiempo haciendo de enlace, trabajó en la radio, y después, treinta y cinco años en telégrafos. Puedo verla en su puesto de telegrafista en las fotos que conservamos; trabajó en la oficina hasta que tanto ella como la máquina se jubilaron, casi al mismo tiempo. Se había habituado a vivir en aquel piso y sabía dónde estaba cada cosa, lo tenía limpio como una patena, sabía cómo limpiarlo y cuidarlo. En ese piso era autosuficiente. Una sobrina, que también vino a vernos, le llevaba alimentos que ella cocinaba sin ningún tipo de problema. Había aprendido a lavar y a lavarse. Murió hace cinco años, estoy seguro de que nos recordaba, del mismo modo que recordaba las fotos que tenía en casa. Nosotros la recordaremos siempre.

Mientras tanto, el primo de Dasha, Guenadi, no paraba de llamarnos, pues hacía rato que nos esperaban. La casa en la que viven está en medio de un prado, más allá de las vías que salen de la ciudad. Dasha trataba de guiarme, pero sin demasiado éxito, y nos salíamos del camino, y de pronto nos perdíamos, y nos gritaban para que no aplastáramos a las gallinas que campaban a sus anchas por todas partes. El verano y la lluvia habían hecho crecer tanto la hierba que algunos caminos habían desaparecido. Más que añorar Rusia, añoro el tiempo de una paz posible en un lugar que podría hacer mío. Mientras escribo sobre ella, me doy cuenta de que Rusia es solo una casualidad, sé que añoraría Portugal o Francia si tuviera un vínculo con esos países. Pero el vínculo es con Rusia, y ni Portugal ni Francia están en guerra.

Lo que añoro no es el país, sino a las personas, que sé que no quieren esta vida, que no quieren esta guerra. Sé cómo eran, sé cómo los recuerdo. Los familiares de Dasha de Yúriyev-Polski estaban muy contentos con nuestra visita, no querían que nos fuéramos. Guenadi había sido guardagujas de tren hasta hacía pocos meses, pero en ese momento también trabajaba en una fábrica de muebles y las cosas le iban mejor. Nos contó la vida de toda la gente de los alrededores, nos invitaron a beber, reímos. Yo me habría quedado allí, porque me gustaba todo: los prados, las gallinas sobre las vías, los vecinos desconfiados, la enorme estufa de ladrillo en medio de la casa, incluso las letrinas de madera que había fuera.

—¿Esto te gusta?

—Es más higiénico que tener un váter en casa.

—Si lo miras así... ¿Y tú por qué cojones escribiste unos cuentos rusos? ¿Y yo por qué cojones no puedo leerlos? ¿Y por qué no hablas ruso? A ver, ¿tú qué coño haces aquí? ¿Quién coño eres?

Guenadi no quería que nos fuéramos, quería que nos quedáramos con ellos más días. Estaba entusiasmado. Tenía ganas de enseñarme la fábrica vieja, los silos, las granjas, la estación de tren. Quería hacerme partícipe de todo lo que tenían. Bueno, ellos no tenían casi nada, pero quería enseñarme todo lo que, entre todos, tenían cerca de sus vidas.

—No seas tan malhablado —le decía su madre.

Dasha se reía, y yo añoro aquella forma de reír que la guerra se llevó. Sé que volverá, pero la añoro.

—¡Los días de fiesta son para las palabras buenas y también para las no tan buenas! —Y levantaba otro vaso.

«¿Y tú cómo has llegado hasta aquí?» A veces escribimos nuestro futuro, o al menos tenemos la sensación de haberlo escrito, y quizá con eso ya nos basta. Hace muchísimos años, cuando era pequeño, enviaba cartas a muchos sitios pensando que podrían contestarme y enviarme algún libro o información diversa, desde fábricas de coches hasta la Confederación Hidrográfica del Ebro. Eran producto del tedio de las horas en Zaidín sin internet. De todos aquellos lugares, los que contestaban con más amabilidad eran las embajadas. Escribías «Embajada de...» y «Madrid», y a veces las cartas llegaban a su destino. No tenía ninguna dirección; a finales de los ochenta era imposible conseguirlas, a no ser que tuvieras todos los listines telefónicos de España. En el ayuntamiento había una copia de cada listín, pero el secretario me dijo que no me los podía dejar, que era de uso exclusivo del personal del ayuntamiento y del alcalde.

¿Por qué un niño de Zaidín habría de querer enviar cartas a las embajadas? Por aburrimiento, debería contestar. Visto desde ahora, tal vez añoraba lo que aún tenía que pasar. Envié muchas, hasta que en casa se enfadaron de que gastara tanto en sellos. Algunas contestaban, otras no. La embajada checoslovaca me envió una carta con algunos prospectos de festivales de cine y dibujos animados que, por supuesto, era incapaz de entender porque estaban en checo. Creo —aquí la memoria falla— que yo les preguntaba cosas sobre las series de dibujos animados y de aventuras que durante aquellos años se emitían en el primer canal los domingos por la mañana. La embajada alemana, de la República Federal Alemana, me envió *La realidad alemana*, un libro que presentaba un país que conseguía salir adelante. Nada que decir. Los italianos nunca contestaban, lo que me frustraba un poco. Y en la de Estados Unidos seguro que alguien se preguntaba quién era aquel pesado de las cartas.

Los más profesionales eran los de la embajada de la Unión Soviética. La primera respuesta que recibí fue un paquete de propaganda con varios libros sobre lo maravilloso que era ser ciudadano soviético. Todos los pueblos vivían en armonía y gozaban de la abundancia que les daban las regiones que participaban, de forma voluntaria y positiva, del destino universal del comunismo. Con el paquete había un impreso, con el franqueo pagado, que decía que, si quería recibir más información, me la enviarían encantados. Por supuesto, llegaron un segundo e incluso un tercer paquete con más propaganda, con heroínas del trabajo que conducían tractores y segadoras y hombres que miraban esperanzados hacia ese horizonte de plenitud industrial, sanitaria o científica que parecía que debía llegar muy pronto. Creo que fue entonces cuando mi madre y mi padre empezaron a preocuparse de verdad y me dijeron que aquello se había acabado. Había un librito de San Petersburgo y otro de Moscú que curioseé miles de veces. Cuando he ido a Rusia, o cuando hablo de ella con los amigos, todavía tengo su geografía en la cabeza. Ahora me arrepiento de no haber pasado más tiempo en Moscú, de no haber ido más veces. Me arrepiento de no haberme quedado algunos días en Yúriyev-Polski. ¿Cuándo podremos volver a Rusia? No lo sabemos, nos da miedo.

Miro el móvil, pero no hay ningún mensaje. Me la imagino atravesando los puentes. Me dijo que si podía caminaría, que le sentaría bien después de tantas horas sentada en el avión y en el autobús. Me gustaría mucho poder volver a San Petersburgo. En aquella época, mi cuñado tenía una empresa de visitas turísticas y podía explicarte todo lo que quisieras. Me gustaría volver a ver a Vadim, por ejemplo, con quien compartí habitación una temporada. Vadim limpiaba la nieve de las fachadas y de los tejados que arreglaba durante el verano. Todos los días de invierno salía de casa con sus herramientas, las cuerdas y el asiento y se dirigía a alguno de esos edificios de San Petersburgo que sufren las inclemencias del tiempo con paciencia y dolor. Tenía aparatos que nunca había visto, como resistencias eléctricas para deshacer el hielo de las tuberías, calentar las palas o secar las botas. Era como un soldado yendo a la guerra contra el hielo para proteger a los peatones de los bloques que cada invierno caen sobre las calles de la ciudad. Fui a ver cómo trabajaba el día después de una nevada muy fuerte. Una cuerda lo mantenía atado al interior de la vivienda —los balcones también se caen, de vez en cuando—, parecía un héroe luchando contra los monstruos del invierno. Pasaba las largas noches invernales en su habitación, su mundo particular. Las paredes estaban llenas de soportes para hacer escalada, y como los techos del piso eran muy altos, se pasaba mucho rato allí subido, arriba y abajo, arriba y abajo.

A Vadim le hemos perdido la pista. Supongo que sería posible encontrarlo en alguna red social, pero muchos de nuestros amigos han ido cambiando de vidas, han ocultado fotografías y direcciones y han sustituido sus cuentas y sus redes. Vadim era más joven que yo, desconozco su edad exacta, pero es posible que se encuentre entre la gente que puede recibir un aviso para ir al frente.

Ha terminado una época que quizá nunca llegó a empezar del todo, pero que durante un tiempo dejó cierto espacio a la esperanza: tal vez habría paz, tal vez la economía iría mejor y tal vez, poco a poco, el país se abriría... El año 2011 y los siguientes, hasta 2014, llegué a plantearme vivir allí. Quizá es que era más joven, quizá era por Dasha o quizá realmente lo quería. Demasiados *quizá* por todas partes, pero es cierto que fueron años de esperanza, de muchos viajes en tren por Rusia que ahora resultarían totalmente imposibles. Ahora, que todo es tan difícil, todo aquel movimiento parece tan lejano. Mi cuñado, Piotr, cruzaba Europa en un Toyota enorme para ir a pasar el invierno a Marruecos. Entonces ya estaba con la hermana de Dasha, que en esa época ya había dejado de trabajar como guía de viajes. Antes viajaba en el Transiberiano de Moscú hasta Sajalín, y después volvía por China y recorría la Ruta de la Seda hasta que llegaba a Turquía y regresaba a San Petersburgo. Dependiendo del humor, lo hacía tres o cuatro veces al año. Ahora todo parece muy lejano, los últimos años de unos viajes plausibles, sin pandemias, sin la amenaza permanente del cambio climático y con la guerra de Ucrania todavía mínimamente controlada, si se le puede decir así. San Petersburgo padece un asedio autoimpuesto, sin ningún porqué, sin ningún sentido.

Guenadi me preguntaba cómo había llegado hasta Yúriyev-Polski y yo hoy me pregunto cómo hemos llegado hasta aquí, por qué no podemos volver a ver a nuestra familia en paz. Tengo muy presente la historia de los últimos doce años, pues la he vivido de cerca. Pasamos de la laxitud con los visados a las primeras restricciones. Decidimos casarnos cuando recibimos un visado de dos semanas en vez de uno de seis meses. Aunque todavía no conocíamos la fuerza del viento que la movía, la ventana empezaba a cerrarse.

Recopilamos toda la información que nos pedían, contratamos a un traductor jurado y nos casamos en la oficina del registro civil de Vladímir un lluvioso y frío 26 de septiembre de 2013. Katia, que ahora está en Estambul, y Alexéi, el traductor, ejercieron de testigos. No teníamos demasiado tiempo para celebrar nada, todo fue tan deprisa quc tuvimos que despedirnos en el aeropuerto de Moscú; ella se iba a Londres y yo volvía a Barcelona. Pasamos un año entre Londres y Cataluña. Dasha ganó un concurso en el British Council durante el verano y en cuanto acabó el curso regresamos a Moscú para legalizar el matrimonio en el consulado español. Después supimos que en el consulado español de Londres no deberían haberse negado a legalizar el matrimonio y que podríamos habernos ahorrado el viaje a Moscú.

—Pero, entonces, ¿por qué no lo han hecho?

—¡Por vagancia! ¡Más vagos que la chaqueta de un guardia! —exclamó, después de mucho renegar, el funcionario que nos atendió.

La legalización del matrimonio fue una experiencia extraña. Teníamos que demostrar que no nos casábamos por interés, que nos conocíamos desde hacía tiempo y, en fin, que nos queríamos, sea lo que sea lo que signifique eso. Nos entregaron unos impresos con una lista de preguntas, nos llevaron a habitaciones separadas para realizar el examen —si se puede llamar así— y nos dejaron allí un buen rato. Yo hacía el examen con el señor del diálogo de antes, y lo hice como pude, porque estaba muy nervioso; él tenía muchas ganas de hablar y no paraba de interrumpirme. Además, había una cosa que me despistaba, el enorme cartel de una corrida de toros que estaba colgado en la sala. Era una sala de trabajo, no de reuniones, y no debía de entrar mucha gente, pero tampoco era una sala privada, estoy seguro de que cada día pasaban por allí varias personas de fuera de la embajada. El cartel llevaba el nombre del funcionario en mayúsculas, como si él fuera el torero, y había dobles sentidos de carácter sexual bastante chabacanos: «Gran corrida», «Seis terneras jóvenes», «El primera espada», entre los que recuerdo. Cuando terminamos, nos hicieron pasar a ver al cónsul, un chico jovencísimo, con una barba muy cuidada y los bigotes retorcidos con gomina. Son tantas las veces que siento vergüenza de escribir lo que escribo por miedo a resultar inverosímil que ya ni las cuento.

Finalmente legalizaron nuestro matrimonio, no sin antes recordarnos que deberían haberlo hecho en Londres.

—España es España hasta fuera de España, que trabaje Rita.

Recuerdo la frase porque Dasha no la entendía y preguntó si Rita era alguien del consulado de Londres.

Dasha, venga, envíame un mensaje. Dime que todo va bien.

Esto fue en julio de 2014, pocos días antes de que las fuerzas paramilitares del Dombás dispararan un misil contra un avión de pasajeros de Malaysia Airlines. El vuelo salía de Ámsterdam e iba a Kuala Lumpur, pero cayó en Donetsk. Murieron 293 pasajeros, 80 de ellos niños, y los 15 miembros de la tripulación. Compramos billetes de salida enseguida, y pocas semanas después se anunciaban las primeras sanciones. El viento golpeaba en la ventana cada vez con más violencia. Entonces todavía me costaba aceptarlo y entenderlo, pero, pasados los años, creo que he interiorizado ese sentimiento de provisionalidad que recorre toda Rusia y que te va susurrando al oído que mañana puede cambiar todo.

Esta es la segunda vez que Dasha va a Rusia desde que empezó la guerra. La primera, por Tallin, también fue un viaje durísimo: a los estonios no les gusta que los rusos pasen por su territorio. El viaje fue de treinta horas, pero solo pudo estar una semana porque tuvo que salir antes de lo previsto. El ejército empezó el periodo de reclutamiento forzoso y se esperaba que cerraran fronteras para que la gente no huyera.

Me hubiera gustado ir con Dasha, pero era imposible, demasiados riesgos. Me gustaría ver a su familia; ha pasado mucho tiempo desde la última vez, porque entremedio hubo el covid. Cogeríamos el coche de su hermano —el viejo Yigulí se estropeó— e iríamos a Yúriyev-Polski a ver a Guenadi. Creo que podría explicarle que yo salgo de los libros, que todos salimos de los libros, de la literatura, y creo que me creería porque es imposible no creer que las historias pasan de verdad, que en Rusia te puedes encontrar a boxeadores gigantes y con un compañero de piso que se dedica a escalar por los edificios de San Petersburgo, todo porque un día escribiste unos cuentos rusos, todo para que un día puedas seguir escribiendo. Supongo que ahora ya no me preguntaría qué hago yo en Yúriyev-Polski, y quizá, como Pável, diría que son los augurios. Le diría que un día me di cuenta de que todo iba por un derrotero que solo podía contarse como una fábula. Menos mal que de todo lo que cuento hay testigos, porque está tan próximo a la fantasía que casi no me atrevo a escribirlo por miedo a romper el hechizo, pero creo que ha pasado tiempo suficiente como para poder hacerlo.

Se trata de algo que descubrí con la traducción al inglés de *Cuentos rusos*. Peter Bush, el traductor, quería saber si me parecía bien cómo había quedado. ¿Qué podía decirle? Claro que me gustaba como había quedado, es un lujo leerse en otras lenguas y así se lo hice saber. Pero lo que me sorprendió fue volver a leer la introducción y constatar que mi descripción de Anastasia Maxímova, la traductora que me había inventado, se correspondía con la descripción de Dasha. Las dos habían nacido en un área muy industrializada cercana a Moscú, las dos habían ido a estudiar Filología Inglesa a Nizni Nóvgorod y, después, las dos habían ido a San Petersburgo a estudiar Filología Española y habían acabado acercándose al catalán. Demasiadas coincidencias, supongo. Llegados a este punto ya no me preocupa si le parezco verosímil al lector, me preocupa la verosimilitud en sí misma, porque no me había dado cuenta de eso hasta aquel momento. Había escrito ese prefacio ficticio cinco años antes de conocer a Dasha. Cuando se lo comenté, ella dijo lo que siempre dice en estos casos: *Chiush*, en ruso, «tonterías».

He recibido otro mensaje desde la estación, desde la estación de Moscú, la estación que comunica San Petersburgo con la capital. Se ha podido conectar un momento, pero debe de haber sido solo un instante, porque no ha podido ver mi respuesta.

XI

Dioses menores de desiertos pequeños

Friedrichshain, febrero de 2023

—¿Qué ha pasado? —Llamo a mi madre por teléfono. Se oye el ruido de la cocina.

—No ha pasado nada, mamá, todo va bien. Quiero hablar un momento con vosotros por videoconferencia.

—¿Videoconferencia? ¿Qué te pasa? ¿Qué has hecho?

—Nada, mamá. Quiero que me habléis de Joaquín de Penyalba. Y de Alicia, o de Alegría, no sé cómo se llamaba.

—De Joaquín... ¡Pero si ha pasado mucho tiempo! Se murió hace... —cuenta—, hace seis años. Siete. Seis. Ya no me acuerdo. Y Alicia, Alegría... ¿Cómo te ha dado por ahí? Bueno, ya nos lo dirás. Llama esta noche.

Cuelgo.

Tengo un recuerdo sólido y borroso de los años setenta, supongo que mezclo la parte personal y la colectiva, y que no me queda más remedio que asumir las incertidumbres de un nosotros que no sé hasta qué punto puede ser descrito. Supongo que la historia intenta recordarse a sí misma del mismo modo que lo hacemos los hombres, que los vestigios de las épocas más remotas atraviesan vicisitudes como las que afronta nuestra memoria cuando intentamos reconstruir la infancia. Quizá los historiadores se enfaden cuando lean esto —incluso yo me enfado conmigo mismo cuando termino de escribirlo—, porque sé que otorgo al presente y a las décadas pasadas un valor superior a las de hace siglos.

Como nací en 1972, y dado que los recuerdos de los primeros años son pura fantasía, podría decir que me perdí la mitad de la década de los setenta. Pero teniendo en cuenta que en aquellos años, en Zaidín, todo iba más lento y que las décadas anteriores no solo tardaban en desvanecerse, sino que intentaban sobrevivir en las siguientes, el tiempo —o lo que para mí es el tiempo— era mucho más denso. Quizá simplemente es que era pequeño y que lo vivía todo más intensamente, quizá es que me hago mayor e intento recuperar recuerdos antes de que se pierdan.

Los setenta son los años de los mitos fundacionales. Franco se moría y llegaba una Transición que durante años fue tan indiscutida como antes lo había sido la dictadura. El rey ocupaba el lugar simbólico del dictador como elemento aglutinador de la nueva normalidad y muy pocos se atrevían a contradecir las corrientes históricas que debía seguir España. Ahora es fácil decirlo, pero basta con acudir a las hemerotecas para constatar el control que se ejercía durante los ochenta: el rey, la Transición, la Unión Europea, la OTAN, el nuevo régimen de los socialistas y el desarrollo económico eran el mejor de los mundos posibles. Parecía que todo era sólido o, al menos, que podía tener cierta solidez, como un derecho histórico a recuperar el tiempo perdido.

Mi padre había formado parte desde el principio de la UAGA —la Unión de Agricultores y Ganaderos de Aragón—, mi madre organizó una pequeña cooperativa junto a otras mujeres y por casa pasaba toda la gente que acabó participando en los primeros ayuntamientos democráticos de la zona. Era gente joven y risueña, con unas expectativas que después la vida se encargaría de corregir, como hace casi siempre en todas partes y con todas las generaciones. A ellos los llamaba los barbudos, por razones obvias. Ellas, sus parejas, me parecían más amables que la gente del pueblo, hablaban de otras cosas, tenían otras preocupaciones, ideas distintas. Seguro que influye aquello de que, cuando vas de visita, todas las casas son buenas, pero no quiero traicionar mi recuerdo: aquella gente se reía y hablaba mucho, o, al menos, así la recuerdo yo.

Creo que con ellos me pasaba lo mismo que a ellos les pasaba con el mundo: tenía la esperanza de que podía venir algo mejor. Ellos querían cambiar el mundo y a mí me parecía que podían conseguirlo. Traían libros, hablaban de cosas que pasaban en el extranjero, escuchaban música que el resto de la gente no sabía ubicar y, sobre todo, miraban el mundo de otra forma. Eran los tiempos de la oposición a la central nuclear de Chalamera, por ejemplo. Durante mucho tiempo corrió por casa un cómic apócrifo de Astérix contra las centrales nucleares que me regalaron los barbudos. Era una copia en castellano de un fanzine que imitaba una aventura en el poblado galo y que luego encontré en un mercado en Berlín, ya que el original era un fanzine alemán. También tenían cierta contracultura, si puedo llamarlo así. Aquellos años coincidieron con la actividad de una asociación cultural que organizaba ciclos de cine, charlas, torneos de ajedrez y exposiciones. No quiero exagerar porque los ochenta iban pasando y todo aquello se iba poniendo en su lugar, es decir, se iba perdiendo, como en todas partes. Digámoslo de otra manera: durante un tiempo la alegría y, por qué no decirlo, la esperanza colectiva pasaron por Zaidín.

Recuerdo a Joaquín de Penyalba como quien recuerda los episodios históricos de uno mismo. Había barbudos que estaban allí de paso, a algunos te los encontrabas sentados en el sofá del comedor, siempre fumando, y después desaparecían y ya nunca más volvías a verlos, pero también había habituales como Alicia o Joaquín. Nosotros también íbamos a otros pueblos, a Ballobar, por ejemplo, donde había un grupo muy activo. O a Candasnos, en los Monegros. Había una pareja que había emigrado desde Argentina, él era hijo de exiliados españoles y cuando regresaron se instalaron temporalmente entre Fraga y Zaragoza. A mí me parecía muy gracioso cómo hablaba ella, creo que fue la primera persona a la que le oí un castellano diferente, con una nueva entonación. También había técnicos agrarios que empezaban a hablar de las consejerías del futuro Gobierno aragonés y diversos activistas políticos, otros barbudos que más o menos conocían a los barbudos habituales. Me resultaría imposible reconstruir todas las escenas, incluso con la ayuda de mi padre y de mi madre. No sabría dónde situar todos aquellos nombres: Fernando, Alicia, Rocío o Gregorio. Sé que estaban allí, pero nada más.

Pienso en ello mientras repaso mentalmente las notas antes de encender el ordenador. La conexión siempre es difícil, hablamos poco por videoconferencia porque es incómodo y también porque están todo el rato moviéndose y saliéndose del plano de la cámara, y al final, con la excusa de que ellos ya me ven a mí, termino hablándole a la pared.

—Hola. ¿Dónde está Dasha? ¿Cómo está? —pregunta mi madre. Están en el comedor de casa.

—En la universidad, trabajando. Es mañana cuando trabaja desde casa.

—¿Hace frío? —pregunta mi padre como siempre. Lo primero, el tiempo.

—Sí, señor, días de frío y días de fresco. Oye, quería hablar de Joaquín.

—¡De Joaquín de Penyalba! Vaya por Dios... De todos los hijos que podía tener me ha salido el más raro.

—Y de su novia —le digo.

—No tenía novia. —Mi padre se recuesta en la silla. Es como si dijera que no dos veces.

—Aquella chica de Huesca que venía a casa cuando yo era pequeño y se quedaba a dormir en el desván. Alicia... Había vivido en Francia —respondo; yo pensaba que era su novia.

—¿Qué Alicia? Aquella chica de la buhardilla se llamaba Alegría —dice mi madre.

—¿La que llevé a Bujaraloz? ¿Se llamaba Alegría?

—Pues claro que se llamaba Alegría, qué me vas a decir a mí... —responde mi madre.

—Ya no lo recuerdo.

—¿Cómo te vas a acordar? Quizá se hacía llamar Alicia, porque algunos se cambiaban el nombre, pero se llamaba Alegría. Y había nacido en Francia porque sus padres eran republicanos exiliados. Era profesora, y muy lista, ya en aquella época hablaba francés e inglés.

—Quizá sí. Yo no la oí nunca, eh. —El entusiasmo de ella, el escepticismo de él.

Mi padre y mi madre se acuerdan de ella, por supuesto, pero no pueden decir gran cosa, más allá de su nombre, que finalmente mi padre acepta que era Alegría. La llamábamos Alicia por lo que pudiera pasar, en estas cosas la memoria de mi madre no falla, pero no se ponen de acuerdo en la cantidad de veces que se quedó en casa, en el desván. Mi madre dice que más de cinco y más de seis, mi padre dice que no tantas pero que quizá sí. Yo solo recuerdo que ella decía que estaba allí de paso, y también esa sensación de que todo era un poco secreto, de que era mejor no hablar demasiado de eso.

—A veces dormía contigo, no siempre dormía en el desván.

—¿Conmigo? —No lo recuerdo.

—Tú eras pequeñito y no lo recordarás, pero sí. En el desván hacía mucho frío y durante un tiempo vino a menudo.

Fue entonces cuando conocimos a Joaquín, que estaba muy pendiente de ella. Mi padre decía que era rarita, y mi madre que iba a la suya. A ellos les daba igual lo que hiciera o dejara de hacer, en casa era un poco maniática, pero no causaba problemas. Era católica y comunista, lo que en aquellos años no era tan extraño.

—Pero yo quería hablar de Joaquín —digo.

—Joaquín la quería con locura, pero él aquí no pinta nada —me corrige mi padre.

—Yo pensaba que habían sido pareja.

—Bueno, bueno, pareja... Joaquín sí que la quería mucho, pero ella creo que no, eh... —continúa mi padre, que mira a mi madre como buscando confirmación.

—A veces, para ser pareja, con uno que quiera al otro ya es suficiente. Quizá sí que fue pareja de Joaquín. —Mi madre, la otra versión de los hechos.

—Pues andaba equivocado —les digo.

—Lo que pasa es que quizá él no era la pareja de ella, porque Alegría siempre nos decía que era una mujer libre. Y yo, si lo decía ella, ya tenía suficiente. Una vez incluso vino a misa conmigo.

Quien dice esto es mi madre, pues mi padre nunca iba a misa. Eran los primeros años de recepción de la teología de la liberación, y debía de ser a finales de los setenta, porque mi hermano todavía no había nacido y aún vivíamos solo en el piso de abajo. El nombre de Leonardo Boff era eufónico, como Casaldàliga, Sandino o monseñor Obando. Eran nombres abstractos, casi míticos, que solo existían en relación con determinados países y hechos. Cuando venía, Alegría se iba a dormir al desván, que ahora es el segundo piso de la casa de mis padres. Así funciona el recuerdo de la escala del tiempo, mezclando la teología de la liberación con las obras de la casa.

—Y nosotros fuimos los dos a Bujaraloz y un poco por esos andurriales. Ella quería ir sola, pero le quité la idea de la cabeza porque habría tenido que volver haciendo dedo y no eran maneras, podía pararla cualquiera. Fuimos hasta Bujaraloz, eso seguro, y estuvimos dando vueltas por la zona. Hablamos de Durruti, de la guerra, de las trincheras, que en ese momento ni siquiera se podían ver. Pero ella era muy callada, cuando no le daba la gana hablar arrancarle una palabra era como arrancarle una muela. Eso sí, quiso ir a ver el lugar donde había estado esa que dices, Simone Weil, pero, imagínate, encontrar..., qué íbamos a encontrar... Nada, Bujaraloz y para de contar. Además, había una cercera que se lo llevaba todo por delante, y con el Dyane 6 ya me dirás. Y ella que si Weil esto que si Weil lo otro, y «debía de ser por aquí» o «debía ser por allá», y yo pensando que vendría un golpe de viento y tendríamos que sacar el Dyane 6 de algún bancal. Y digo Weil porque tú dices Weil, ¿eh?, pero yo siempre había pensado que se trataba de la otra Veil.

—Habría podido llevarla Joaquín.

—¡Y dale! ¿Qué perra te ha cogido con eso? Ella no lo quería. Le tenía cariño, pero no como para casarse —dice papá.

Desapareció y no hemos vuelto a saber de ella. Y yo, de hecho, no volví a preocuparme por Simone Weil hasta que una alumna de los cursos de doctorado dijo que haría su trabajo de investigación sobre ella. Era 1998, y ese nombre me hizo subir las escaleras del segundo piso, ir al desván, y ver a aquella chica con su bolsa de viaje marrón y sus gafas redondas. Que Weil fuera a parar a los Monegros no deja de ser una ironía más de la historia. En este caso, fue ella misma la que se dijo que debía pasar una guerra. A veces tengo miedo de seguir hurgando en las bibliotecas por miedo a que empiecen a salir nuevos nombres y esto no se acabe nunca. No es que tenga miedo, es que en parte me siento un poco responsable. Supongo que si ocurrió algo en los Monegros y tiene relación con Zaidín me corresponde a mí contarlo, pero no sabría qué hacer si empezaran a salir más nombres. Es un pasado que nunca termina, que siempre vuelve, y yo necesito también el futuro.

Además, a mí me pasó lo mismo que a mi padre. Durante años, hasta que no empecé los cursos de doctorado, confundí a la Simone Weil filósofa con la Simone Veil ministra francesa, presidenta del Parlamento Europeo y superviviente de los campos de Auschwitz y Bergen-Belsen. En mi cabeza todo tenía sentido: las raíces judías de Weil encontraban continuidad en la tragedia que vivió la política francesa, porque el pensamiento mítico se superpone a todo lo que dice la historia. Sin yo proponérmelo, porque tampoco eran personas que tuviera presentes en mi día a día, Weil y Veil acabaron fusionándose, y durante un tiempo pensé que Alicia era también una prolongación de esa fusión. O quizá simplemente no pensé en nada de todo esto de forma seria y solo ahora, al intentar reconstruirlo, necesito encontrar alguna lógica que me justifique, por muy descabellada que sea.

En el verano de 1936, Weil decidió que tenía que descubrir qué era una guerra. Quería saber de primera mano en qué consistía el sufrimiento, qué significaba estar en el frente, quería ver la materialidad de la violencia, su encarnación. Avanzamos mucho, pero no podemos deshacernos de lo básico: el conocimiento necesita tanto del pensamiento como de la experiencia. Sin los hechos, las ideas pueden quedarse solo en retórica; sin las ideas, los hechos pueden disolverse y resultar inútiles. Hace más de dos mil quinientos años que le damos vueltas a la ecuación. Weil fue a buscarlo a los Monegros.

—¿De dónde era su familia?

—Ay, madre... —dice mi padre, y mira hacia el techo y hacia todas partes como si pasara cuentas con alguien sobre el tiempo transcurrido.

—No me hagas caso, porque quizá miento y digo Logroño y era Soria. Pero no era de Zaragoza, no era aragonesa. A mí me hablaba de santa Teresa, y yo al principio pensé que era la misma que teníamos en casa, santa Teresita, pero después ya vi que no. ¿Y ahora a qué viene todo esto? —me pregunta mi madre.

Cuando dice que pensaba que era la misma que teníamos en casa quiere decir que en casa había cierta devoción por santa Teresita del Niño Jesús. Incluso había unas supuestas reliquias, unas medallas, y creo que durante un tiempo yo llevé una que tenía un retal muy pequeño de una pieza de ropa que se decía que en algún momento había tocado santa Teresita. Yo también mezclé siempre a santa Teresa con santa Teresita.

—Pues a que me acuerdo de esto de Alicia y de Weil cada vez que pienso en Sender o en Orwell. Y en Hemingway. Todos estuvieron aquí.

—Pues claro que vinieron todos aquí. ¿Adónde más podrían haber ido? ¡A los Monegros! —dice mi madre riendo.

—No había pensado demasiado en aquella época de la Transición, y supongo que me vienen a la cabeza esos años porque, de alguna forma, todavía seguimos en los setenta.

—Sin duda —dice mi padre, y mi madre cierra los ojos y dice que sí con la cabeza. Eso no tiene tanta gracia.

—Ella leía a santa Teresa de Jesús y a san Juan de la Cruz, eso sí que lo recuerdo, y cosas de los curas de Sudamérica. Era creyente, ¿eh?, a su modo pero era creyente.

De Alicia —o de Alegría, ahora entiendo que quizá estábamos predestinados a confundir nombres, Teresas santas y Simones políticas— nunca supimos nada más. Si está viva en algún lugar tendrá unos ochenta años, porque era algo mayor que mi padre. Evidentemente, de Simone Weil sí que he tenido más noticias. A partir de aquel reencuentro en los cursos de doctorado, he ido leyendo sus libros. He ido varias veces a Pina de Ebro y a otros pueblos de los alrededores y he caminado por donde se puede caminar, ya que están las vías de tren, la autopista y la autovía y desconozco cuál fue exactamente su ruta, pero da igual, los Monegros son un todo. Weil llegó a los Monegros con la misma ansia con la que dos años antes había ido a trabajar a la fábrica. Creía en la voluntad de vivir y, a través de la vivencia, de conocer y cambiar el mundo. ¿Qué llevó a una chica como ella a entrar a trabajar en Alsthom y después en Renault, fábricas obreras de hierro y maquinaria? El imperativo que aúna el decir y el hacer, la imposibilidad ética y moral de predicar sin el ejemplo. Si quieres justicia social es necesario saber qué es la injusticia, lo cual implica no solo la descripción, la lectura, sino también la vivencia, una experiencia intensa, no superficial. Quería saber en qué consistía la alienación y lo logró. No necesitó decenas de años para entenderlo, enseguida se dio cuenta de lo que significaba pasarse horas y más horas haciendo un trabajo repetitivo, pesado y sucio. Comprendió que el precio es lo único que realmente se tiene: el tiempo.

Llegó a los Monegros azuzada por la misma voluntad. Llegar al frente, por lo que podemos leer en sus libros, también fue una experiencia definitiva. La guerra puede ser la experiencia alienadora por excelencia, el tiempo puede desaparecer para siempre. Puedes perderlo repentinamente, pueden matarte en cualquier momento. O puedes hacer que otro lo pierda; quizá las pistolas que conservamos son también reliquias, y por eso las guardamos envueltas en paños blancos. Quién sabe si dentro de un tiempo algún descendiente nuestro las encontrará con la misma sorpresa con la que nosotros encontramos las bombas.

Alicia, hasta cierto punto, podría haber sido como uno de esos jóvenes que llegaban a Zaidín para trabajar en la fruta. Como no había ningún nombre para denominar a aquellas personas —no se los podía llamar jornaleros, pues ni su fisonomía ni su aspecto general encajaban en ese nombre—, se los llamó hippies. Alicia no era una de esas hippies que venían a cosechar fruta, era demasiado frágil como para imaginártela en el campo. Se parecía más a una hippie de las de verdad, pero tampoco acababa de encajar. Yo me la representaba como una cantante de canción melódica, una Jeanette con gafas. La recuerdo guapa, quizá incluso me enamoré un poco de ella, como se enamoran los niños pequeños, no me acuerdo. Su trabajo era la política, sabemos que estaba en contacto con varios grupos organizados, pero ahí se pierde el recuerdo fiable y no tengo más pistas para seguir su camino, que justo donde termina empieza a juntárseme con el de Weil. El recuerdo de esos años se ha perdido, pero lo que la gente aún retiene es que aquellos hippies no trabajaban mucho, algo que ya va con el nombre. No quiero abrir más puertas, tengo miedo de que todas las habitaciones estén llenas de gente e historias.

—¿Alicia y Simone Weil se parecían? —pregunto—. Yo la recuerdo con gafas redondas.

—Ninguna de las dos meaba de pie —bromea mi padre.

—Un poco de respeto... Se parecían, pero porque se peinaba igual y también llevaba aquellas gafas —apunta mi madre.

—Alicia también se hacía llamar Ana. Supongo que jugaba con las letras del principio y del final de su nombre. Si preguntaban por Ana o Alicia, podíamos decir algo de ella. Si preguntaban por Alegría, no. —Mi padre se rasca la nuca, está seguro de lo que dice, pero necesita afinar bien, como si rascándose la cabeza las ideas pudieran ganar en claridad. Yo también lo hago.

—Yo dejaba comida en el pajar, en un morral, tal y como me pidió ella —dice mamá.

—Eso no me lo habías contado. —Me sorprende. Es algo que no sabía y ya hay pocas cosas que no sepa, pero me alegro, significa que seguro que hay más.

—Me lo pidió ella, que si podía dejar allí cosas que no se pasaran, y yo dejaba latas de conservas, galletas y algún tarro. Y durante una temporada lo hice más a menudo, porque lo que dejaba desaparecía enseguida. El lugar estaba muy escondido y solo lo conocía ella, pero supongo que se lo diría a otras personas. Lo que sí es seguro es que alguien venía, cogía la comida y continuaba su camino. Nunca pregunté de quién se trataba, siempre he pensado que era gente de los sindicatos. Ten en cuenta que te estoy hablando de cuando tú eras muy pequeñito..., tendrías... ¿qué, seis años? ¿En el 78?

El tiempo que Weil pasó en las fábricas de Alsthom y Renault le sirvió para anticipar qué podría ocurrir en los Monegros. Comprobó de primera mano lo que significaba vivir en las condiciones que sus amigos políticos se encargaban de mercadear. Entre otras cosas, por eso escribió *La condición obrera*, para que la dualidad experiencia-testimonio fuera completa: el testimonio sin la experiencia tiene un grado de falseamiento de la realidad demasiado elevado, y la experiencia sin testimonio imposibilita la socialización del conocimiento. Es una de las preguntas más importantes de todo el siglo xx, y ha mantenido su vigencia durante las más de dos décadas que llevamos del xxi: quién puede hablar de según qué con cierto grado de credibilidad. ¿Cómo llegas a poder hablar de los demás sin ser ellos? ¿Por qué fases debes pasar antes de llegar a conocerlos? Y, según de lo que quieras hablar, ¿puedes hacerlo? Tienes que ser capaz de leer la realidad y el mundo, tienes que ser capaz de enfrentarte a momentos que no han sido descritos y que quizá necesitarán un lenguaje nuevo. La validez de los testimonios, además, será puesta en cuestión constantemente, pues cualquiera podrá ofrecer una visión distinta en función de su propio punto de vista.

—¿Y Joaquín?

—Hostia tú, qué pesado, qué perra te ha entrado con Joaquín —dice mi padre.

—Es que lo recuerdo.

—Porque te traía regalos, por eso te acuerdas. Te entusiasmaste mucho con aquellos regalos, pero al final eran cuatro pinturas.

—Una caja de acuarelas. A lo mejor tienes razón.

Es cierto, quizá me acuerdo de Joaquín porque era muy cariñoso conmigo y me regalaba cosas cuando venía. Tal vez sea solo eso lo que hace que lo recuerde.

—Pues eso, una caja de acuarelas, pero nada más. Que a mí me falla la memoria, pero puede que a ti también.

—Joaquín se murió. Se hartó de trabajar, como

todos los solterones de por aquí, porque estaba solo, y qué iba a hacer sino trabajar, y después de lo de Alicia... —dice mi madre.

—Alicia... Alegría y pena. Joaquín era un mosquito de bodega, al final bebía un poco —responde mi padre.

—Al final, un poco más que un poco.

Siempre vivimos el campo como si fuera una fábrica. Es cierto que con alguna diferencia en lo que se refiere a la realización personal, porque existía un sentido histórico de *la casa*; la familia que tenía algunas tierras debía mantenerlas, mejorarlas y acrecentarlas para la siguiente generación. Pero hubo un momento en que la casa pasó a ser una explotación agraria, con todo lo que significa la palabra *explotación*, que creo que es exacta. La democracia y la modernización tenían un precio.

Lo que Weil iba a buscar en las fábricas, la experiencia obrera, la experiencia del trabajo alienado, era lo que nosotros habíamos vivido desde siempre, una experiencia real, heredada y narrada. Conocíamos sus límites, sus posibilidades y sus peligros, porque, de una u otra manera, ya fuera venciéndolos o escapando de ellos, lo que queríamos era que no se convirtieran en un destino predeterminado, queríamos que tuvieran un sentido humano. Antes, la alienación era la continuidad familiar, la supervivencia, hasta que llegó un momento en que ni siquiera con esta enajenación se podía sobrevivir. Teníamos que encontrar un sentido, una causa, y esa causa se fue perdiendo.

Creo que no se aleja demasiado de lo que Weil

quería encontrar en la fábrica: la posibilidad, en forma de autorización moral, de dar testimonio, de poder hablar de ello. A mí me ocurre algo muy similar con los amigos, con la familia y con las situaciones que viven. ¿Cómo puedes hablar de la guerra manteniendo esa distancia variable? No sé si estoy legitimado para hacerlo, y supongo que de ahí vienen la acumulación de horas de voluntariado, la cantidad de documentos que consulto o ese bucear en el recuerdo de los Monegros, como si necesitara todos estos comprobantes para poder tener algo que decir, para hacer creer al lector que mi relato tiene alguna importancia. Necesito tener un tique, el comprobante de la experiencia. No tengo un dominio sobre los objetos de los que trato, y más que el síndrome del impostor experimento la aceptación de que nunca se puede ser otra cosa y de que lo que cuento siempre será una aproximación imperfecta. «Todo lo que tengo traigo», como decía la abuela María.

Pero también ese *todo* hay que conseguirlo, por eso Weil tiene que ir a la fábrica para escribir sobre la esclavitud obrera, necesita saber que lo ha visto, que lo ha vivido, que lo ha sentido con el corazón y lo ha escuchado con sus propios oídos. En eso, en casa, teníamos una ventaja, pues lo habíamos visto tan de cerca que lo llevábamos en los genes. Supongo que algún día algún investigador escribirá un artículo sobre eso y sobre la herencia de las experiencias ajenas. Weil describe las cadencias infernales de la fábrica, la monotonía resignada, y se da cuenta del valor de la experiencia. Lo único que tenemos en la vida es tiempo de vida, y ese tiempo, dice Weil, lo damos a otro. Joaquín hacía horas sin parar, toda su vida no hizo otra cosa que trabajar, como ocurría en tantas otras casas de la comarca.

Ahora no voy a hablar de eso con mi padre y mi madre, pero lo cierto es que crecí con el imperativo moral de marcharme de Zaidín, pues a la vida en el campo ellos solo le veían pegas. El tiempo les ha acabado dando la razón: a pesar de que en Zaidín la cantidad de hectáreas cultivadas no ha dejado de crecer, el número de campesinos ha disminuido de una forma que nunca habríamos imaginado. Los he visto sufrir, los he visto callar, los he visto morir en las mismas casas en las que crecieron, los he visto perder sus tierras por préstamos que no pudieron pagar. Y también los he visto sobrevivir, sufriendo por cada cosecha, por cada año, por cada inversión, por cada cambio de tiempo, por cada sequía. Y los he visto perder sin poder dejar testimonio de ello. Sender, Costa, Carrasquer y los demás no lo consiguieron, pero lo que pretendían hacer estaba cargado de sentido.

—¿Y en Bujaraloz fuisteis a algún lugar concreto u os quedasteis en el pueblo?

—Hace más de cuarenta años, ¿eh...?

—Pero bien que recuerdas que había cierzo.

—Porque creía que el viento volcaría el coche en alguna curva. De eso sí que me acuerdo.

—Estaba como hechizada por esa mujer, por esa Weil, como tú la llamas —dice mi madre.

—Es que se llama así, mamá.

—Lo que tú digas, majo. Lo que sí tenía era que

era muy de misa. Bueno, de misa no, era creyente a su manera.

Mi madre utiliza la palabra *creyente*, que nunca se ha utilizado en Zaidín. En Zaidín iban a misa las mujeres y algunos hombres de derechas o que tenían relación con el Opus Dei, pero creo que había siempre más asistentes que creyentes.

Sea como sea, el relato que Weil hace de su tiempo en la fábrica es el relato de la imposibilidad de contar nada. Yo en un libro también intenté abordar el trabajo, todo ese tiempo vacío. Y resultaba imposible si no encontrabas una historia que articulase la vivencia de la persona en cuestión, es decir, algo que la salvase del tiempo que entregaba. Las horas de trabajo alienan a las personas y alienan también la literatura, la vuelven gris. Pasé meses de fábrica en fábrica, por polígonos industriales, haciendo entrevistas aquí y allá... Necesitaba siempre un relato que ocupara el tiempo de la narración de forma convincente, de lo contrario no funcionaba, no había nada que contar. El libro, *Materia prima*, salió en el momento equivocado, en el pico de la burbuja, cuando todo el mundo pensaba en el dinero, en las hipotecas, justo antes de que estallara la burbuja y la gente perdiera sus trabajos.

Quien trabaja suspende una parte de su vida para entregarla a la cadena de producción. Y percibo que cuando escribo la palabra *producción*, el interés por este relato, que va de una chica que venía a casa y que nos lleva hasta Weil, cae en picado. Por eso Weil vivió el trabajo en la fábrica, pero por eso mismo también fue capaz de decir tan poco al respecto. Porque mientras montas motores uno tras otro, mientras atornillas un tornillo detrás de otro, mientras recoges la fruta de un árbol detrás de otro, no hay historia, es acción pura, muerta. Lo único que puede pasar es que el trabajador sea capaz de escabullirse a través del pensamiento, y es que, seamos sinceros, ¿quién quiere pasarse los días de su vida, de toda su vida, sustituyendo a una máquina? Weil también ve eso, tiene veinticinco años cuando llega a la fábrica.

Y de la misma manera que necesita la realidad, necesita también la épica y el poder, que son la otra forma de ser en lo real, de construir la experiencia. Quiere construir un relato del que se puedan extraer significados, conclusiones, y la guerra civil está demasiado cerca como para no caer en la tentación. Me la imagino llegando a Barcelona y, después, atravesando lentamente el país hasta llegar a Lleida, y de allí a Fraga, y de Fraga al corazón de los Monegros. Si digo que me la imagino es porque se trata del camino inverso al que yo siempre soñaba. Salir de Zaidín, en el extremo este de los Monegros, llegar a Fraga, donde hay autobuses frecuentes hacia Lleida, y de Lleida, en tren o en autobús a Barcelona. El siguiente paso lógico es una mezcla entre París y Francia, como si fuera la garantía de entrada al mundo.

Weil hace lo contrario de lo que decía todo el mundo de aquella zona, en vez de irse, *vuelve*. Viene de visita, no sería capaz de soportar la durísima monotonía de los Monegros, pero lo cierto es que llega hasta aquí. Weil confiesa que no sabe quedarse en la retaguardia, y además está el clima que generan las Brigadas Internacionales, voluntarios de todo el mundo que llegan a España para luchar contra los fascistas. La gravedad de la guerra se mezcla con un optimismo frívolo y festivo. Las cartas que le envía a Georges Bernanos, que se encuentra en Mallorca, permiten seguir sus pensamientos y sus movimientos. Bernanos, que primero se había mostrado favorable a los militares, constata, como más tarde constatará también Weil, que la bondad siempre es parcial y que el mal menor nunca está cerca del bien.

Lo primero que se le ocurre a Weil es que Julián Gorkin, uno de los fundadores del POUM, le proporcione un salvoconducto para pasar a la zona fascista e intentar encontrar información sobre la desaparición de Joaquín Maurín, otro fundador del POUM —Maurín nació en Bonansa, un poco más arriba de donde nació Costa, y forma parte del paisaje humano y político de la zona—. Mientras escribo esto no puedo evitar pensar en la inocencia de Weil, por decirlo de una forma que no resulte ofensiva: una chica joven, francesa, de raíces judías, quería atravesar las líneas para buscar información. Vuelvo a leer lo que he escrito para ver si me resulta creíble y no puedo evitar preguntarme cómo pretendían ganar la guerra así, pero supongo que es algo que se debe de dar en todas las guerras y que ahora mismo en Ucrania también habrá gente así.

En 1936 todo estaba en plena ebullición, y más aún durante aquel verano, el corto verano de la anarquía y las colectivizaciones. Al final la aceptan en una compañía internacional, y es de suponer que las fotos en las que aparece uniformada han sido tomadas en Barcelona antes de salir. Son fotos premonitorias. El 14 de agosto va de Lleida a Pina de Ebro, y el 19 debe dejar el frente porque ha tropezado con una sartén con aceite hirviendo y se ha quemado el pie. Cuando la ves con el uniforme piensas que siempre podría haber sido peor y que la quemadura en el pie fue lo que evitó que le pasara algo más grave.

Weil pasó del compromiso personal a la red colectiva que se desarrolló en Francia en torno al anarcosindicalismo; hasta aquí la abstracción funciona, incluso se entiende que acudiera a la fábrica. El siguiente paso es mucho más atrevido. La realidad es el espacio que va de la guerra a la sartén con aceite hirviendo. En los Monegros, el heroísmo dura poco.

—A saber dónde estará Alicia... Todo esto sucedió hace muchos años, lo que pasa es que todo vuelve. Joaquín, y mucha otra gente, eh... Joaquín tenía muchas ganas de cambiar las cosas. Y ya ves cómo estamos. —No es necesario que aclare si esto lo dice mi padre o mi madre. Lo dice uno de los dos, pero es un pensamiento compartido.

Cómo estamos quiere decir que hace tiempo que se teme una fuerte subida de la extrema derecha, las encuestas auguran unos resultados muy fiables, casi irreversibles, en Aragón, la Comunidad Valenciana y las Baleares; en España es todavía una incógnita. Vuelvo a pensar en todos aquellos jóvenes que pasaban por casa, en todo lo que querían hacer, en todo lo que creían e imaginaban; los recuerdo riendo, no quiero recordarlos de ninguna otra forma. Aunque no sepa situarlos dentro del motor de la historia, sé que tienen un papel en ella, o al menos yo no sé imaginármelos fuera de escena, al margen de los engranajes. Por mucho que yo no los sepa ubicar estaban allí, porque los engranajes les pellizcaron, les destrozaron, les ensuciaron o les elevaron, a algunos una cosa y a otros otra. Parece que la historia quiera alimentarse de idealismo para producir realidad y que no podamos escapar de la de don Quijote luchando contra los molinos, con el viento constante moviendo las aspas y las muelas de piedra. «Una generación no es una generación hasta que no sufre una decepción política, así es como se hace la historia»; la frase no es mía ni es exacta, pero es real, la escuché en una cena con excombatientes republicanos cerca de Huesca.

Weil empieza a experimentar la guerra cuando ve el desierto, los pobrísimos Monegros, con gente pobrísima. Se inicia la vivencia, explica las contradicciones entre la compasión y la política, deja entrever las conversaciones con los otros milicianos y describe los avatares de una familia que se ha visto atrapada entre los dos bandos y que acabará perdiéndolo todo. Weil describe el dilema moral sobre qué hacer con un prisionero de quince años del bando nacional que está temblando. Le encuentran el carné de la Falange y una medallita de la Virgen María y le dan veinticuatro horas para que se arrepienta y se enrole contra sus antiguos compañeros de filas. El chico dice que no y lo fusilan. «La muerte de este chico nunca ha dejado de pesar sobre mi

conciencia, aunque yo no lo he sabido hasta pasado el tiempo.»

Ve como la aviación de Franco lleva a cabo un bombardeo muy cerca de donde se encuentran, e incluso atraviesa el Ebro para sabotear la línea de tren. Le dan un fusil, pero son días confusos, ocurren muchas cosas y todo va muy deprisa, y, sin saber muy bien cómo, tropieza con una sartén llena de aceite hirviendo. Debió de ser muy doloroso y muy incómodo, y seguramente hizo que se sintiera como una carga, una carga desgraciada que la convertía más en un estorbo que en otra cosa. El pie podía infectarse muy fácilmente, y supongo que nadie quería que esa chica perdiera el pie. ¿Qué otra cosa podría hacerse en el frente, sino amputarlo?

La mística de la comunidad en el frente, la intrincadísima complejidad política, el cambio histórico de la revolución y de la cultura, desde el corazón de Europa hasta los Monegros, para terminar con un pie quemado por el desatino de tropezar con una sartén llena de aceite hirviendo. Quizá Alicia habría dicho que Dios también anda entre los pucheros y que la quemadura la salvó de una herida peor. Nunca lo sabremos. Tuvieron que llevarla al hospital. Vino de Francia para combatir en primera línea, quería liberar a prisioneros importantes, famosos, simbólicos —o saber dónde estaban—, pero sufrió un accidente doméstico. Un accidente doméstico en el frente.

Creo que por eso recuerdo a Joaquín, porque él se quedó cuando Alicia se fue. A ella no la hemos vuelto a ver, pero Joaquín siguió donde estaba. Quizá yo, que me he ido pero siempre vuelvo, lo veo como aquellos milicianos que fueron derrotados o como uno de los muchos Paco el del Molino de la Transición. Se quedó en el campo, estrenando un tractor enorme tras otro, como un guardia de los Monegros, el desierto de los tártaros, esperando a los bárbaros.

La vida de un tractor no se mide en kilómetros, sino en horas, en las horas que ha estado con el motor en marcha. Entre quince mil y veinte mil horas era lo que duraban los tractores durante los años en que trabajó Joaquín, que los iba cambiando a medida que se estropeaban de tantas horas que acumulaban. Es como el trabajo en la fábrica que describe Weil; aunque en este caso fuera al aire libre, creo que los Monegros, para Joaquín, se parecían bastante a una fábrica: una tierra sin horizonte. Es cosa mía, porque ni mi padre ni mi madre parecen querer decirlo, pero creo que interpreto su silencio. No dicen nada, pero a su modo lo han pensado, y muchas más veces que yo. Nos hemos despedido porque papá tenía que ir a buscar a mi sobrina a la escuela y a mamá no siempre le apetece hablar de aquel tiempo. Hoy no ha ido tan mal.

—Adiós, monegrinos —les he dicho riendo cuando han colgado y ya no podían contestarme.

XII

Flores en las fotos

Charlottenburg, marzo de 2023

Mi tía vivía con su familia en una urbanización con un nombre tan inverosímil como real, Miami Playa. Cuando era pequeño íbamos a visitarlos de vez en cuando y pasábamos allí algún fin de semana. Ir a ver el mar y estar en un lugar tan diferente de Zaidín, con tanta gente extranjera de vacaciones, era lo más parecido a vivir en otro mundo.

Vi al señor Müller dos veces, la primera en Miami Playa y la segunda en Zaidín. Conducía un Mercedes blanco que a mí me parecía enorme y se expresaba en un castellano escaso y robótico pero directo. No era muy alto, pero sí fuerte, y su carácter parecía contagiarse de la robustez de su cuerpo. Llevaba unas gafas que se oscurecían cuando hacía sol; eran las primeras que veía de este tipo y, como no se las sacaba cuando entraba en casa, le seguía con la mirada para ver cómo se aclaraban. Me parecía una cosa de magia. Mi tía le guardaba las llaves del chalet cuando estaba fuera y le vigilaba la casa siempre que podía. Guardaba también las llaves de otros alemanes y franceses, así que no era infrecuente que apareciera alguno de ellos por la casa, al menos eso es lo que pasó las pocas veces que fui de visita.

El señor Müller tenía un taller de óptica —era el propietario, el encargado, tenía acciones..., no lo sabemos exactamente— que había estado activo antes y durante la Segunda Guerra Mundial y que seguía dando beneficios, o al menos eso es lo que decía. Del señor Müller se contaban diversas leyendas, y es que su figura se prestaba a la fabulación. Se decía que su familia había sido partidaria de la guerra, es decir, que había sido nazi, y que se sentía orgulloso de quienes habían ido al frente, que siempre había defendido a Alemania, la de antes y la de ahora. Su actitud reforzaba la leyenda, porque era altivo y se expresaba de forma autoritaria. ¿Cuántas veces lo vi? ¿Dos? Quizá tres. No puedo estar seguro de nada de todo esto, no puedo contrastarlo ni quiero hacerlo. Su historia podría ser la de mucha gente que llegó a la costa mediterránea en la etapa final del franquismo.

Miami Playa estaba lleno de extranjeros y siempre se formaban colas de coches que a nosotros nos parecían inalcanzables, pues siempre eran más lujosos que los nuestros. Las motos de alta cilindrada aparcaban casi en la playa y grupos de niños rubios jugaban al minigolf a unos precios que eran demasiado elevados para los lugareños. Como contraparte, casi como un recordatorio, existía también una diáspora aragonesa, pero a mí, evidentemente, no me interesaba lo más mínimo. Recuerdo Miami Playa siempre en obras, con calles sin asfaltar que terminaban en campos o en bosquecillos de pinos y zanjas abiertas para instalar tuberías o los cimientos de nuevas construcciones. Casi cuarenta años después, el chalet de mi tía, que entonces yo tenía la impresión de que vivía en las afueras, se ha ido situando en el centro. Ha cambiado todo tanto que la última vez que pasé por allí me costó muchísimo encontrar la casa, pues ni yo ni aquel lugar éramos ya los mismos. Sin embargo, algunos recuerdos soportan bien el paso del tiempo.

No pensé en el señor Müller hasta que tropecé con unos álbumes muy particulares, el de Grete y los cuatro de las familias Stober y Böll. Estos álbumes ya no llegaron a mí por casualidad, como el de la casa de Hamburgo, como los diarios o como otros álbumes, que parecía que alguien los pusiera en mis manos. Los vi con pocos días de diferencia en la misma página web y no pude resistir la tentación de comprarlos. A veces pienso que la gente se los quita de encima porque no saben qué hacer con ellos y que cuando alguien vende álbumes como estos lo que hace es pasarle a otro la responsabilidad de guardarlos. Todo depende de cómo se entienda la historia, claro, pero es doloroso ver que toda la memoria que contienen no la quiere o no la sabe asumir nadie, y entonces es como si la propia memoria buscara a alguien que quiera darle cobijo en su casa. Colgarlos en internet, hacer las fotos, llevarlos a correos, todo ese trabajo para sacar quizá quince o veinte euros... Es la parte que no acabo de entender, ganarían tiempo si los arrojaran al contenedor de reciclaje o los dejaran en la calle, pero creo que hay gente que no se siente capaz de hacerlo y espera que sea otro el que los guarde o los tire. No lo sé.

He visto cientos de álbumes de fotografías, tal vez miles. No exagero cuando digo miles, los he visto en mercados, en almacenes, en archivos, en casas particulares y en internet. He repasado algunas pilas y cajas en anticuarios por pura curiosidad. A muchos álbumes les sucede como a muchas historias familiares, que comparten estructuras, finales, comienzos, lugares comunes y situaciones intercambiables. Como siempre, sin embargo, existe la particularidad, aquello a lo que todos aspiramos: que nos quieran mientras vivimos y que nos recuerden cuando muramos. Lo mismo ocurre con los libros que leemos. Buscamos algo único, una historia que destaque por encima de las demás. Es lo que tenía *Unser Haus I*, por ejemplo, del cual se me clavó una astilla mientras pasaba sus páginas, una astilla que venía de casa de mi abuela y de la que ya jamás podré librarme. Hay cientos de miles de álbumes en los que la narrativa ha quedado encerrada en los rostros, no sabemos lo que nos dicen. Con los libros ocurre lo mismo. Si no cuentan algo nuevo, si no lo cuentan bien, no son recordados. Estos álbumes han logrado sobrevivir, al menos durante unas décadas más. Se lo han ganado, la dedicación y la voluntad de las manos de las mujeres que los concibieron hicieron de ellos algo más que un simple divertimento.

El álbum que la hija de Grete, Irma, le dedica a su madre es una maravilla. Una de esas maravillas que no puedes fingir no haber visto. Grete cumplía sesenta años precisamente en 1960, y qué mejor regalo, piensa Irma, que un paseo por su vida, y así confecciona una pequeña biografía ilustrada en la que la biógrafa es la hija de la biografiada. Es uno de los mejores álbumes que he visto, la historia de una madre contada por una hija. Incluso la decoración de la portada es curiosa: una serie de dibujos de edificios que parecen de una ciudad turística y, en primer plano, dos mujeres que parecen estar hablando, lo que me lleva a pensar que quizá lo eligió expresamente. Este álbum tiene de todo: fotografía, dibujo y texto. Y a veces, incluso, un cierto aire de cómic; los personajes que salen dibujados hablan entre ellos y expresan lo que les ocurre durante esos años, describiendo las dificultades a las que se enfrentan y también las ilusiones del tiempo que ha de venir.

Creo que si el álbum no se vendía era precisamente por eso, porque los dibujos son naífs, como de niño. Para mí es lo que lo hace valioso, que la hija tenga diecisiete años y quiera hacer todos esos dibujos y textos para su madre, empezando por la primera página, donde hay dibujado un ramo de flores con motivo del sexagésimo cumpleaños de Grete. En la siguiente página ya encontramos una foto histórica de la familia Rogall, que posa en un patio. El padre, la madre, Grete y sus dos hermanos, Wiefried y Berthold. Dürrn es una aldea, y allí, en un dibujo, vemos a los tres hermanos jugando en una porqueriza. Eisingen y Dürrn están cerca de Pforzheim, entre Karlsruhe y Stuttgart. Hay dibujos de la aldea, que Grete tenía la impresión de que estaba encantada y llena de espíritus, con fantasmas y ninfas. Grete y su madre también salen, charlando con el padre de Grete, que por lo que se puede deducir es pastor luterano. Viven una vida relativamente cómoda, van muy bien vestidos, organizan pícnics y llega un momento en que los hermanos se van a trabajar a la ciudad. Una Grete con trenzas aparece llorando en los dibujos, que pronto se convertirán en las fotos de una chica adolescente.

En 1929, Grete sigue siendo la hija del pastor, ha estudiado para ser secretaria y, aunque no lo dice en ninguna parte, es de suponer que trabaja de eso. Tiene veintinueve años y aún vive con su familia. Es una vida tranquila y en paz, las fotos que su hija pega en el álbum están rodeadas de dibujos de plantas y flores de todo tipo. El tiempo pasa. En 1936 su padre muere, la última foto que tiene de él es de 1933. En las siguientes, Grete ya es una mujer que hace compañía a su madre. Las fotos que Irma ha elegido son las del servicio de trabajo que llevan a cabo las mujeres, como en el álbum anterior. Fotos premonitorias. El ritmo narrativo avanza y en la página siguiente hay una imagen que lo explica todo. Su madre, uno de sus hermanos y su cuñada miran hacia el cielo y, allí donde solo debería estar el cielo, hay dibujadas cruces que representan aviones. Los aviones van de izquierda a derecha, es decir, en un mapa imaginario, hacia Polonia.

Su hermano Berthold sale en dos fotos llevando uniforme militar, con el águila y la cruz gamada en el pecho. Aparece sonriendo en las dos. Grete, Berthold y su madre son igualitos, incluso llevan las mismas gafas. De esta fisonomía solo quedará el recuerdo, pues dos años más tarde, el 25 de enero de 1942, Berthold morirá en el frente. La muerte de su

hijo y la de su marido pocos años antes afectaron mucho a la madre de Grete. Irma deja constancia de ello en los textos; su madre cuida de la abuela, pasan muchas horas juntas. Las mismas que Irma debió de pasar con Grete, porque la exactitud de los detalles que hay en el álbum no se improvisa.

Todavía hay una última foto de su hermano, aunque cuesta reconocerlo. Se trata de una foto tomada en una sala del castillo de Dijon, donde servía. Grete recuerda la buena comida de la que allí disponían, podían comer mantequilla, algo que en casa hacía tiempo que no veían. Es una de las constantes habituales de estos diarios, la abundancia que hay en el frente y el racionamiento en la retaguardia. Los soldados envían a casa paquetes con víveres, todo lo contrario que en la Primera Guerra Mundial. Hitler se acuerda de lo que ocurrió en aquella guerra porque participó en ella, y no quiere cometer el mismo error. Los historiadores coinciden en que el servicio de correos fue decisivo, en que, más allá de las victorias, el hecho de que hubiera una circulación tan grande y rápida de cartas y paquetes contribuyó a la altísima moral de los dos primeros años de guerra. El concierto al que asisten Grete y Berthold está presidido por una gran esvástica, justo en medio de los músicos.

En la página siguiente aparece otro protagonista. Ya estamos casi a mitad del álbum y vemos por primera vez una foto del padre de Irma, Michael, un joven con gafas finas, muy bien peinado y uniformado. Está de permiso del frente ruso, va a visitar a Grete y se casan. Él lleva uniforme de gala y ella vestido blanco de novia. El primer hijo, el hermano mayor de Irma, nace cuando su abuela ya ha muerto, parece que la vida reemplace a los personajes del álbum con una fortaleza que solo ella tiene. Son una pareja joven que ha superado la guerra, él ha podido regresar del frente oriental. Le falta un dedo, en las fotos se puede ver bien, pero, dado que ha podido sobrevivir al campo de batalla ruso, todos lo consideran un mal menor.

En la foto de 1948 aparecen el matrimonio y tres niños pequeños, «nuestra familia al sol», junto al dibujo de un rosal. El texto que acompaña a la foto dice que la guerra ha terminado, que su padre trabaja y que han vuelto a estudiar. En la página siguiente se puede ver el dibujo de una pareja que sale de paseo después de estudiar. Encima de la mesa podemos ver libros de dogmática, ética, historia de la Iglesia y el Antiguo y el Nuevo Testamento. La relación del padre con la Iglesia no está del todo clara, se ve cómo

la limpian y cómo cuelgan una campana. Es la vida de una familia de los años cincuenta. Los tres hermanos van creciendo, pero Matthias muere. Al final se les ve jugando a las cartas. Si Irma todavía está viva, tendrá ochenta y un años.

La otra recopilación de fotos está repartida en cuatro álbumes, que describen a dos familias, los Stober y los Böll, a través de la vida de dos primas. Si tuviera que hacer alguna conjetura diría que una de las dos, Ingeborg, se quedó los álbumes y que en algún momento alguien se deshizo de ellos. Vaya final, eso de que los álbumes no tengan herederos, que nadie pueda o quiera guardar esas fotos en casa. A veces pienso que quienes las reciben en herencia tienen miedo y no quieren tener en casa esas imágenes, pero tampoco se atreven a destruirlas.

Está claro que estos álbumes, por ejemplo, eran de dos primas, dos de Erika Stober y dos de Ingeborg Böll. Los de Erika contienen fotos de toda la familia, pero ella y su padre comparten el protagonismo de la narración. Su padre, Erich, tiene una librería que hace las veces de estanco. Sabemos que estamos en Alemania, pero no sabemos dónde. Las primeras fotos de Erika y de su familia son de 1934. Es una vida tranquila y cómoda en provincias, van bien vestidos y pueden permitirse unas vacaciones cortas en Suiza, en Schönbühl.

El año 1938 aparece la primera bandera nazi y en 1939 el primer uniforme, el de su padre. Entonces llega el salto. No vuelve a haber fotos de Erich hasta 1949, tras muchas fotos de chicas, mujeres y hombres mayores. Su padre vuelve a salir sonriendo, en la valla de un puente; es el mismo hombre que antes llevaba uniforme. Ha sobrevivido, y la tienda está intacta. Nadie diría que han pasado una guerra, incluso se pueden comprar un Volkswagen escarabajo. Hacia el final del álbum, las fotos, ya de los años setenta, son en color y en ellas aparece también su prima Ingeborg.

Los álbumes de Ingeborg también son un homenaje, en este caso a su padre, que, a diferencia del padre de Irma o de Erika, no regresa del frente. Ingeborg rinde un homenaje explícito a su padre muerto. Incluso duplica las fotografías originales y pega junto a ellas copias digitalizadas. Empieza con las fotos de la boda de su padre y de su madre, en febrero de 1938. Elisabeth Göddel se casa con Gerhard Böll y ambos posan ante la cámara, frente a un grupo de jóvenes, sus amigos. Debajo hay una foto en la que también aparece su padre, algo más joven. «Con un amigo», dice la descripción. Donde hay una foto de su padre, Ingeborg pega unos adhesivos transparentes con flores, con escenas alegres de cervatillos y niños jugando. Si Irma dibujaba junto a las fotos, Ingeborg incluye símbolos y alegorías como homenaje al padre que ya no está. Si avanzamos, encontramos más fotos de Gerhard en el campo, en una granja de su tía, en 1939, junto a pegatinas de niñas que juegan a la pelota o con cochecitos y muñecas. Y siguiendo esta secuencia lógica, quien aparece luego es ella: «Gerhard Böll y su hija Ingeborg», en 1941, el mismo año de la foto en que sale como militar en la Francia ocupada. Los adhesivos de flores continúan como una premonición, hay niñas que dan flores a otras niñas, plantas diversas con formas hermosas e incluso un corazón del que salen ramas floridas. Ese corazón aparece en la página donde sale su padre con el uniforme nazi, donde se le ve más jovencito y aparecen su nombre, lugar y fecha de nacimiento: Gerhard Böll, nacido el 6 de mayo de 1913 en Bromberg, Prusia, la actual Bydgoszcz. No es una página, es la lápida que muy probablemente nunca tuvo.

Hay más fotos con pegatinas y flores y motivos ornamentales diversos. Hay fotos con su hermana Regina y de toda la familia: el padre con uniforme, la madre y las dos hijas. Las fotos de su tío Richard en uniforme y la de la compañía de su padre, una docena de hombres uniformados en medio de un bosque nevado, presagian lo peor. Ingeborg tenía claro cómo hacer el álbum; cuando pega las fotos y los símbolos es ya una mujer mayor y sabe bien lo que quiere contar y cómo hacerlo. En la última foto aparece su padre con las dos hermanas y una descripción: «Últimas vacaciones de papá, 1944, con Inge y Regina. Desaparecido desde 1944».

Al igual que ocurre en el álbum de su prima Erika, las fotos no se retoman hasta 1949. Hay campamentos para chicas y escuelas femeninas. Son años muy difíciles, está lleno de niños que aparecen por todas partes y mujeres que cargan con ellos en brazos. No hay hombres, o muy pocos. Hasta la llegada de 1955 no vuelven a aparecer vestidos y abrigos. Ingeborg ya es una mujer y en 1957 se hace fotos de estudio. Y aquí empieza a aparecer Erika, primero muy de vez en cuando y después de manera constante.

Ingeborg ha hecho un segundo entierro para su padre. Recuerda la cantidad de padres muertos, de soldados que dejan viudas, de hombres que tienen hijos pero que son capaces de matar a otros hombres que también tienen hijos. La mortandad ha sido enorme, no hay refugio seguro cuando se empieza a poner rostro y nombre a los muertos o desaparecidos. El amor y el odio que han generado se han multiplicado cada vez que disparaban. Todo el amor perdido, no correspondido, olvidado, todo ese trauma, ¿cuánto pesa, cuánto vale, cómo se puede olvidar? No lo sé. Mi abuelo materno y mi abuela materna quedaron viudos durante la guerra civil. Se casaron y tuvieron a mi madre. Mi abuelo ya tenía dos hijos y mi abuela, una hija. Nunca he oído hablar de las parejas que murieron, los vivos ocupan todo el tiempo, todo el trayecto.

Ingeborg recupera las fotos de su padre, lo quiere, recuerda los tiempos en que lo abrazaba, para ella su padre era el hombre que la venía a ver, ella no tiene ninguna culpa de la vida de su padre y padece su ausencia. Incluso coloca la foto vieja junto a la nueva, digitalizada y restaurada. Es muy probable que el cuerpo de su padre ya nunca regrese. ¿Dónde estaba? ¿En el frente oriental? ¿En qué parte del frente oriental? Hay fotos que nos lo muestran con el uniforme de invierno, en medio del bosque, y, de repente, ya no está. Sus primeras fotos muestran a un chico decidido, con las ideas claras. De jovencito posa con el uniforme, por tanto era un nazi convencido desde los momentos iniciales del partido, no se puede alegar ningún tipo de desconocimiento, sabía muy bien dónde estaba y lo que iba a hacer. Su prima Erika tampoco puede renunciar a la historia de su padre. En el primer álbum, Irma tampoco. Irma, Erika e Ingeborg; Michael, Erich y Gerhard; Leuenberger, Stober y Böll...

La historia de las inercias y las continuidades

pasa por encima de lo que nos van mostrando con periodos y fechas. Que se acabe una guerra no quiere decir que se acaben las razones que la generaron, que se firme un tratado no significa que al día siguiente ese tratado ordene el mundo en función de lo que dispone su texto. Pienso en Zaidín y en todo lo que ocurrió después de la guerra, o en lo que ocurre entre nuestros amigos en Rusia y en Ucrania. ¿Cómo puedes identificarte con tu país sin abstraerte de la maldad que contiene? Los hechos quizá se hayan desvanecido, pero las ideas permanecen, quedan los lugares en los que se generaron y, sobre todo, sus consecuencias. Es imposible borrar el pasado sin volverse loco. Por eso había que buscar excusas y razones para contrarrestar la ira interior, el grado de decepción con el padre, con la familia, con el país.

A partir de 1955, la República Federal es una nación soberana e independiente. La República Democrática, sin embargo, ha quedado bajo la influencia de Rusia y no deja de ser un recordatorio de cómo podrían haber terminado otras regiones del país. ¿Y si los rusos hubieran avanzado más rápido que los aliados y hubieran acabado conquistando una mayor porción de Alemania? ¿Qué les habría pasado?

Estoy seguro de que el señor Müller se había hecho estas preguntas muchas veces. Por la edad que aparentaba, supongo que el señor Müller había nacido a mediados o a finales de la década de los veinte y que, por pocos años, no se podía acoger a la disculpa moral que se estableció para los nacidos después de 1930. Esta fecha fue la que Helmut Kohl escogió como un hito para distinguir la culpabilidad de la

inocencia en «La gracia de haber nacido después», el discurso que pronunció para situar su posición y la de su gobierno. Se entiende perfectamente: si los unos heredan los traumas, ¿por qué los otros no deben asumir las culpas? Este límite siempre será objeto de debate, siempre será flexible, pero en un momento u otro debemos construir un nuevo puente hacia un tiempo nuevo. ¿Deberíamos ser responsables de todo lo que ocurrió en el siglo XIX, por ejemplo? Kohl utilizó este argumento para preparar su visita a Israel en 1983, donde quería expresar su convencimiento de que la relación entre Alemania e Israel debía cambiar y tener otro contenido y otro significado.

El debate sobre los límites estaba ahí. No es de extrañar que incluso en los ochenta hubiera un debate como la *Historikerstreit*, la disputa de los historiadores. El 6 de junio de 1986, aniversario del desembarco de Normandía, el historiador Ernst Nolte publicó un artículo en el *Frankfurter Allgemeine Zeitung* —uno de los periódicos de referencia en un tiempo en que los artículos todavía podían hacer que los países se tambalearan—, y hay que pensar que alguien habría autorizado que se dijera lo que se decía. ¿Cómo debía entenderse el Holocausto dentro del transcurso de la historia alemana? ¿Y cómo afectaba a su identidad como nación? Nolte intentaba situarlo en medio de otros genocidios y, hasta cierto punto, normalizarlo históricamente. Era gravísimo, pero no era el *único* en hacerlo. Algunos historiadores se sumaron a él y otros se manifestaron en contra. También filósofos como Jürgen Habermas. La discusión fue dura, pero sirvió para mostrar que la herida seguía abierta, y es comprensible, pues la culpabilidad histórica combina dos palabras que ya cuesta mucho gestionar de forma separada. La disputa entre los historiadores, la *Historikerstreit*, derivó en ataques personales, en un cuerpo a cuerpo muy duro en las páginas de los periódicos. Tuvo lugar en los años en que yo conocí al señor Müller, los años del Mundial de Fútbol, de aquella final en la que Italia ganó a la Alemania de la República Federal, los años en los que se negociaba la entrada de España en la CEE, los de la amistad entre Helmut Kohl y Felipe González. La historia, como la vida en el álbum de Irma, sigue adelante por encima de sí misma y de todos nosotros. Fútbol, desarrollo, Unión Europea, turismo y futuro. Todo el mundo quería tener el derecho a entrar limpio en aquel futuro. No hace falta irse tan lejos: en España estaba la *modélica Transición* y tampoco se podía juzgar el pasado.

Los álbumes —las cartas, los diarios— son sinceros y transparentes, hasta el punto de que la Disputa de los Historiadores parece un episodio lógico y necesario sobre cómo se percibió la historia. Si es que podía percibirse de alguna manera, porque no paran de aparecer nuevas perspectivas. Hoy empezamos a preguntarnos si la Segunda Guerra Mundial fue también una forma de guerra colonial. Aquel espacio vital que Alemania reclamaba ¿era una forma de decir que solo hacían lo que Francia, España, el Reino Unido e Italia habían hecho antes con sus imperios coloniales? ¿Lo que había sucedido durante la Segunda Guerra Mundial no había pasado nunca antes? ¿Era *único*?

En este contexto, la gracia o la desgracia de la historia alemana es que el Holocausto no puede esconderse. Otras naciones han podido camuflar con cierto éxito sus maldades durante un tiempo. En Estados Unidos han utilizado el wéstern, España descubrió América, Francia ha legado su cultura al mundo e Inglaterra el desarrollo económico. Lo vemos todos los días en cada país. Turquía dice que si no hubo ningún genocidio en Armenia, tampoco lo hay en el Kurdistán; Rusia nunca se reconocerá como un país que ha arrasado a las naciones que tenía a su alcance; China se impondrá por la fuerza... Y todos encontrarán relatos que los legitimen. Nadie quiere arrastrar ninguna culpa histórica. Todos los países intentan parecer moralmente válidos frente a los demás.

Guardo los álbumes de Grete, Erika e Ingeborg dentro de sobres de papel, al igual que los otros álbumes y los otros diarios. Los de Erika e Ingeborg los pongo incluso dentro de otro sobre más grande para que estén juntos. Lo hago porque supongo que así los guardaba Ingeborg, o al menos así es como quiero imaginarlo. Sé que llegará un día que tendré que volver a leer esas páginas para saber qué relación tenían, qué es lo que cuentan, porque también sé que dentro de unos años olvidaré las correspondencias que he encontrado. Como aquel día que, en mi disputa con la historia propia, no encontraba el chalet de mi tía. El reto no es no olvidar, es no mentir.

XIII

Yo estuve allí

Belchite, abril de 2023

La carretera de Zaidín a Fraga transcurre en paralelo al Cinca. El río queda por debajo, como si quisiera protegerse escondiéndose entre el bosque de ribera y los bordes de las huertas, que contrastan con los márgenes áridos de las sierras. De pequeño, cuando no había trabajo en el campo, íbamos allí a bañarnos o a pescar. Nunca pescábamos casi nada, pero aprendíamos a contar mentiras sobre los peces que habíamos visto —en realidad nos tomaban el pelo— y podíamos disfrutar de la libertad de estar lejos de casa, del peligro de los rápidos y de la compañía de otros chicos mayores que nosotros. Fumábamos tabaco barato, usábamos una moto vieja que había escondida entre las cañas y disparábamos con perdigones contra las latas. Digo *el peligro* porque el número de personas que se habían ahogado en el río era considerable; es probable que exageraran aquella cifra para disuadirnos, pero tenía una base real, era peligroso y la gente le tenía cierto miedo.

En una ocasión incluso nos amenazaron para que no fuéramos allí. Esa vez iba en serio: no podíamos ir a la cabaña. De repente, tras dos días de alboroto, traslados y avisos por megafonía, la llanura de la huerta quedó inundada. Todo el mundo ayudó como pudo para salvar a los animales que aún no se habían ahogado, y algunos maestros dejaron de venir a la escuela porque había carreteras cortadas. No se habló de otra cosa durante semanas. Nadie había visto nunca tanta agua, y durante varios días yo me mostré tan obsesionado y tan pesado con todo el mundo que, al final, el maestro de quinto me dijo que enviara una carta a la Confederación Hidrográfica del Ebro, el organismo que gestiona las cuencas de los ríos y los embalses. Quería saber cuánta agua había allí, porque todo lo que era tierra había quedado cubierto de agua, kilómetros y kilómetros, desde Ballobar a Fraga y Torrent. El mundo no era inmutable.

Lo hice, por supuesto. Me imagino la cara del cartero, clamando al cielo y diciéndose que, como si no bastara con las embajadas, ahora me obsesionaba por los ríos. El caso es que a las pocas semanas los de la Confederación respondieron muy amablemente con una carta llena de datos y gráficas. «Avenida de Noviembre de 1982. Caudal máximo instantáneo aproximado a las 13 horas del día 8, lunes, 4.000 m^3/s.» El río Cinca había llegado a llevar —a no poder llevar, de hecho— 4.000 m^3/s. Pensaba que había perdido la carta, pero mi padre todavía la guarda.

Tenemos algunas fotos que hicimos desde lo alto de la atalaya que hay en el lado izquierdo de la carretera, una atalaya de tierra amasada y adobe de los tiempos de los moros situada en lo alto de la sierra, a medio camino de Fraga. Se va deshaciendo año tras año. Al otro lado de la carretera hay una antigua casa del tiempo de los romanos, Villa Fortunatus. Me imagino esta tierra hace dos mil años, debía de ser preciosa. Del mismo modo que resulta difícil imaginarse el valle inundado, cuesta pensar que las sierras áridas eran bosques, más aún con esta sequía.

—No pienses en eso. ¿Verdad que no podemos hacer nada? ¿Qué ganamos pensando en eso? —me dice mi madre, que me acompaña hoy a los Monegros. No quiere que piense, esa sigue siendo su manera de protegerme.

—Nada.

—Pues mira hacia delante y no te quedes encantado con esto y aquello, que quiero volver entera a casa. Y no vayas tan rápido.

Vamos a Belchite. Mi padre tiene trabajo y mi sobrina hoy está con mi hermano, así que mi madre tiene el día libre y puede acompañarme. Yo he ido otras veces, y ella estuvo hace poco con mi padre, por otra ruta.

Llegamos a Fraga. El puente sobre el río parece ahora de juguete. Durante muchos años fue el Puente, el puente que servía para atravesar el río que separa Madrid, Zaragoza, Lleida y Barcelona, es decir Cataluña y España. Tal vez incluso la posibilidad de Europa, pero eso ya es cosa mía, que quizá lo mire demasiado con mis ojos. Pero es cierto que es una realidad geográfica: la salida de Fraga hacia Aragón es abrupta. Antes, la subida que hay hasta que se llega a la meseta de los Monegros estaba llena de curvas. Fueron nivelando la carretera y supongo que hicieron lo que pudieron en cada momento, pero la pendiente de la Nacional II actúa como una segunda frontera invisible. Antes de desviar el tráfico por la autopista era un punto negro, los camiones tenían que ralentizar la marcha, pero pasaban demasiados y se producían accidentes. Los Monegros son otro país. Cuando llegas arriba empieza un mundo diferente, el verde del Cinca queda atrás y comienzan las llanuras infinitas y secas que se extienden hacia Candasnos.

Aquí fue donde Bigas Luna rodó *Jamón, jamón*, con Penélope Cruz y Javier Bardem. Fue en 1991, y la película se estrenó al año siguiente, el año de las Olimpiadas y de la Expo de Sevilla, los eventos que homologaban a España en el mundo. A González y Kohl aún les quedaban algunos años. Cruz y Bardem han conquistado Hollywood, pero aquí la vida no ha cambiado demasiado. Mientras escribo esto padecemos la sequía más larga y dura que se recuerda, y quizá los canales y las tuberías lleguen cuando los Pirineos ya se hayan secado. Es algo que nadie puede saber. La llegada del riego no ha solucionado los problemas de fondo, y lo que sí que se ha secado es el canal de coches y camiones. Desde que la autopista es gratuita la Nacional II se ha vaciado. Los bares y restaurantes de carretera, antes siempre llenos, se van degradando poco a poco. Si fuese invierno el paisaje sería triste, pero al menos la niebla escondería un poco el abandono.

El sol de hoy es cruel, nos lo muestra todo. Dentro de poco dejaremos la carretera y enfilaremos hacia Gelsa para ir a Belchite. Mi madre fue a Belchite con los campamentos de la Falange, tenía dieciséis años y cuando terminó el servicio huyó despavorida. Antes de entrar en Quinto, pasamos por el puente del Ebro. Cuando era pequeño los maestros nos enseñaban que era el río más caudaloso de España como algo de lo que estar orgullosos. Era el río que llevaba más agua porque la recogía de los Pirineos, donde estaban las montañas más altas de la Península. También tenía el mayor embalse, el de Mequinenza, el mar de Aragón. Estos meses el río baja tan vacío que la sequía es la riada inversa de la del 82.

Hace unos días llovió, poquísimo, pero las plantas han aprovechado para acicalarse un poco para la visita. A la tierra le suben los colores y pasa de los pálidos del yeso al rojo intenso, con una gradación de ocres que forma un arcoíris de final de tormenta. Es solo un respiro, en pocos días el sol lo blanqueará todo. Ha habido tanta sequía que incluso los olivos que empiezan a aparecer dan mala espina. No están ufanos como otros años, parecen más pequeños. Mi madre siempre hablaba de los enormes olivos que había visto de jovencita. Es cierto que tenían fama de ser muy altos y que había que hacer la recolección con escaleras porque los dejaban crecer mucho. No sé, yo he recogido aceitunas durante muchos años, pero hay demasiadas cosas que se me escapan. Supongo que la leyenda de los olivos preñadísimos es fruto de la miseria y la precariedad de aquella época. Todo tenía que ser muy grande, un antídoto para la miseria.

Nos detenemos en Codo, un pueblecito de menos de doscientos habitantes. Mi madre me regaña porque tenemos que ir a Belchite, no a Codo. Además, hago demasiadas fotos y en el coche hace calor. Cuando nos salimos del guion, es como si algo la incomodara. Además no quiere tener que dar conversación, dar conversación puede significar tener que dar explicaciones. Fuera, en el único bar del pueblo, está la enfermera que va a hacer recetas; he hablado un momento con ella con la excusa de orientarme. Le digo que siempre había querido ir a Fuendetodos, el pueblo de Goya. No es lo habitual, pero es plausible, ¿qué otra cosa podrías venir a hacer aquí? Ella tiene una excusa, hacer recetas para los jubilados de Codo; yo tengo que buscarme alguna, porque ¿quién querría visitar Belchite y tomar un café en Codo?

Mi madre y yo somos los únicos clientes del bar y parece que la mujer que nos prepara el café quiere que nos quedemos un rato. Lo hace muy despacio mientras ve la tele. Al fondo del bar hay una enorme pantalla flanqueada por banderas españolas, de Aragón y del equipo de fútbol de Zaragoza. Me resulta difícil averiguar de qué están hablando, hace casi un año y medio que estoy fuera y las noticias empiezan a resultarme un poco extrañas, pero mi madre me lo aclara enseguida: es sobre el rey Juan Carlos, que ha vuelto de Abu Dabi para participar en una regata en Galicia. En la tele hablan de una pandereta y mi madre también me lo aclara. Se ve que alguien quería hacerle llegar una pandereta, objeto típico del pueblo donde se encuentra, y al final, pese a las medidas de seguridad, lo ha conseguido. La historia también ha cambiado: el hombre más poderoso de España, el

más importante de los ochenta y los noventa, el gran héroe de la Transición, ha terminado en un país como Abu Dabi y han de llevarle una pandereta a escondidas. Yo estuve una semana en los Emiratos, en Abu Dabi, precisamente. Cuando tenía un rato libre, cogía un coche de alquiler y me iba al desierto. Quizá por eso me hace gracia ver al rey Juan Carlos desde Codo, en medio de la nada, arropado por las banderas que hay a ambos lados de la pantalla.

—¡Al final le han dado la pandereta! —exclama la mujer desde detrás de la barra. Está contenta, se alegra de que al final el rey emérito haya podido recibir su regalo—. No querían que se la diesen, pero, mira, al final han llegado hasta el barco. ¿Qué más tiene? Pues que se la den, ¿no?

Mi madre me mira antes de que yo le dé conversación. Me mira de la manera en que me miraba cuando era pequeño para decirme que no abriera la boca. Los dos sabemos qué hay detrás de las palabras de la mujer. Suponemos que el hombre que acaba de pasar, con una chaqueta de camuflaje y la bandera de España bien visible cosida al hombro, es su marido. Sabemos que la historia aquí todavía dura y que Codo fue la primera línea del frente de guerra durante la batalla de Belchite.

—Claro, claro, se merece eso y mucho más.

Ahora la mirada de mi madre ya es peor que una colleja. Se pone nerviosa, no le gusta que hablemos de estas cosas. Se han hecho muchas bromas, pero la ultraderecha no para de subir. Nadie quiere que los países retrocedan, y el caso de Aragón es paradigmático. Desde los Pirineos hasta los macizos de la cordillera Ibérica, parece que todo tenga que concentrarse en Zaragoza. Huesca no deja de ser un barrio de la capital, y Teruel ni siquiera consigue dejar de tener miedo de ser Codo.

—Vamos, vamos, que hace mucho calor —me dice.

Parece que me lea el pensamiento y que no quiera que piense en todo esto. No quiero llevarle la contraria y continuamos hacia Belchite. Hoy pasaremos de los 30 grados y estamos a mediados de abril. Todo el mundo especula con el cambio climático, y los que queremos agarrarnos a un clavo ardiendo, con las consecuencias de la erupción violenta del volcán que estalló en la otra punta del mundo.

Los olivos de Belchite de los que me hablaba cuando era niño todavía están ahí, aunque ella los recordaba más grandes, que es lo que suele ocurrir con los recuerdos. Belchite es un pueblo nuevo, como Mequinenza o como Vencillón, como San Juan del Flumen y tantos otros —en Huesca hay muchísimos, debe de ser la provincia con más pueblos abandonados y con más pueblos nuevos—. Los pueblos de colonización surgieron en medio de la tierra regable, un poco a la inversa de la inundación de Mequinenza. En Belchite, por supuesto, las razones fueron otras, las de la guerra, que dejó el pueblo en ruinas. Los dos campanarios del pueblo viejo todavía se ven a lo lejos, y también el nuevo campanario, que parece el minarete de una mezquita.

Las ruinas de Belchite están rodeadas por una valla. En toda la parte sur, al otro lado del camino, hay corrales con ganado y pajares abandonados llenos de basura y escombros; ruinas a un lado, escombros al otro, como si el pasado quisiera saltar la valla y recluir el presente. Por las calles del pueblo vemos grupos de estudiantes, adolescentes que escuchan las explicaciones de los guías. Han sacado los escombros de algunas calles y plazas, y los recorridos pasan a través de paredes y tejados apuntalados. La lluvia y el viento lo van desgastando todo, como le pasa a la arcilla de la atalaya mora.

—Han pasado muchos años de todo aquello. No sé si tendría dieciséis o diecisiete años. Mira, tú todavía no estabas en el mundo. Ni siquiera me había fijado en tu padre cuando vine a Belchite.

—¿Os dejaban venir aquí?

—Sí, ya lo creo... Y si no nos dejaban, veníamos igualmente. Lo que pasa es que nos habían metido el miedo a las bombas, a que quedara alguna, porque todo era muy reciente, y siempre te lo recordaban. Ya has visto tú las bombas que teníamos en el tejado de casa. Cada dos por tres te enterabas de que alguien había encontrado granadas, y siempre oías de gente que había perdido una mano, un pie o un ojo. Eran otros tiempos, venían chicas de todas partes de Aragón y nos obligaban a hacer cosas que ahora piensas «para qué». Yo, por ejemplo, aprendí a preparar piel de cordero para hacer pergaminos. La Formación del Espíritu Nacional, las comidas, las canciones, el fascismo. No me gusta pensar en aquello. —Fuera pasa un tractor cargado de balas de paja que levanta una gran polvareda. Las ovejas braman en el corral y se percibe el olor a estiércol—. Todo esto da angustia. En todas estas casas debía de vivir gente. ¿Cuántos murieron? ¿Lo sabes tú? Yo tampoco. ¿Y para qué? Para nada. Paseábamos, sí... Mira, veníamos aquí, pero allí arriba nunca subimos.

—A la Pequeña Rusia.

—La Pequeña Rusia no sabíamos ni que existía. Me refiero al campo, claro, el país sí que sabíamos que existía. Pero eso de Rusia, hasta que tú no me lo has dicho... Lo que pasaba aquí no era tan bonito como el diario ese que me has enseñado.

A un par de kilómetros de la salida de Belchite hay una serie de casas alineadas que eran conocidas como el campo Rusia. Allí fueron a parar algunas familias republicanas cuando terminó la guerra. Ni mi madre ni las chicas que iban con ella lo sabían. A mediados de los sesenta el franquismo controlaba de tal modo la información y se sentía tan fuerte que todo aquello quedaba al margen de la historia. Un campo de trabajo llamado Rusia que pocos años después de su construcción prácticamente había caído en el olvido. Ese nombre se lo debieron de poner para humillar a los que vivían allí. El diario del que habla mi madre lo llevo en la bolsa. Es el diario que escribe una chica alemana que hizo el servicio de trabajo femenino, el Reichsarbeitsdienst. Cuando mi madre lo vio, le recordó a Belchite, por eso hoy estamos aquí.

El problema —o la ventaja— de comprar cosas por internet es que los algoritmos te buscan. Saben lo que has comprado y no dejan de recomendarte cosas al precio que estarías dispuesto a pagar. Saben también que hay cosas que hace meses, quizá años, que nadie compra, y quizá por eso le recomiendan a alguien como yo que haga una oferta. Fue así como me llegó el diario. A veces los precios son tan bajos que no puedes entender que nadie más quiera comprarlas. Del mismo modo que lugares como Belchite contienen todo el tiempo durante el cual permanecieron derruidos, hay documentos que cristalizan las corrientes históricas y las convierten en un significado completo.

La primera vez que me llegó el anuncio lo pasé de largo porque me hizo desconfiar, había tenido una mala experiencia con un documento muy bonito que resultó ser falso; sí, esto también puede ocurrir. Hubo un segundo correo con una rebaja importante, y un tercero que incluso daba reparo leerlo: el vendedor iba a cerrar la cuenta en aquella página web y si me ofrecía el diario era porque había visto que lo había consultado muchas veces. Pedí detalles y garantías y lo compré, no pude evitarlo porque se trata de un diario perfecto y terrible, o terrible y perfecto, no sé qué debería ir antes y qué debería ir después. Mi madre también estaba impresionada, in-

cluso asustada. La chica que lo escribió se preocupa de que parezca un libro editado. Es un diario en perfecto estado de revista, preparado para que alguien lo lea, y quien habla no es solo quien lo escribe, detrás de sus palabras está toda una sociedad, todo un país. Además del texto, hay más de sesenta fotos de su estancia en el campo de formación. Lo he leído decenas de veces porque tiene un efecto hipnótico, supongo que forma parte de la seducción que ejerció el régimen nacionalsocialista sobre la gente y que estos objetos todavía transmiten, como una especie de fetiche o de talismán. La chica que lo redactó tenía el convencimiento de que existía una continuidad moral entre las ideas que impregnaban el servicio en el campo en el que estuvo y el esmero que debía dedicar a la confección del diario.

Ese convencimiento todavía sigue ahí, lo notas cuando pasas las páginas y lo puedes sentir entre líneas, en el margen de las páginas y en el lomo, contenido en el tiempo, esperando a quien quiera abrirlo para convocar a la época y las ideas que lo crearon. Te atra-

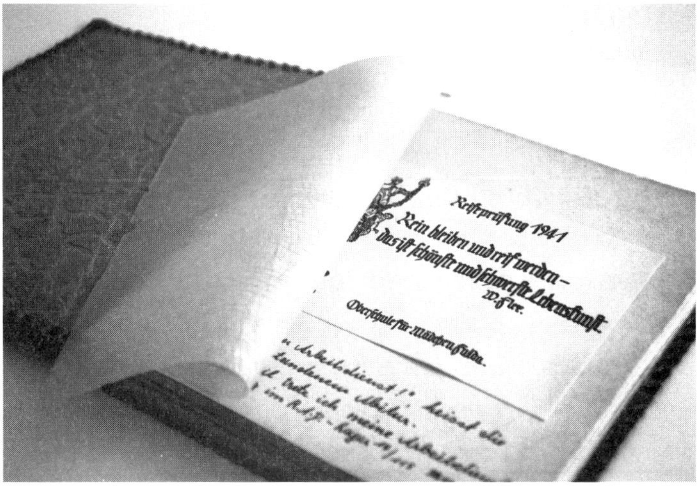

pa. Es probable que yo nunca me desprenda de él o que, si lo hago, lo acabe donando a alguna institución para que lo conserven, como el resto de los documentos que tengo. Lo llevo en la bolsa como si, al llevarlo a Belchite, tuviera que pasar algo fuera de lo común. Pero es inútil, porque lo que está fuera de lo común ya ha pasado: la historia ha vuelto a encontrarse, ha vuelto a encontrarnos.

¿Quién es la chica que lo escribe? No vemos su nombre en ninguna parte, pero, en cambio, sabemos los nombres, los apellidos y el rango o la ocupación de todas las demás chicas que aparecen en el diario. No sería difícil identificarla, pues la información está disponible en los archivos. Es un arquetipo, es una chica modélica, muy bien vestida y bien educada, ni demasiado alegre ni demasiado seria. Podría ser la chica alemana ejemplar a quien su madre y su padre acompañan hasta el *lager*, hasta el campo. Sí, el nombre se asemeja a la cosa, y las fotos de las instalaciones, rodeadas de vallas, podrían ser las de cualquier campo de concentración.

El diario es toda una declaración de intenciones. Empieza con las fotos del primer día, donde aparece arreglada como una señora. Durante unos meses hay fotos de ella en medio del prado del campo, fotos de ella junto a los barracones y fotos de ella a punto de abrir la puerta de la que será su casa durante unos meses. También hay una foto en la garita de la entrada al campo, esa caseta donde suele resguardarse un soldado para controlar quién pasa o quién entra. La garita tiene una cruz gamada y aparece en las primeras páginas, nadie puede llamarse a engaño sobre el contenido y el sentido del diario, que describe el tiempo que la chica dedica al servicio civil del partido, al servicio del nacionalsocialismo. Hay un orden político y moral capaz de sostener cualquier actuación; en el diario hay alegría, y puede percibirse un sentimiento de realización personal que se ve recompensado por la colectividad; resulta innegable. Las chicas que aparecen en el álbum están contentas de estar en el campo y participar en él, y hablamos de la primavera y el verano de 1941, cuando la guerra ya es una realidad más que evidente, pues ya ha habido invasiones, bombardeos, barcos hundidos, matanzas y guetos... Ella llega el 4 de abril, por lo que no se puede alegar ningún tipo de ignorancia sobre la realidad de los hechos, sobre las posibilidades de todo lo que puede acabar ocurriendo. De hecho, está ocurriendo, ya ha ocurrido.

La moral de las chicas que acuden al servicio también es muy alta. Les brillan los ojos, no hay foto en la que no se aprecie alegría: sus sonrisas son sonrisas políticas, sonrisas que desvanecerían cualquier tipo de duda moral. El mensaje es inequívoco, no se puede leer ninguna clase de cuestionamiento entre líneas, y mucho menos en las fotografías. El diario es de tal solidez que pone de manifiesto los efectos que tuvo el Tercer Reich sobre el lenguaje, sobre las formas de expresión, sobre la retórica, la prosodia y la narrativa de la experiencia personal.

Es una chica formal y ordenada, estoy seguro de que ha pensado todo lo que debe escribir y que lo tiene en un papel a su lado, porque el trazo es rápido y no hay ni una sola equivocación o corrección en todo el diario, que tiene 48 páginas. Las primeras las dedica a mostrarnos el lugar y a presentarnos a sus compañeras y a sus superiores. Está la *lagerführerin* (directora), Fräulein Schade, y su *gehilfin* (ayudante), Fräulein Voss. Vemos a Frau Rettenbach, representante del *lager*, y a Fräulein Meichsner y Fräulein Schippens, ayudantes del economato. Y, por supuesto, también aparecen sus camaradas de barracón, debidamente vestidas con delantales o uniforme: Grete Schmitz, Thea Koerber, Inge Pieper, Resi Remeter, Hilde März y otras muchas que vamos viendo a lo largo del diario.

Mi madre recuerda el nombre de muchas de sus compañeras de campamento, los nombres y algunos apellidos, pero, sobre todo, su pueblo de origen. Yo hice unos campamentos a principios de los ochenta en la Selva de Oza, en el valle de Hecho. Era el más pequeño del campamento, iba a tercero de EGB, el primer año que podías ir, y soy de finales de diciembre. Todos me utilizaban de juguete; tenía que ir a buscarles tabaco a los monitores, que a cambio me daban chocolate y me dejaban ver la tele con ellos. Corría el verano de 1981 y algunos chicos que venían de Zaragoza llevaban banderas franquistas escondidas en las mochilas. Cuando todo el mundo dormía, las colgaban en lugares poco accesibles para que al día siguiente todos pudieran verlas. Varios de ellos eran de Belchite, lo recuerdo porque a algunos los llamaban por el nombre de su pueblo. A otros los llamaban por el número —el mío era el 66—, y al resto por el nombre. Han pasado más de cuarenta años, pero lo recuerdo, recuerdo que cantábamos canciones militares, al igual que recuerdo que en 1985 todavía desfilábamos por el patio de la escuela: nos hacían formar como si estuviéramos en el patio de un cuartel y teníamos que aprender a dar media vuelta y volver a marchar como si estuviéramos en el servicio militar. Hacía poco que el PSOE había ganado las elecciones.

Las canciones tradicionales alemanas le sirven para iniciar la narración de los días y las labores. «¿Cómo es un día en el *lager*?», se pregunta. Se levantan a las seis y media y, tras ventilar la cama y dejarla hecha, acuden al campo de deportes. De regreso, toman una ducha de agua fría y, una vez arregladas y preparadas, antes de desayunar, saludan el izado de la bandera. Luego hay tareas de todo tipo: jardinería, cocina, intendencia, coser, bicicleta, limpieza o colaboración con la gente de los alrededores. Siegan la hierba, preparan los uniformes y realizan todo tipo de actividades que las mantienen permanentemente ocupadas.

El ambiente es inmejorable, y la motivación por las tareas puede verse y leerse por todas partes.

Los días de servicio no tienen ningún tipo de secreto y no les dedica más tiempo; aquí también la narración acaba aburriéndose del trabajo monótono, como en las fábricas de Weil. La narración del servicio es correcta, administrativa y adecuada al tono que debía exigir la propaganda del partido. Aburrida como el trabajo maquinal de las fábricas: no es posible narrar las maquinarias. De repente, sin embargo, inicia la descripción de las tareas que hacen de la estancia en el campo un tiempo realmente agradable. Eso no quiere decir que las tareas agrícolas no lo sean, pues siempre las hacen con una sonrisa, pero estas chicas son jóvenes y dos horas de ocio son muy bienvenidas. Es decir, cuando la tarea deja de ser aburrida es cuando se puede resaltar su motivación política, cuando tiene un sentido. Irónicamente, cuando no es alienadora, me atrevería a decir. Aseadas y formales, con pantalones cortos si van a andar o con faldas si están en los barracones, se fotografían en grupo o en grupos de dos o tres chicas, juegan con un gato, hablan amistosamente o escriben cartas. La mayor parte de las fotos están bien pensadas y se exponen con el texto que les corresponde. «Encontramos un sitio para escribir cartas cómodamente», sonríe a la cámara en pantalón cortísimo. «Estamos junto al pajar que hemos construido», posan todas ante las balas de paja que han llevado de un sitio a otro. La promesa de un mundo en orden, de un mundo feliz, casi perfecto, tiene una correlación con el Estado.

Creo que la raíz última de todo lo que me atrae de este diario y de tantos otros documentos es la posibilidad de que yo hubiera podido encontrarme en una situación como la de la chica del diario. ¿Y si hubiera nacido en Codo? Soy incapaz de asegurar que otro yo, dentro de esa vida, se hubiera comportado de manera diferente, y con ello no quiero decir que crea en los determinismos, pero no puedo no creer que existe un cierto determinismo, es decir, que, a pesar de todo, las probabilidades están ahí. Si yo hubiera sido hermano de esta chica, ¿habría ido al frente bajo las órdenes del nacionalsocialismo? No sé si es una pregunta o una aporía, lo que sí sé es que esa cuestión recorre el libro en la medida en que la pregunta remite al otro, a las decisiones que tomaba en cada momento, a su comportamiento. Mi madre tenía dieciséis años cuando fue al campamento de Belchite, era una de las primeras veces que salía del pueblo. Podría haber terminado en el otro lado,

convencida o conforme con una ideología que siempre ha rechazado. ¿Y yo? Si hubiera nacido en el seno de una familia cercana al poder de ese tiempo, ¿podría haber seguido su estela? ¿Y si fuese el hermano de la chica del diario? Nada determina de manera inevitable el comportamiento, pero podemos observar tendencias y etcétera. Heredamos una parte de los traumas y de los anhelos de nuestros padres, también políticamente hablando, por supuesto.

En el diario, el domingo es un día importante, permite hacer recuento de toda la semana y, además, tienen el día libre o casi libre. Pueden dormir hasta tarde y pasear y jugar a su aire. El contenido erótico de las fotografías es evidente, toman el sol en un campo de flores donde se tumban como si estuvieran en la playa. El sol las deja cansadas, adormiladas, pero también miran traviesas a la cámara. Hay deseo, existe una sensualidad que no va más allá de la mirada y que no llega a la provocación, pero que no por ello resulta menos evidente. Todo está bien, todo es hermoso y todo será aún mejor, así lo prometen los *lieder* que adjunta; el mundo en paz que están construyendo con la guerra. Con fotografías y textos como estos, ¿quién podría estar en contra de ese nuevo orden? Nadie. Los chicos que las van a visitar van con uniformes de gala y se saludan «con un alegre *Heil Hitler*». Los incluye en las fotos, y yo no puedo evitar pensar en el joven Leo Nürnberger.

El 20 de julio de 1941 hay una fiesta, las damas del campo bailan con sus maridos o sus prometidos. Hay juegos e incluso hay disfraces y representaciones teatrales en las que ella es la princesa. Una fotografía la muestra disfrazada, de la mano de otra chica disfrazada; es una de las mejores fotos del álbum, de un erotismo suave, de tarde de verano nublada y vestidos amplios y sedosos, «die Entführung der Prinzessin», el secuestro de la princesa, en el que ella es la princesa y, como los hombres están en el frente, debe ser atra-

pada por otra chica. Hace casi un mes que Alemania ha invadido la Unión Soviética; ha empezado la operación Barbarroja y es imposible mirar estas fotos sin pensar en la devastación que se avecina.

Del 6 al 9 de junio ha habido vacaciones. Durante esos días ha regresado a casa, «... heim, heim, heim, heim wolln wir gehen...», dice la canción: queremos ir a casa. Regresa a su casa como una auténtica mujer del partido, se presenta con sus amigas en la estación, pasea muy elegante con su madre, con quien también aparece junto a una mesa llena de comida. La mejor foto, sin embargo, es la que se toma en la ventana de su casa. Quizá sea el comedor o quizá sea su dormitorio, no lo sabemos, todo permanece en la penumbra excepto su rostro y la parte superior de su cuerpo, iluminados por la luz que entra y que, de perfil, hace resaltar la cruz gamada del escudo que lleva cosido en la manga de la chaqueta. Es una auténtica nacionalsocialista, una mujer aria, orgullosa de quien es, de quien es su gente, sus amigos, su pueblo.

El diario termina con un largo apartado en el que no hay fotografías. «Mi informe y mis comentarios en el Servicio de Trabajo del Reich», ha escrito en una página con la que se inicia la tercera y última parte del diario. Detrás de la página hay dos tiras de algodón con un bordado, que son las que les cosen en los uniformes como prueba de haber superado el servicio.

«Hurra, morgen ist Elternsonntag!», se dicen unas a otras en el *lager*. Al día siguiente vienen sus familias a verlas y a buscarlas. Es un día importante, el día de la despedida, y es la frase que elige para comentar su estancia en el *lager*. Han recibido cartas de la familia, algunas incluso telegramas, y finalmente ha llegado el día. Algunos padres y familiares han pasado la noche anterior en Battenberg, pero hoy se encontrarán todos en el campo. Hay nervios, alegría. Preparan café, ramos de flores y la comida del día. Hay función de teatro y canciones. Estas páginas son la introducción a la parte final del diario, donde habla del ambiente de compañerismo que ha existido entre las chicas que han hecho el servicio. Ha sido difícil y a veces duro de contar, pero de eso se trata. Ha conocido a otras chicas de toda Alemania, cada una con su temperamento y sus particularidades, pero al final todo el mundo ha colaborado y todo el mundo ha ayudado a todo el mundo. Ha sido un momento importante para unas chicas que ahora ya son mujeres. Lo dice así, ahora son ya una comunidad, son un grupo de mujeres que pueden servir a los demás.

Mi madre nunca ha querido hablar mucho de aquellos tiempos, y yo lo respeto. No tiene por qué hacerlo, y yo no tengo derecho a ir más allá de donde quieren las personas o los documentos. Hace año y medio se encontraron los restos de ciento cincuenta fusilados el 20 de julio de 1936, solo dos días después del levantamiento. Las cifras todavía bailan, pero podría haber el doble. La fosa común estaba junto a la pared del cementerio antiguo. Hemos pasado justo al lado, es un lugar al que se conoce como el Trujal, a pocos metros de la valla que rodea el pueblo viejo. Algunos cuerpos solo tenían medio metro de tierra por encima.

—¿Cómo querías que supiéramos esto? Ahora es muy fácil, miras por internet y lo encuentras, pero entonces...

—Entonces nada, mamá, ya lo sé. A mí también me ha pasado la historia por delante más de una vez y no he sabido verla.

—Y cuando volví tu yayo dijo basta. Vinieron a buscarme a casa para apuntarme a Falange, pero tu yayo dijo que ni hablar. Yo tenía dieciséis años.

—Dieciséis años no es nada. Yo con dieciséis años estaba hecho un lío.

—¡Y lo que nos costó deshacerlo!

Ha sido mi último intento de que me hablara de Belchite. No hemos entrado en el pueblo viejo, tanto ella como yo hemos estado otras veces, yo estuve cuando todavía no había vallas y podías pasar con la moto por las calles, con esa inconsciencia de los adolescentes que están hechos un lío y esperan encontrar vete a saber qué. Los monasterios también estaban abiertos de par en par, podías pasar por dentro del refectorio del convento de Sijena, que estaba lleno de zarzas.

—Los Monegros son un agujero negro —le digo mientras paseamos por las calles del pueblo nuevo.

Hay casas abandonadas; es un pueblo extenso, pero tiene incluso menos habitantes que Zaidín.

—¿Y qué? Déjalos tranquilos, pobre gente. Todos han pasado lo suyo. Todos hemos pasado lo nuestro. Y tú lo tuyo, ¿no?

Hemos comido en el centro del pueblo y nos volvemos a casa. Deshacemos el camino y me regaña porque yo querría dar un rodeo y ella lo que quiere es llegar cuanto antes. Supongo que también quiere regresar al presente. Hace mucho calor. Quizá haya sido un error ir a Belchite, al pasado. En cualquier caso es un error menor, un pecado venial. No hemos hecho nada malo, no hemos tentado a la historia, no llegamos a tanto, solo la hemos visitado.

XIV

Los espíritus

Altgaul, junio de 2023

Roger ha sido uno de mis mejores guías de Berlín por avenidas, lagos, búnkeres, bosques, rincones, archivos y cafés. Ir con él, en bici o a pie, ha sido el mejor salvoconducto para llegar a la cuarta dimensión de la ciudad, la del tiempo, que es donde se sitúan las historias que él cuenta. «Aquella estatua, de Friedrich Ludwig Jahn, es muy controvertida porque...»; «Aquí había un paso subterráneo que...»; «Ahora no encontraré el sitio exacto, pero en este puente...». Siempre lo acaba encontrando. Roger es historiador, periodista, especialista en movimientos políticos contemporáneos y berlinés hasta la médula.

Casi desde el primer día ha estado al corriente de los álbumes que he ido adquiriendo, especialmente de dos que encontré en el mercado de los domingos de la plaza Boxhagener. Estaban dentro de un sobre que parecía que hacía tiempo que nadie había abierto. Dentro del sobre, envueltos con un papel tan fino que empezó a deshacerse en cuanto lo fui desplegando, como si me dijera que no había vuelta atrás, había un álbum de fotografías y un álbum infantil, uno de esos libros que recorren los primeros años de infancia y en el que se anotan datos físicos y anécdotas e incluyen fotos y hasta un mechón del primer corte de pelo. Si el primer álbum solo tenía la fecha y el lugar, Altgaul, 1918, el segundo era la primera biografía detallada de Käthe Schuster, nacida en 1896 en Marienwerder. Marienwerder y Altgaul están separados por solo veinte kilómetros. ¿Tendrían alguna relación? No podía saberlo. En el álbum de fotografías de Altgaul hay una chica que acompaña a todas partes a la protagonista y que podría ser ella, Käthe Schuster. La edad podría encajar, pero todo esto es solo una conjetura que se deshace en cuanto la intentas armar de nuevo. No encontré ninguna pista, porque había tantas cosas que acababas perdiéndote. Por lo que pude entender, alguien había vaciado la casa de una familia de farmacéuticos. En fin.

Las únicas indicaciones que hay en el álbum de Altgaul son el lugar y la fecha. En comparación con el silencio de *Unser Haus I*, eso representa media vida. En la primera página aparece la protagonista, la mujer que sale en casi todas las fotos. Hay también marcas de tréboles secados y una hoja, que todavía sigue ahí pegada y que sirve de muestra, ya que gracias a ella podemos imaginarnos lo que había dentro de las otras siluetas. Otro trébol se cayó en cuanto pasé la página, así que quizá el álbum hacía años que no se abría. El trébol que falta lo he puesto en un sobre para que no se rompa y lo he colocado entre la cubierta y la primera página, en la que hay unas pala-

bras que todavía no sé muy bien qué significan: «Motto: M.A.I.D». Puede que el motivo del libro fuera la *maid*, la mujer, pero no entiendo por qué lo pone con iniciales. Eso sí, la escena que describe la página está más que pensada, habla por sí sola: la mujer de perfil, entre dos columnas del porche de la casa que la acoge, el motivo del álbum y los tréboles. Y, a partir de ahí, una colección de fotos en su honor. El fotógrafo estaba muy interesado en ella.

En la mayor parte de las fotos aparece sola, a veces con variaciones mínimas, pero siempre sale bien. Eso quiere decir que quien las tomó debió de hacer muchas más, porque no son fotos de estudio, son todas al aire libre y en acción, caminando o en compañía de otra gente. Además, hay niños y caballos, que nunca se quedan quietos en las fotos. Es de suponer que, por muy buen fotógrafo o fotógrafa que fuera y por mucho cuidado que tuviera al hacerlas, debió de descartar muchas pruebas que salieron movidas, oscuras, quemadas o mal encuadradas. La mayor parte de las fotografías ha aguantado perfectamente más de cien años. Algunas brillan allí donde la plata ha subido por encima de la pátina, mientras que otras están oscurecidas, haciendo que los rostros aparezcan como si fueran espíritus. Hay dos niñas pequeñas que salen solas, pero ninguna otra mujer le roba el protagonismo en las fotos en las que aparece ella. Alta, delgada, con el pelo negro, va desfilando por las fotografías como una cariátide que hubiera salido del porche de la casa para tomar posesión de los alrededores. Pasea por los prados y también en carro; hay dos fotos en las que se ve a un hombre. La chica que sale junto a ella, y que parece algo más joven, podría ser la Käthe del libro anterior, pero creo que es más un deseo que una intuición. El único dato que tengo de esta zona es la coincidencia temporal: verano de 1918. Hay niños y niñas, chicas jóvenes y mujeres, pero no hay hombres, es el verano previo al fin de una guerra que acabará con dos millones de alemanes fallecidos.

Digitalicé el álbum de Altgaul porque, como me pasó con el de la casa de Hamburgo, me daba miedo que se rompiera. ¿Cuántas veces habré visto las fotos? Ni idea. Imaginé mil historias, fantaseé con el lugar e incluso me enamoré un poco de la protagonista, igual que el fotógrafo. Dasha dice que cualquiera que mirara durante suficiente tiempo el álbum se enamoraría. A Roger también le picó la curiosidad e hizo muchas búsquedas sobre Altgaul, pero todo era demasiado vago.

—Aquí se forman muchos atascos. En muchos lugares la carretera no se desdobló, solo hay un carril de ida y otro de vuelta. Cualquier problema en esta parte provoca colas kilométricas —me dijo mientras salíamos de Berlín por la autopista que lleva a Hamburgo. Veíamos cómo iban desapareciendo los últimos edificios y la carretera empezaba a atravesar campos con molinos de viento.

—Brandeburgo es como los Monegros —me dijo.

—No exageres —le respondí, pero no podía evitar pensar que tenía algo de razón. Había hecho muchos recorridos en bicicleta y lo había pensado más de una vez. La llanura, los molinos eólicos, la despoblación... Pero las cosechas son muy buenas, y los bosques, verdísimos.

—Un poco.
—No eches más leña al fuego que yo ya no sé dónde vivo.
Cuando le decía que quería escribir este libro a él también se le mezclaban los paisajes. Serían unos Monegros fértiles, con colinas boscosas en vez de sierras áridas, pero es cierto que los sitios que salían a nuestro paso mientras avanzábamos tenían una fisonomía similar; son lugares poco habitados y sin demasiadas fábricas, en comparación con otros sitios de Alemania. Berlín no es Alemania y las regiones del Este aún tardarán un tiempo en parecerse a la parte de la antigua República Federal.
Llegamos a Altgaul después de pasar por Wriezen, que es el municipio del que depende. En la entrada de Altgaul hay un centro de interpretación de la cigüeña. La antigua chimenea de un tejar y un nido con un par de cigüeñas que ven pasar el tiempo sirven de indicador para el desvío, un camino que ha de llevarnos al lugar que queremos ver y que, tras pasar por encima de las vías del tren, se adentra en el bosque. Era el lugar del álbum, no había ninguna duda, podíamos ver las fachadas de ladrillo de algunas fotos y los mismos ganchos y soportes metálicos clavados en las paredes. Las ventanas eran las mismas y los tejados se parecían a los originales. Incluso encontramos las tres puertas de los establos que aparecen en una de las fotos más bonitas del álbum. La hija de la protagonista contemplaba unas flores desde el mismo punto en el que nos encontrábamos. Se podía reconstruir una parte del álbum perfectamente.
Sin embargo, la casa grande no la veíamos por

ningún lado. Miramos por todas partes y recorrimos las dos calles hasta el final, hasta donde hay más campo que casas y te adentras en los paisajes ondulados que también aparecen en las fotos. El álbum es del verano de 1918, esas son las fechas, se puede ver cómo recogen fresas y ciruelas, y da la impresión de que el mundo está en orden. Alemania está a punto de capitular, pero esta familia parece vivir sin problemas, están bien alimentados y tienen un caballo y un carro que bien podrían estar en el campo de batalla. Las desgracias quedan tan lejos como las que describe el título del libro de Erich Maria Remarque, *Sin novedad en el frente*. El oeste, el frente, no es, al parecer, su mundo. Quizá tienen parientes que han ido a la guerra, quizá han perdido amigos. Si hay más de dos millones de soldados muertos, seguro que alguno es de Altgaul. En una de las fotos, al fondo, detrás del carro y de dos caballos lustrosos, se puede ver a gente segando. Se distinguen dieciséis personas. Parece que la guerra tenga lugar en otro mundo.

Roger recorría las callejuelas y los caminos para poder ver todas las fachadas, para comprobar si había alguna pista de las columnas de la casona del pueblo. Lo inspeccionaba todo como si estuviera repasando las hojas y las carpetas de un archivo; marcábamos los lugares por los que no habíamos pasado, y solo nos hicieron recular los ladridos de dos perros muy musculosos que había tras unas vallas ridículas. Supongo que todos los oficios tienen su influencia personal, y me gusta pensar que los historiadores tienen otra percepción del tiempo, también personal.

Al final, cuando ya estábamos a punto de irnos, vimos que se acercaba un coche. La mujer que lo conducía aceleró al vernos, dirigiéndose hacia su casa a toda prisa. Supongo que el hecho de que nos levantáramos enseguida para ir a su encuentro no ayudó a causar una buena impresión. Tampoco que yo tuviera la cámara fuera de la mochila, porque cuando nos vio llegar empezó a gritar que no quería fotos y que no pasáramos de la acera, que no nos acercásemos a su casa.

Roger consiguió calmarla un poco. Fue a hablar con ella muy educadamente y, desde la valla del jardín, le explicó por qué estábamos allí. Lo hizo bien, tras una disculpa tranquila, versallesca y un punto culpabilizadora —no había ningún motivo para ponerse así— que surtió efecto. Empezó a hablarle del álbum de Altgaul, diciéndole que era un documento único e importante, inédito. ¡Nadie sabía nada de aquel álbum! Esto, evidentemente, despertó su curiosidad. La mujer salió de la casa lentamente, casi como si fuéramos ladrones y sin dejar de mirar de reojo a mi mochila. No quería cámaras, volvió a dejárnoslo muy claro, y yo abrí los brazos y le dije que no tenía ninguna intención de hacer fotos. Me esforzaba en parecer un buen chico, pero se veía de lejos que le había caído mal y que allí Roger era el bueno de la película.

—No buscamos problemas, señora, somos historiadores. Yo soy de la universidad y este señor encontró un álbum de fotografías que quizá le gustará ver, se trata de fotos de gente de Altgaul de hace cien años, de 1918.

—¿De hace cien años? Imposible.

—De hace cien años, de una familia rica de la zona —aclaró Roger.

—Hay fotos de una casa que no vemos por ninguna parte —me atreví a decir con poco éxito; estaba claro que no le caía bien.

—Esta zona tan hermosa tiene también una historia —lo mejoró Roger—, y las fotos nos han traído hasta aquí —dijo mirándome de reojo para que le mostrara el álbum.

Lo primero que vio fue el nombre y el año, y enseguida encendí la tableta para que pudiera ver las fotos ampliadas. Como nos daba el sol, nos llevó a la sombra de un árbol, pero al otro lado de la acera de su casa. Yo iba pasando las páginas muy despacio.

—Increíble. 1918. Esto es aquí. No me lo puedo creer.

Estaba realmente sorprendida, y aunque todavía se mostraba desconfiada, yo intentaba que tuviera tiempo de ver bien las fotos. Le había cambiado un poco la expresión. No mentíamos, no queríamos hacerle ningún daño y lo que le enseñábamos era real.

—Estas paredes de ladrillo están aquí, quizá nos puede ayudar a localizar el resto de los sitios —dijo Roger.

—Sí, eso eran caballerizas y después fueron establos para bueyes. Ahora hay una carpintería, ya la habrán visto.

—Sí, sí, y hemos ido por detrás y hemos podido ver este paisaje —dijo Roger. Yo dejaba que hablaran ellos dos, no quería meter la pata.

—Está exactamente aquí.

—Lo que no hemos encontrado es esta casa. Hemos pasado por todas partes pero no la hemos sabido ver.

—Claro que no... No la encontrarán porque no está.

—¿Qué significa que no está?

—Esperen aquí. Aquí, eh..., ahora vengo.

—Habla tú —le dije a Roger mientras ella entraba en la casa—, parece que a mí no me hace mucho caso.

—Tú le has caído muy mal —se echó a reír—. Cuidado, que ya sale.

—Esto es lo que quería enseñarles. Lo de aquí arriba, si quieren, pueden fotografiarlo, la parte de abajo no.

Era un cuadro con dos láminas. La de abajo era una vista aérea de Altgaul con una mano encima, la suya. No me atreví a sacar la cámara y fotografié la lámina de arriba con el móvil. Había un edificio que tenía una entrada con columnas y un gran jardín enfrente.

—¿Esta es la casona del álbum? —preguntó Roger.

—Sí, sí, es el castillo, el castillo de Altgaul. Lo saquearon durante los últimos días de la guerra y después lo bombardearon. O al revés, no sé. Estaba justo aquí arriba —dijo señalando una pequeña colina con un bosque—, detrás de esas casas. Ahora es propiedad privada, pero ya les digo yo que no hay nada, con un poco de suerte quizá encuentren restos de piedras y ladrillos. Se llevaron todo lo que pudieron, lo bombardearon y, después, aún volvieron otra vez para llevarse lo que quedaba.

—Vaya... ¿Y sabe quién era esta gente del álbum? —pregunta Roger, por supuesto.

—En eso sí que no puedo ayudarlos. Es la primera vez que veo a esta gente. De eso no sé nada. ¿Puedo volver a verlas?

No paraba de repetir que era increíble que esas fotos existieran. Incluso la vi un poco sobrepasada, emo-

cionada. Entonces dijo que quería devolver el cuadro a la casa y tardó unos minutos en volver a salir.

—Lamento haberles gritado.

—No se preocupe, es normal, dos desconocidos con una cámara... —me atreví a decir.

—Lo siento, les pido disculpas.

—No tiene por qué —dijo Roger, y lo decía sinceramente. Al fin y al cabo, éramos dos extraños y se trataba de un lugar poco concurrido.

—Es que de pronto me he visto a mí misma en esta misma situación. Nosotros hace mucho que vivimos aquí, treinta y tres años, pero no somos de aquí. Mi familia viene de los Sudetes, de Checoslovaquia, de Chequia, ahora. Eran alemanes, somos alemanes, de los que regresaron al país tras la guerra. Habían vivido allí toda la vida, mis abuelos también, pero los expulsaron a todos. Yo aún no había nacido, soy del 57, pero de niña ya crecí con el recuerdo de la casa y escuchando la historia de cómo habían tenido que irse. Había observado las fotos de la casa mil veces. Yo nunca la sentí como mía, porque no había vivido en ella, pero era mía dentro de mi cabeza, en mi pensamiento, en mi memoria. No mía de propiedad, por supuesto, pero era la casa de mi familia. Y ahora me siento fatal porque me he comportado como ellos...

—¿Como ellos? ¿Como quién? —preguntó Roger.

—Cuando era joven, en 1974, decidí que sería una buena idea ir a ver la casa. ¡Ah, qué gran error! Yo estaba tan contenta, tan ilusionada... Finalmente vería la casa de mi familia. Cuando la gente del pueblo se enteró de quién era, me echaron de allí de malas maneras. Más que de malas maneras, ¡me recibieron con escopetas! No sé, supongo que pensaron que quería reclamar su propiedad. Yo solo quería verla. Ahora he pensado en lo mal que los he recibido y me he acordado de mí misma alejándome del pueblo.

Tanto Roger como yo respiramos hondo. Ella también se mostraba azorada. No nos dejó pasar de la acera y estábamos bajo el sol del mediodía, sudando los tres. Yo intentaba que el álbum no se manchara. La mujer nos explicó cómo habían arreglado la casa y el jardín en Altgaul, y nos dijo que esa chica que salía a ver qué pasaba era su hija, que vivía en el antiguo pajar, también restaurado. Nos despedimos y volvimos al coche. No nos atrevimos a preguntarle cómo se llamaba.

Roger quería aprovechar para pasar a Polonia a ver el cementerio donde está enterrado el abuelo de su mujer. Estuvo en la resistencia polaca. Pasamos por Siekierki, donde está uno de los muchísimos cementerios del ejército, pero esa es otra historia, una historia que le pertenece a Roger. Queríamos abarcarlo todo. Altgaul, Polonia y Eberswalde. En parte, supongo, porque formaban parte de un tiempo que nos fascina a ambos. Todo esto era Prusia, un país que todavía existe en la memoria, en los documentos, incluso en ciertos objetos y acontecimientos, pero que no existe en ninguna otra parte; es un espíritu que vaga por los parajes donde vivió, como un viejo fantasma de castillo arrastrando la pesadísima sábana de su historia. El librito de Käthe, por ejemplo. El nivel de la manufactura en la Prusia de finales del XIX es insuperable, todo el libro es una pieza de coleccionista —como el álbum de fotos de Altgaul, por otra parte—. El dorado de las páginas y la cubierta, que están intactas, evoca a los artesanos del momento, su profesionalidad, la voluntad de que el libro perdurara. Ahí están los gofrados y las guardas, de una elegancia exquisita, y todos esos colores, que parece que no hayan perdido intensidad. Es como una tumba egipcia recién descubierta.

Käthe es la niña que aparece en el libro. Su padre es Arthur Schuster, nacido el 1 de enero de 1863. Su madre es Helena Schuster (Moser, de soltera), nacida el 21 de marzo de 1869. En la primera página está la nota de imprenta con la que anunciaron el nacimiento de su hija y un recorte de periódico con las *Nachrichten Familien*, los nacimientos, y su nombre completo: Käthe Annemarie Bertha Eva. El libro ha perdurado, lo tengo yo, y lo conservaré mientras viva. Dasha dice que no me doy cuenta de la cantidad de gente que he acogido en casa.

En el libro de Käthe está la lista de los años con el peso y la altura correspondientes, desde que nace hasta que cumple catorcc años. Nos dice dónde nació, en Marienwerder, unos sesenta kilómetros al norte de Berlín, en la calle Grünstrasse, número 16, un martes 22 de septiembre de 1896. Exactamente a las ocho y cuarto de la noche. En el libro se encuentra toda la genealogía hasta los bisabuelos, la descripción del bautizo y los votos que el matrimonio hace para su hija.

En la página 18 encontramos la primera fotografía, tomada seis meses después del nacimiento, y en la página opuesta, en la 19, un mechón de pelo pegado bajo una tira de papel. Se lo cortaron el 6 de marzo de 1898, y quizá era algo más claro, pero es rubio. Impresiona verlo mientras la Käthe de la foto nos mira a los ojos. En total hay seis fotos de Käthe, cua-

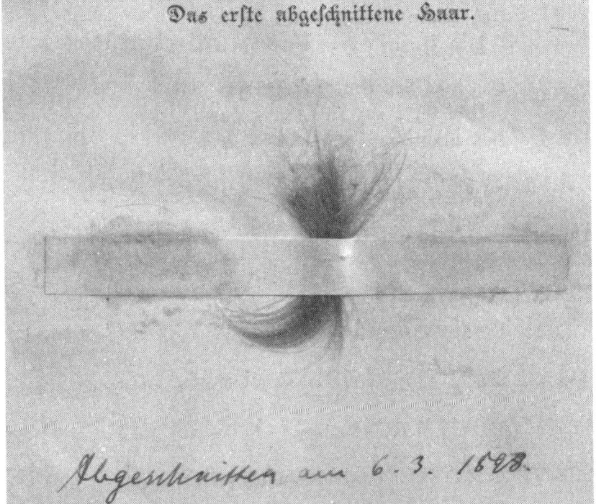

tro de ellas con su madre; hay una más grande, con un cartón muy grueso, que es la que no está pegada. No puedo evitar pensar en el retrato del hermanito de mi padre, a pesar de la distancia temporal y geográfica, y también de las circunstancias.

Al final del libro hay dos recortes de periódico. Son del suplemento de ocio o entretenimiento del *Tägliche Rundschau*, que traducido sería, aproximadamente, el resumen del día. Una hoja es del 28 de octubre de 1918 y la otra del 19 de noviembre del mismo año. El padre y la madre leían el periódico y quizá le dejaban a Käthe las páginas del suplemento, las cosas no cambian tanto. Käthe conservó algunas hojas porque supongo que aquellos días los periódicos se leían con fruición. Los contenidos son variados. Bajo un poema, «Nuestra noche plena», hay un artículo que homenajea al filósofo Schleiermacher, en el que se habla del valor de la religión y la verdad como formas de trascendencia. Hay un artículo sobre cómo leer a autores como Gottfried Keller o Heinrich Heine, otro sobre el destino de las mujeres en la guerra y un extracto de un diario de un cura que ama a su tierra. El periódico del 28 de octubre contiene un extracto de un discurso de Bismarck y, debajo, como preparando a la opinión pública para el armisticio del final de la guerra, un artículo sobre cómo interpretar el pacifismo y el pacto a la luz del Evangelio.

En la cubierta, al final de todo, hay gofrados y el nombre del fabricante, H. Sperling, Buchbinderei (encuadernador), de Leipzig. Está tan bien hecho que merece ser recordado. La calle donde nació Käthe, la Grünstrasse, parece todavía una calle de pueblo, pero evidentemente las casas han cambiado. No apareció en el último momento ninguna mujer que pudiera darnos alguna pista. Llegamos a Berlín cansados y nos despedimos con un abrazo. Había sido un gran día.

Al día siguiente envié correos a todos los museos de la zona y a varios profesores de historia, una veintena en total. Les preguntaba por la casona de Altgaul, por si podían darme alguna información, cualquier pista que pudiera orientarme. Como es algo que ya he hecho antes con otras cosas, tengo la experiencia de que no suele responder nadie. Cuantos más correos envías, más aumentan las probabilidades. El único que me respondió, a los pocos días, fue el doctor Thomas Hartmann, del Oderbruch Museum Altranft. En su correo, muy amable, confesó que sabía algo, pero que no podía ayudarme con datos concretos, y que quien probablemente tendría información más precisa sería el doctor Reinhard Schmook, del Oderlandmuseum, en Bad Freienwalde, que está muy cerca de Altgaul. Así fue. Le escribí un correo versallesco que obtuvo premio: la respuesta del doctor Schmook resultó definitiva para cerrar el círculo. O, al menos, algunos de los círculos:

> La finca de Altgaul la compró el genealogista e historiador Werner von Kieckebusch, en 1915, a principios de la Primera Guerra Mundial. La reconstruyó y convirtió la casa en un pequeño palacete. Tras la proclamación de la República de Weimar, los hijos del príncipe heredero se alojaron en la finca en

diversas ocasiones, y se dice que el príncipe Wilhelm también estuvo allí. La mujer que aparece en el álbum es, con toda probabilidad, Elisabeth Marie von Krosigk, la esposa de Von Kieckebusch. La niña, seguramente, es la hija pequeña de ambos, Erika Sophie Anna. Elisabeth Marie murió en 1922 a causa de una apendicitis. La historia de Von Kieckebusch con Altgaul termina en 1927, cuando vende la finca y se va a vivir cerca de Rostock.

En su correo, el doctor Schmook me explica que a finales de la Segunda Guerra Mundial la casa se utilizó como archivo político del Ministerio de Asuntos Exteriores. Después de que la quemaran en marzo de 1945, los restos de los muros y las piedras se aprovecharon para reparar y construir otras casas de los alrededores. Lo único que quedó fueron las paredes de hormigón de la caja fuerte y la puerta de acero, todo en medio de escombros aplanados y maleza. La máxima información en el mínimo espacio; muchas gracias, doctor Schmook.

Sabemos qué le pasó a la casa, la historia que rodea el álbum y también muchas cosas de Käthe, pero no puedo afirmar que sea ella la que acompaña a Elisabeth Marie. En las últimas líneas del correo, el doctor Schmook me explicaba que Von Kieckebusch vivió sus últimos años en una casa en el sur de Berlín, y me daba la dirección exacta. El correo me llegó la noche del sábado al domingo, el 24 de julio. Yo me había quedado leyendo y, cuando fui a poner la alarma del móvil para el día siguiente, vi que tenía un mensaje. Pasaban diecisiete minutos de la medianoche. Cuando terminé de leerlo, como sabía que ya no podría dormir, cogí la bici y me acerqué hasta aquella calle de Zehlendorf. Fue como salir de fiesta, como si me hubiera tomado algo.

La siguiente sorpresa llegó cuando, buscando información sobre Von Kieckebusch, vi que se habían publicado sus memorias. Qué maravilla, el fotógrafo del álbum había escrito un diario y el marido de su bisnieta lo había transcrito, editado y publicado. El libro empieza con los días posteriores a que las tropas soviéticas entren en Berlín y lleguen a Potsdam. Narra la caída de la ciudad, la miseria, el hambre, la convivencia con los huéspedes rusos a los que se ven obligados a acoger en su casa, las intimidades y costumbres de los soldados con las mujeres. Habla de como, de los dos hijos que tuvo con Annelie (con quien se casó en segundas nupcias en 1923), el mayor, Hubertus, falleció en el frente en 1942 y el otro, Burkard, desapareció en combate. Seguramente también murió, pero Von Kieckebusch no dejó de preguntar a todo el mundo. El diario es un documento excepcional, el retrato de una sociedad que ha perdido la guerra, que se explica a sí misma desde el recuerdo de un tiempo que pudo ser de otro modo, pero que acabó derivando en fatalidad. Cae Berlín y cae Potsdam y el paisaje es desolador. Las trincheras, que en el álbum de fotos son solo una entelequia, se trasladan aquí a las calles próximas a su casa: trincheras físicas y morales, cicatrices históricas que los rompen por dentro. Von Kieckebusch espera cartas de su hijo y de su hija Erika, la que sale en el álbum. Envía cartas que le son devueltas o que se pierden.

Intenta encontrar a los vecinos que le han acompañado durante todo este tiempo y que, como él, se ven obligados a salir a buscar espárragos y frutos del bosque para engañar al hambre. Tiene que acudir al mercado negro para malvender relojes y radios, abrigos y todo lo que tenga algún valor para conseguir algo de comida. Encontramos el relato púdico de las violaciones, una cierta honorabilidad en la descripción de la ruina y de la rendición. Incluso a veces algo de humor allí donde la tragedia no es demasiado sangrienta.

El diario publicado comienza el 24 de abril de 1945 y se cierra el 31 de diciembre de 1946. La primera vez que habla de Altgaul es el 3 de octubre de 1945, porque uno de los habitantes del pueblo va a visitarlo, pasa la noche con ellos y le da noticias de la aldea. Von Kieckebusch había vendido su finca veinte años antes, pero no podía olvidar ni el lugar ni todo lo que allí vivió. Pasado un mes, el 3 de noviembre, que es el cumpleaños de su hijo Hubertus, recuerda la visita del príncipe Guillermo de Prusia, en honor del cual organizaron un gran banquete para veinticuatro personas. «Qué contraste con hoy», exclama cuando recuerda que ha caído en manos rusas. Altgaul va apareciendo aquí y allá. El 12 de julio de 1946, por ejemplo, describe su viaje a la aldea, que duró dos días entre ir y volver, pasando la noche en Eberswalde. Cuando llega a Altgaul visita a toda la gente que puede. Frau Becker le cuenta cómo cayó la casona, donde murieron veintiocho soldados alemanes. A partir de ese día regresa de vez en cuando en busca de comida. Hay más posibilidades de moverse por los alrededores de Berlín. La incertidumbre por el hijo desaparecido se vuelve más angustiosa cuando se entera de que hay miles de prisioneros en Rusia. Quizá esté allí, pero se pregunta cuál será entonces su destino. El 2 de diciembre sueña con él en Altgaul, en la casona, y a mí me viene a la mente la angustia del padre Meier, la misma angustia.

Hay un día en el dietario, el 27 de julio de 1945, en el que Kieckebusch recuerda que es el cumpleaños del príncipe Óscar y que los muebles que tenía pertenecen ahora a Stalin. En el siguiente párrafo dice que una vecina tiene piojos y él se sorprende de que todavía existan, «vivimos tiempos piojosos». Entonces recuerda la última vez que vio piojos en la cabeza de su hija Erika, cuando era pequeña. Fue en Altgaul, en 1918, y se los pasó la niña que iba con ella en el carro en el que recorrían la finca. En este punto abrí el álbum para buscar la foto de Erika con su amiga en el carro. De unas cabezas a otras, recuerdos y piojos.

He intercambiado algunos correos con Jörg Bremer, el editor de los diarios, que ha sido muy amable conmigo. Se ofreció a ayudarme con cualquier duda o pregunta que pudiera surgirme. Tengo la sensación de que he hecho todos estos viajes muy bien acompañado, de que he tenido varios ángeles de la guarda que me han ido dejando correos, libros o fotos para poder llegar más lejos. No me han ahorrado los malos ratos, pero me han ayudado a encontrar lugares y personas. Enseguida le envié las imágenes escaneadas y, por supuesto, le dije que me diera tiempo para terminar este libro y le enviaría el álbum. Me gustó mucho una expresión que empleó: que había aparecido de repente y de la nada en sus vidas, como un espíritu. Ellos aparecieron en la mía del mismo modo. La hija de la niña que sale en el álbum todavía está viva, y creo que es justo que lo tenga ella, pero Jörg me dijo que me lo quedara yo, que si lo había encontrado era por algo.

Cada vez que repaso estos álbumes de fotografías antiguas me viene a la cabeza la misma sensación de desamparo histórico. Son imágenes que han quedado suspendidas en el tiempo, sin nadie que se haga cargo de ellas. Al menos estas están a salvo. En torno a este álbum está Roger; está la mujer de Altgaul y su casa de Silesia; están todos los que aparecen en las fotos; está el vínculo que no he podido averiguar con Käthe; está el universo de personas que se pierden en Polonia en un viaje demasiado corto; están Jörg y su familia. Está Von Kieckebusch, que tomó todas las fotos y cuyo rostro no he podido ver hasta que esta historia ha terminado. Y ahora estará también quien lea esta historia.

Yo todavía no sé en calidad de qué estoy aquí. Solo sé que me hubiera gustado poder hacerle algo más de justicia a Käthe.

XV

El arca de Noé

Charlottenburg, agosto de 2023

Hace un magnífico día de sol, el tiempo ha querido compensar un invierno interminable con unos meses de julio y agosto razonablemente benignos. Hizo frío hasta bien entrado mayo, y junio fue medio de broma. A finales de junio y principios de julio empezó a hacer buen tiempo, al menos lo suficiente para pasear sin chaqueta y para caldear un poco el agua helada de los lagos y poder bañarse a gusto. He ido tanto como he podido, a veces todos los días: media hora en bicicleta, nadar y volver a casa como quien guarda el verano en la despensa para el siguiente invierno. Incluso yo, que lo odio, agradezco este calor y voy a trabajar al parque.

Estamos al lado del castillo de Charlottenburg, uno de los parques más bellos de Berlín. Hemos organizado un pícnic —tradición berlinesa por excelencia— para despedirnos de todo el mundo. Lo dijimos con suficiente antelación para que pudieran venir los amigos con los que hemos convivido durante todo este tiempo, y creo que seremos muchos porque los móviles no dejan de vibrar. Hemos enviado a todos la localización exacta para que puedan encontrarnos fácilmente; el parque es enorme y tiene muchos rincones.

Los primeros en llegar son Luca y su compañero Hristo. Los dos son lingüistas, amigos de Dasha. Luca está viviendo en Varsovia, y Hristo, que trabaja en Leipzig, acaba de regresar de un archipiélago remoto de Oceanía que no recuerdo, después de pasar por su casa, en Sofía. Berit, que trabaja con Dasha, llega pocos minutos más tarde. Ha comprado fresas tardías, que en Brandeburgo todavía se encuentran. Hemos ocupado un amplio espacio junto al estanque para poder ver los pájaros y los cisnes. La sombra de los robles se mezcla con la de los plátanos y la de los abedules, y la hierba es lo suficientemente alta para hacer de colchón bajo las mantas y las sábanas que hemos traído. En medio del corrillo hemos puesto el mantel con la comida.

Ania, profesora de español, llega con Dima y Alina, la pareja ucraniana que acogió cuando estalló la guerra. Es un trío amistoso cuya convivencia resulta algo complicada. Ania dice que existe una distancia cultural insalvable, es muy difícil acoger a alguien en casa sin arrepentirse en algún momento, pero no es un reproche serio. Dima y Alina admiten que ellos no saben si la habrían acogido a ella si la cosa hubiera sido a la inversa. Ania no los conocía de nada, podría haber sido cualquier otra pareja, y han pasado momentos de todo. Recuerdo el día que discutieron por la cantidad de ropa que ponían en la lavadora. Según Ania, Alina puso en marcha la lavadora con dos bragas. Alina lo negaba: también había un par de calcetines y una camiseta.

—Había cinco piezas —decía mientras Ania tomaba aire para cargarse de paciencia y Dima continuaba tocando la guitarra.

La guitarra es otro tema, mejor dejarlo para otra ocasión.

Marlene me riñe porque no hago los cortes de la tarta de manzana lo suficientemente rectos, pero como la llevaba en la mochila no ha llegado del todo entera. Frunce el ceño, me quita el cuchillo de las manos y me da recuerdos de Lars. Karolina aprovecha que Marlene me ha librado del trabajo para contarme que está muy contenta porque ha ganado una plaza en la Universidad de Leipzig, en el mismo departamento que Hristo. Es una de las jóvenes promesas de la semántica formal. Karolina, polaca, nació a pocos kilómetros de la frontera con Alemania y podría haber sido mi informante prusiana, pero la historia no le interesa demasiado. En su móvil, en los contactos, en vez de mi nombre tiene puesto «Gran Decepción», que al parecer es la cara que puse cuando vi que lo de Prusia la dejaba bastante indiferente. Me la gané porque se dio cuenta de que conocía la literatura polaca y eso la impresionó. Hablamos de Sławomir Mrożek y de Czesław Miłosz, de Wisława Szymborska y de Adam Zagajewski, entre otros, y le caí bien. Somos buenos amigos y por eso me dice que, si bien no cumple con las normas de la hospitalidad polaca al no poder corresponder con la información que le pido sobre Prusia, debo entender que Prusia, para Polonia, es una era geológica, no un tiempo histórico. Dasha dice que le gusto; otro tema que también es mejor dejar de lado. A mí ella también me gusta un poco.

Nos saludan Herbert y Asal, con quienes hablamos un rato en alemán y un rato en castellano. Llegados a este punto, hemos decidido utilizar la cinta adhesiva y el rotulador para ponernos los nombres en el pecho, pues es imposible que la gente los recuerde todos. Como habla ruso, Asal enseguida hace amigos y a Herbert todo el mundo quiere conocerlo porque les he contado su historia con los traductores automáticos de los noventa de la IBM en Heidelberg. Esta historia tiene mucho éxito entre los lingüistas. Él y Pablo, un chico de Salamanca que trabaja en el Departamento de Recursos Humanos del mejor traductor online que existe en la actualidad, DeepL, son mis dos grandes aportaciones al grupo de lingüistas. No es fácil hacer amigos, y yo, para ganármelos, solo dispongo de la conversación. El gran reto, cuando vas a otro país, es saber construir compañía y amistad. Es importante saber que debes hacerte amigo de la soledad, pero que no puede ser tu única amiga.

Necesitamos un mapa o una lista. Hay mucha gente y quizá no debería nombrarlos a todos, pero ¿qué es Europa, sino eso? Decenas de países y de naciones; si sacas a uno, dejas cojos a los demás. Está Ignác, de Eslovaquia, con su pareja, Justyna, que no quiere vivir en Berlín porque dice que Praga es mucho más bonita. Llegan Yorgos y Bettina, griegos, con su hija de ocho meses y el perro. La lista es larga, me doy cuenta a medida que enumero los nombres, pero es importante porque todo este tiempo y todos estos lugares no son nada sin la gente. Quizá por eso cuesta tanto construir Europa, porque cuesta de explicar, porque es esencialmente compleja.

Llega Lea, que lleva años viviendo entre Budapest y Berlín, desde que ganó Viktor Orbán. Eso quiere decir que su hogar está aquí y que a Hungría solo vuelve para ver a la familia. Está intentando terminar una película sobre la situación política de su país. Nos ha mostrado algunos fragmentos a un grupo que nos encontramos de forma regular. Hay una escena que nos dejó a todos con un gran desasosiego: el discurso de una de las actrices diciendo que ya no puede más, que está quemada de tanto hablar de la situación política de Hungría, que se da por vencida y que quiere dejar de ser húngara. No actúa, no finge, es real, lo dice desde tan adentro que también tú te sientes agotado de ser lo que seas. Toda la película transcurre en el interior de un piso vacío de Berlín, en medio de las obras de remodelación. El diálogo está teatralizado y esa escena me conmovió; supongo que a partir de un determinado momento es fácil hartarse de tu propio país. A mí también me ha pasado; tercer tema que dejo aparcado. Con Lea está Pierre, un chico quebequés que está haciendo un documental sobre los hippies que se quedan en Fisterra después de hacer el Camino de Santiago.

La lengua franca de los encuentros es el inglés, seguido del alemán y el ruso. Todo el mundo intenta adaptarse lo mejor que puede a las conversaciones cruzadas y saltar de una lengua a otra. Yo, que apenas empiezo a defenderme en alemán y soy un desastre con el ruso, he encontrado un aliado en la literatura. Me he ganado a la gente a través de sus escritores y de los relatos que han dado a sus países. Con mucha gente de los países de Europa Central y del Este es relativamente fácil empezar una conversación a partir de sus escritores. Con Oleksandra, por ejemplo, empecé así, porque Joseph Roth nació en Brody, no muy lejos de Lviv, su ciudad. Sabía que Stanisław Lem, el autor de *Solaris*, y los poetas y ensayistas Adam Zagajewski y Zbigniew Herbert habían nacido en esa ciudad. Pero, claro, ella sabía más.

—Olvidas un escritor, uno de los importantes.

—Bruno Schulz. Ya hemos hablado de él.

—Otro.

—Ni idea.

—Leopold von Sacher-Masoch.

Echo de menos las charlas con ella. Miro el móvil, pero no tengo ningún mensaje suyo y Dasha tampoco me ha dicho nada, así que estamos los dos igual. Creo que no vendrá, no le apetece. A veces estas son conversaciones un tanto peculiares, como todas en las que un extraño interviene en la familiaridad de los demás. Con los polacos, en general, cuando hablas de Sergiusz Piasecki o de Jan Potocki te miran como si les hubieras dado una contraseña, una palabra secreta. ¡Alguien que no es de los suyos sabe algo de su país! Hay un momento en el que fruncen ligeramente el ceño e intentan recuperar terreno alegando lo que se pierde en la traducción. Yo suelo responder —las conversaciones se repiten— que eso no es nada comparado con todo lo que se gana, que tenemos traductores del polaco buenísimos, pero es una partida de cartas complicada, porque tiene que ver con la identidad y con el relato. Cuando les dices que has leído a alguien, siempre queda otro por leer o alguna otra sorpresa inesperada.

—Ludwig von Mises. —Oleksandra sacaba nombres como quien lanza los triunfos sobre la mesa al final de la partida.

—¿Qué le pasa? ¿También?

—Sí, también nació en Lviv. Bueno, nació en Lemberg, cuando el nombre era en alemán. Leópolis, Lviv, Lvov, Lviv, Lemberg... Ahora nos invaden unos y la frontera está a un lado, después nos invaden otros y la ponen en el lado opuesto. ¿Sabes quién es?

—Todo el mundo sabe quién es. Mises y Hayek, podría ser el nombre de una empresa que fabrica neoliberalismo.

—Muy bien, muy inteligente. ¿Y Sofia Yablonska? —El nombre le brillaba en la boca.

—No la conozco, la verdad. Te diría que me suena para quedar bien, pero creo que es porque se trata de un apellido conocido. ¿La de las manzanas?

—Manzano. Fue una escritora que no dejó de dar vueltas por el mundo. Estuvo en Marruecos y China. Fue fotógrafa y arquitecta, y más cosas. No nació exactamente en Lviv, pero sí a pocos kilómetros.

—Todos estos son tu país, ¿verdad?

—Ahora que estoy lejos de Lviv, sí.

Creo que Oleksandra no vendrá, y es una putada porque la echo de menos. Con Dima y Alina también puedo hablar de literatura, pero no es lo mismo. A Dima le gusta mucho Mijaíl Bulgákov, y Alina recuerda que en el instituto hizo trabajos sobre Isaak Bábel. Odesa, Crimea, la costa del mar Negro son ahora patrias en exilio para quienes se han ido, nombres que se pronuncian entre suspiros.

Está Barbara, que trabaja para la Berlinale. Extiende la manta de modo que el borde se solape con la de al lado y aplasta la hierba de debajo. Si lo miras un poco de lejos, la superficie de mantas parece un mapa, con valles y sierras, con platos, bandejas y botellas, con comidas de todos los lugares. Ella y su marido nos ofrecieron su casa para celebrar allí la comida. Tienen un jardín enorme. Compraron su piso en el centro hace muchos años, cuando todavía no se había producido la primerísima subida de precios, «cuando en Berlín todavía no había ratas», dicen. No sé cuántos metros cuadrados tiene, un disparate, pero cuando han visto que éramos tantísima gente han dicho que quizá sí que era mejor haberse reunido en el parque. Nos hicimos muy amigos porque, además de haber coincidido con Dasha en el mismo departamento, Barbara trabajaba a media jornada en la Berlinale cuando *Alcarràs* ganó el Oso de Oro. Teníamos mil cosas de las que hablar.

—¿Cómo va el libro? —me pregunta Thomas, su marido, mientras llena su plato con un poco de todo lo que encuentra en las bandejas y los táperes que hay sobre el mantel.

—Avanza, creo que lo tengo.

—Lo que me enviaste de Altgaul es bonito.

—Espero que la familia me conteste. En las redes he encontrado al periodista que publicó el diario y le he enviado mensajes a Twitter, a LinkedIn y también a una página web que tiene, pero tarda mucho en contestar. Hay un libro de una escritora catalana muy buena que se titula *Cuánta, cuánta guerra*. Me siento un poco así, cuánta guerra por todas partes.

—Es inevitable, no puedes rehuir el tema, te lo encuentras en cada rincón. La guerra es la materia de la que está hecha Berlín.

—También está hecha de amor —le corrige Barbara.

—Y de amor —concede él.

A Ileana, rumana de Brasov, para darle un poco de conversación le explico que la mujer de mi hermano es lipovana, de la minoría rusa que llegó a Rumanía desde Moldavia. No acaba de creérselo, como tampoco que presenté un libro de Mircea Cărtărescu en Barcelona; no tengo ninguna foto de ese día y tampoco la encuentro en la página web. Le pregunta a Dasha si le estoy tomando el pelo. No es que sea desconfiada, es que para ella Cărtărescu es mucho más que un escritor, es un referente para la cultura de su país. Bueno, algo desconfiada sí que es, la verdad, porque después me mira de reojo y, como no sale en Google, no acaba de creérselo. Al final he tenido que pedirle una foto al editor.

Hay mucha gente, y no los menciono a todos. Falta Freja, que está a punto de llegar. Y Oleksandra, claro, que ya no cuento con que venga.

Me he levantado porque empieza a dolerme el culo y las piernas se me duermen de estar tanto rato sentado en el suelo. Es algo que vamos haciendo todos, y de paso aprovechamos para buscar algún rincón apartado, porque hace calor y no paramos de beber. Desde el lugar en el que estamos se puede ver una parte del parque, con gente que hace pícnics como nosotros, como si fueran aldeas y ciudades situadas junto a los caminos. La comida avanza entre brindis. Cuando te tumbas en el suelo y miras las copas de los árboles puedes ver a las ardillas saltando de rama en rama. Siempre hay alguna más descarada que baja antes de tiempo a comprobar si hemos dejado algún resto. Como estamos cerca del estanque, los cisnes también se acercan, pero con más atrevimiento, como si nos dijeran que ellos son los dueños del parque y nosotros solo estamos ahí de paso. Ya hace rato que a lo lejos puede verse una garza que de tan inmóvil parece de madera. Por supuesto, solo está esperando a que aparezca una rana despistada.

Uno querría que comidas así no terminaran nunca, parece que hayamos construido un barco que está a punto de zarpar. No hay velas, claro, todo son mantas sobre la hierba, y sé que de debajo de la tierra no llegará ningún viento que nos empuje hacia ninguna parte, todo lo contrario, la tierra de Berlín te succiona, es arena o roca arenosa que obliga a que los edificios estén muy bien cimentados. Hay refugios antiaéreos y capas de escombros, y también esa historia que se te clava como un anzuelo, siempre hacia dentro. Las mantas están en la superficie, se superponen unas con otras, se estiran, se mueven como las antiguas fronteras mientras las conversaciones van de un lado a otro y los grupos se hacen y se deshacen.

Elif y Freja llegan un poco tarde. Freja se disculpa y dice que para compensármelo ha traído aceitunas, que sabe que me vuelven loco. Elif está intentando terminar el doctorado mientras trabaja de traductora jurada, del turco al alemán y al inglés y viceversa. Freja, sueca, es ingeniera, desarrolladora de software, pero dice que se aburre como una ostra y que quizá vuelva a estudiar lenguas. Ya le ha dado una vuelta a la vida, y cree que aún le quedan unas cuantas vueltas más.

Esperaba a Elif y Freja, no quería irme sin volver a verlas y han venido. Tarde, pero han venido. Me gusta hablar con Freja porque dice las cosas tal y como le salen y con una ironía poco sueca que ella atribuye a que no es del todo sueca, es de Malmö. Tiene un punto de locura que te saca un poco de quicio porque te coloca en situaciones en las que no puedes nadar y guardar la ropa. Blanco o negro, sí o no: datos que dicen algo y que se pueden contrastar, gráficos del aumento de la temperatura del planeta, la velocidad de acumulación de capital de las grandes empresas y otras cosas que suelta de vez en cuando. Se dedica a ello y le gusta mucho más que desarrollar códigos para empresas que lo único que hacen es aumentar sus beneficios aumentando la temperatura del planeta y acumular más capital para sí mismas y para sus clientes. Sus jefes no quieren que se vaya de sus empresas porque crea código muy bueno, muy limpio, muy depurado, que permite que las máquinas se encuentren con muy pocos obstáculos. Según la gente que la conoce, es como si supiera hablar con los ordenadores, les dice y les pide cosas que otros ingenieros ni siquiera se imaginan que se puedan decir o pedir. La llaman bruja.

Supongo que le caí bien. Nos conocimos en un seminario sobre Walter Benjamin en el que creo que éramos los dos únicos asistentes que no tenían ningún vínculo con las universidades que lo organizaban. Era un seminario algo especial, versaba sobre el sentido del humor de Benjamin, y la gente era más bien seria y seca. A Freja y a mí nos llamaron aparte porque teníamos que rellenar unos papeles de responsabilidad civil, ya que íbamos a visitar el archivo de Walter Benjamin y no teníamos el seguro de la universidad. Así fue como nos hicimos amigos. Creo que podría añadirla al grupo de Herbert y Pablo, el grupo de la gente que trabaja con sistemas de traducción y potentes herramientas de lenguaje.

Yo, por supuesto, las he utilizado todas para traducir y para gestionar documentos, pero también para poder leer cartas con mala caligrafía de forma mucho más que aproximada. Cuando algo no funcionaba, se lo decía a Freja. Hay herramientas que permiten leer cartas y periódicos con un nivel de error bastante bajo; aunque se trate de caligrafía Sütterlin o haya errores, siempre te dan opciones.

—Si no os espabiláis, los escritores estáis jodidos —suele decirme.

—¿Contarán historias? —Me refiero a los ordenadores, a las máquinas.

—Ya se puede hacer con historias largas y coherentes. Hay computadoras que pueden componer historias. Alguien las orienta y repasa el resultado. Habrá que ver si valen la pena, pero muchos libros podrán construirse a partir de fragmentos o de líneas argumentales. Las páginas se pueden comprimir, se pueden detectar clichés... Ahora nos encontramos en una fase en la que todavía no sabemos hasta dónde pueden llegar las máquinas. Lo que sí sabemos es que pueden llegar más lejos de lo que nos creemos.

—Y se podrá imitar.

—Eso ya puede hacerse. Y cada vez irá a más. Hay suficiente material de calidad para construir más libros.

—Bueno, pero eso solo es otra forma de luchar contra la tradición. Si las máquinas se alimentan de lo que ya está escrito, hemos de pensar en escribir algo que pueda sorprender a la máquina.

—...

—¿No? —Es nuestro tema preferido, y Elif muestra aquí un punto de envidia que yo intento no explotar, al menos conscientemente.

—La máquina quiere que la sorprendan, porque para ella supone un reto y después aprenderá de esa sorpresa.

—Nada que no sea tradición. ¿Lo ves? ¿Podrá hablar de cómo ha escrito un libro? ¿Sabrá decirnos por qué un libro tiene más probabilidades de perdurar que otro? No sé, hay tantas variables que...

—Trabajamos con muchas variables muy variables.

—No sé cómo terminará todo esto, ya te dije que a mí me gusta mucho esta competencia. Pero recuerda, «todo documento de...

—... la civilización lo es también de la barbarie». Lo tengo muy presente, ya te lo dije.

Es una de las frases famosas de Benjamin. Parte de las dudas que tiene Freja vienen precisamente de esas variables, y de su uso, de saber si con su cultura se hará alguna barbaridad. Hace poco me envió un par de noticias sobre mecanismos autónomos que se sospecha que han entrado en funcionamiento en Ucrania; máquinas, drones que podrían decidir a través de algoritmos si matan o no matan, a quién, cuándo, de qué manera y todos los etcéteras modales posibles. Los bucles pueden tender al infinito porque estos algoritmos también aprenderán de nuevas variables. Freja dice que la inteligencia artificial, para tener poder de decisión, necesita muchísimos datos, recursos, documentos, y que las fórmulas, los lenguajes y los programas son matemáticas que intentan acercarse a un pensamiento humano que está formado por la razón, la experiencia, el recuerdo y las emociones, y que esto es muy complicado. La lengua de las máquinas es la traducción, suele decir copiando la famosa cita de Umberto Eco: «La lengua de Europa es la traducción». No es complicado obtener resultados cercanos y satisfactorios a cierto nivel. Es lo que dice de los libros que se escribirán, que habrá una gran parte de ellos que podrán ser escritos con IA y que el autor podrá firmarlos, como lo hacen algunos firmando lo que otros han escrito o reeditado hasta hacer un nuevo libro.

Me pregunto si esto creará un idioma nuevo, un lenguaje calibrado y madurado, como está pasando con el vídeo a través de texturas y colores que te hacen pensar que la digitalización tiene también una identidad propia. Tendremos nuevos estilos, nuevos formatos que afectarán también a la forma en que nos describimos. Hemos estructurado nuestras vidas a través del cine y de la novela; de un tiempo a esta parte lo hacemos también a través de las redes sociales, que han ido modificando nuestra privacidad, nuestra percepción del otro. No sé cómo eso va a afectar a nuestro lenguaje, todavía es demasiado pronto para hacer conjeturas, más allá de la conjetura de que no va a pasar nada o de que va a pasar lentamente. No, pasará mucho y pasará rápido porque la evolución de los modelos es rapidísima.

Pienso en Oleksandra, que no ha podido venir. A ella este tema le preocupa. Ha tenido que irse de Ucrania y ha visto cómo cambiaban su vida y su mundo. Supongo que por eso nos caemos bien; yo también he cambiado mi mundo y estoy dispuesto a aceptar los cambios, a jugar con ellos. Tanto ella como yo vivimos en un país que no es el nuestro, y yo dentro de poco me iré a Austria con Dasha, otro país más, aunque la lengua sea la misma. Oleksandra tiene miedo, es normal. Habla lenguas, traduce, y, de pronto, un programa que ha creado gente como ella, que representa la academia y la tradición, es capaz de traducir mucho más rápido que cualquiera.

—Hasta ahora pensábamos que tendríamos bastante con aprender a hablar con las máquinas —continúa Freja—, pero ya no sé lo que puede pasar en el futuro. Ahora tengo que aprender de las máquinas. Tengo que buscar la máquina Joseph Roth, la máquina Walter Benjamin... Debo escribir para que las máquinas hablen entre sí y después hablen con nosotros. Todo el mundo tiene una distopía u otra en la cabeza, todo el mundo teme que su mundo se acabe. Yo también sé que hay mundos que han sido míos que serán irreconocibles en poco tiempo. —Freja era una asidua del festival de tecno de los Monegros. Todavía conserva algunas fotos en su muro de Facebook.

La comida pasa de unas manos a otras. Hemos traído bolsas de hielo para que las bebidas se mantengan frías. Los unos agradecen a los otros este plato o aquella cerveza especial que han traído de algún lugar de Chequia que ya no recuerdo. Nos piden que hagamos un brindis, pero yo no sé si seré capaz porque esta despedida me cuesta mucho. Dasha me mira como diciéndome que es mejor que lo haga yo, incluso aunque vaya a ponerme nervioso o sentimental. Pero ahora no puedo y les pido cinco minutos, quiero pensarlo bien, me gustaría incluir a todo el mundo.

El sol empieza a descender. Todavía no se pone, pero las copas de los árboles son tan opacas que se tragan la luz y cuesta saber dónde queda el este y dónde el oeste. Lo primero que pienso es que me gustaría saber más lenguas para poder dirigirme a cada uno en su lengua materna, aunque fuera un poco, con un par de frases. La frase de Umberto Eco se ha convertido en un cliché, pero como todos los clichés tiene algo de cierto: la lengua de Europa es la traducción y yo no puedo evitar imaginarme las mantas, con tanta gente de todas partes, como un gran mapa en el que los límites se solapan, con gente que va de una manta a otra y donde las conversaciones cambian de lengua y de protagonistas. Y todo eso en la ciudad más europea de todas, la que más ha marcado el rumbo de la política y la economía de los últimos ciento cincuenta años, el centro del resto de las grandes ciudades, el punto medio entre el este y el oeste, quizá un poco demasiado al norte, pero en todo caso el centro de gravedad de Europa, que equilibra a Londres y París con Moscú, el punto de referencia para el Este y los Balcanes, el país que está al otro lado de los Alpes para los italianos, el hermano fuerte de los austríacos y de los suizos, nada que no salga en un mapa.

Es así como empiezo a hablar, y les recuerdo que aquí al lado hay un cenotafio, un templo con los restos del primer káiser de Prusia. Quien más quien menos, todos saben que me he enamorado de Prusia y de su tiempo, y escucho susurros y cómo se ríen de mí: «¡Oh, Prusia, Prusia...!», «Te compraremos un casco acabado en punta...». Intento decir algo bonito de todos los que hoy nos acompañan, pero me cuesta mucho encontrar suficientes sinónimos en inglés sin que parezca que estoy tirando de diccionario. Les digo algo que creo de verdad, que aunque el tiempo se encargue de matizarlo, ni Dasha ni yo los olvidaremos. Que sé que es posible, incluso seguro, que no podamos mantener el contacto como hasta ahora, pero que haré lo posible por recordarlos, que he tenido la idea de situar un capítulo del nuevo libro justamente aquí, y que quizá ese sea mi pequeño homenaje a todos los que han venido. Me preguntan si el libro se traducirá y yo contesto, con más clichés, que los libros tienen su propio destino y que no puedo saberlo, que intentaré escribir este capítulo también en inglés.

El tiempo, más allá del momento, es hermoso. El sol ha descendido tanto que ya asoma por debajo de las copas iluminándolas como si alguien hubiera colocado focos en el escenario; es esa hora dorada en la que el agua gris de los estanques parece de mercurio. Esto también lo digo. Quizá mi inglés no tiene la precisión de todos los adjetivos ni la velocidad dramatúrgica que requeriría un momento así, pero creo que lo compenso diciendo las cosas de corazón, de una manera que todavía no pueden utilizar las máquinas. Les digo que ahora entiendo el color del agua de los estanques, es el gris del invierno que no acaba de marcharse y que se reproduce en el invierno siguiente en un ciclo sin fin. Algunos se ríen y me dicen que no me pase, que el agua no es del color que describo y que cuál es el Berlín que yo tengo en mente.

—El mío, eso sí que os lo puedo decir con toda seguridad. Antes de irme, ahora sí, puedo deciros que tengo un Berlín propio. Lo he vivido tan intensamente que lo he hecho mío. De eso podéis estar seguros.

Seguiría hablando, pero en algún momento se me ha quebrado la voz y tengo miedo de sonar demasiado cursi. Me cuesta despedirme, porque este barco, con el casco de ropa y las velas en forma de copas de árbol, es solo un instante, una tarde en la historia, que aunque sea la nuestra y yo la describa, tendrá una duración también limitada, y si algo tenemos es nostalgia porque las cosas se terminan. Les cito —pedante de mí y por darles la razón— a Pessoa: «Todas las cartas de amor son ridículas, si no, no serían cartas de amor», y brindamos. Quizá lo que queremos es no conformarnos con la limitación, quizá lo que queremos es volver a jugar como los niños a imaginar que estas tardes pueden ser para siempre. Además, me duele que no esté Oleksandra, hemos sido muy amigos y, al final, se ha ido perdiendo todo. Sé que el motivo es que Dasha es rusa. También era muy amiga de ella, pero todo esto ha cambiado, la guerra lo cambia todo.

El tiempo se acaba, ya hace rato que estamos aquí y algunos dicen que tienen que irse. En algún momento hemos llegado a ser treinta y dos personas, treinta y dos amigos. Aún no ha oscurecido; ha cambiado la luz y ahora es luz sin sol. Oímos muchos cencerros y enseguida comprendemos que están cambiando a las ovejas de parcela. Ya no nos acordábamos de que hay un rebaño que va segando la hierba de forma más que eficiente, y, claro, los domingos también tienen que comer. Esto nos lo contó el chico que cuida del rebaño, que también nos dijo que siempre intentan llevarlas a dormir a algún sitio donde al día siguiente puedan encontrar suficiente comida.

Elif me dice que le ha gustado el discurso. Freja me guiña un ojo, parece que finalmente le caigo un poco mejor a su compañera, y yo me alegro, porque no las tenía todas conmigo y ahora me voy un poco más en paz. En estos casos siempre le pido opinión a Dasha, que evidentemente confirmó mis sospechas de que no le caía muy bien a Elif. Ahora le caigo mejor, porque ya me marcho. Cuando se lo digo al oído a Freja, me contesta que seguro que es eso.

La gente empieza a irse y del barco que habíamos construido ya solo quedan algunos tablones que, como si estuviéramos en alta mar, intentamos juntar para prolongar este rato. Sabemos que en algún momento oscurecerá, pero todavía arañamos minutos para una conversación más, incluso para alguna historia remarcable que tuvo lugar en Silesia o en los Cárpatos. Es curioso porque yo no soy de allí pero me piden a mí que se las cuente. Casi todos ellos son lingüistas o tienen trabajos relacionados con el software y, bien mirado, para ellos soy una especie de *rara avis*. Les cuento que encontré un álbum de fotos de dos parejas de jubilados que realizan un viaje desde el norte de Alemania a Viena y que narran todo el viaje en verso. No es broma, el hombre de uno de los matrimonios ha escrito cientos de versos que intercala con fotos, desde el día que empiezan hasta que regresan a casa. Hay más de ochenta fotos de todos los lugares por los que van pasando para visitar a sus amigos. Hay muchas fotos divertidas, pero lo interesante es leer los versos de esa pequeña *Odisea* con Opel y maletas.

—¿Es el original? —pregunta Elif mientras me coge el móvil y ve las fotos que he hecho.

—Sí, no son fotocopias, son las fotos originales, y el texto está escrito a máquina. Aparecen los nombres, se puede saber quiénes son. Creo que en Viena van a encontrarse con alguien importante que antes vivía en Alemania, pero es difícil de decir porque ellos solo lo insinúan. Ese es el objetivo del viaje. Y esta última semana todavía he encontrado otra cosa.

—No sé cómo haremos con las cajas de la mudanza, de verdad que no sé dónde pondremos todo esto —dice Dasha.

—Son álbumes.

—Este es grande, pesa cuatro kilos —insiste Dasha.

—Pero es precioso, y también es de un viaje, pero a Estocolmo. Una chica alemana que documenta todos los viajes que hace a Noruega y Suecia hasta que se casa y tiene hijos. Y la invitan a ir a la ceremonia de los Nobel. Todo esto aún tengo que mirármelo bien, quiénes son y qué hacían, creo que trabajaban en editoriales, pero las cartas están escritas en sueco.

Dasha empieza a mirar el cielo, sabe que estos descubrimientos me fascinan, pero también que no sé parar.

—Pero la cosa no acaba ahí. Está la invitación a la ceremonia del año que ganó Albert Camus. Y toda la documentación de seguridad, de la policía, el programa, la escaleta... Lo guardaba todo.

—Cuatro kilos de fotos, invitaciones, cartas y documentación de la policía. —Dasha mira a Freja.

Karolina dice que no hay para tanto y yo le doy la razón asintiendo con la cabeza.

Los demás se ríen y a mí eso me parece bien, porque así se ilumina un poco la penumbra que se ha apoderado del parque. Todo el mundo empieza a recoger. Las ovejas están cada vez más quietas y ya apenas quedan familias. Es la hora de las parejas de adolescentes, de las ardillas, de los conejos y también, por tanto, de los zorros; la hora de volver a casa. Dasha está un poco sensible, no le gusta dejar a tantos amigos en Berlín. A mí también me costará no verlos. Los quiero, y esta tarde de alfombras voladoras ha sido mágica. Para mí será la primera vez que vuelva a cambiar de país, pero ella ya acumula muchos traslados, y si bien todos estos cambios generan energía, también provocan fricción. No hay nada gratis, ni siquiera una tarde en el parque.

XVI

Bañarse en el mismo río

Murillo de Gállego, septiembre de 2023

Hemos salido hace poco de Zaidín. Dasha me ha pedido que vayamos a los Monegros para ver algunos de los lugares de los que le he hablado estos últimos dos años. El tiempo pasa deprisa y tenemos que preparar la mudanza a Austria antes de que empiece el curso, pero queríamos pasar un último día por estas tierras. Han sido casi dos años en Berlín, y ahora empieza un nuevo tiempo en otro lugar, otra historia, otra geografía.

Subimos por Sariñena, Lalueza y después por Albero Bajo. Habíamos hecho planes para estar dos días e ir hasta Hecho y Ansó, en los Pirineos, pero no tenemos tiempo. Hemos acordado que llegaríamos hasta los Mallos de Riglos, a los que ella todavía no había ido. Durante un par de años, a mediados de los noventa, pasé a menudo por aquí. Iba a Jaca con frecuencia porque mi novia de Barcelona tenía familia allí. Aquellos viajes, de Barcelona a Zaidín y de Zaidín a Jaca, me recordaban a las excursiones y los campamentos en la Selva de Oza. Además, la madre de mi novia era de Hecho, que está justo al lado, así que ese recuerdo está concentrado en pocos kilómetros de Pirineos.

Ha pasado tanto tiempo que tengo la impresión de que quien recorría aquellas carreteras era otro yo. A veces dábamos un rodeo y nos quedábamos a dormir en casa de su hermana, en Bandaliés, cerca de Huesca. Otras veces, cuando iba solo, tomaba la carretera de Ayerbe únicamente para ver los Mallos de Riglos. Entonces —era joven— intentaba ir con tiempo suficiente y subía hasta las cimas. La vista desde la cima de los Mallos es impresionante, se ven los Monegros de punta a punta y más allá de Zaragoza. En un día claro puedes ver los Puertos de Beceite y, por supuesto, todos los Pirineos, Huesca y el castillo de Loarre, y más allá, el Montsec. En verano, después de bajar, me bañaba en una laguna que forma el Gállego cerca de Murillo.

Hemos aparcado más o menos en el mismo sitio, justo al lado de donde la carretera se acerca a la orilla y el río tiene algo más de profundidad. El agua está fría, pero como el aire retiene el calor de todo el verano, no lo dudamos ni un instante. Frente a nosotros se alzan los Mallos, imponentes y rojizos. Contrastan con el verde seco de las sierras y el azul eléctrico del cielo; septiembre siempre exagera los colores para despedir el verano. Es un lugar precioso, casi mágico, pero también trágico y triste. Justo al lado, a unos cien metros de donde hemos dejado el coche, se descubrió en 2008 una fosa común con los restos de nueve cuerpos. La foto del descubrimiento salió en todas partes y de vez en cuando vuelve a correr por las redes. Aparece y desaparece, es tan impactante que cuando hace tiempo que no circula se vuelve a descubrir. Al borde de la carretera, a menos de diez metros, había una zanja con los despojos de los asesinados en octubre de 1936. Al fondo, los Mallos cierran el paisaje como si fueran lápidas, parece que la carretera quiera juntar los cuerpos con los riscos que se levantan hacia el cielo. La zanja, que dibuja un corte limpio, avanza en paralelo a la carretera y da sentido a la expresión *los muertos de la cuneta*, tan habitual como cruenta en algunos tiempos y contextos. Desde el río, los Mallos se ven tan imponentes como en la foto.

Aparcaba junto a una fosa común y echaba a caminar por aquellas tierras sin saber lo que había debajo. Después de ver la foto es imposible no pensar en todo el tiempo que permanecieron enterrados. No puedo imaginármelos muertos, me los imagino esperando a que alguien los encontrara, oyendo cómo por la carretera no dejaban de pasar carros, coches, camiones y tractores. Quizá oían cómo dejábamos nuestro coche y nos bañábamos. No ha cambiado nada, excepto el hecho de haber asumido que nunca puedes bañarte dos veces en el mismo río.

Y no, no, no nos oían. Toda esa película me la monto yo, por supuesto. No podían oír a nadie, y yo, ignorante de mí, me conformaba con un baño y una caminata, porque no sabía nada de lo que había bajo tierra. Le enseño a Dasha dónde estaba más o menos y vemos la foto en el móvil. Los esqueletos están alineados en una zanja que no es del todo recta y que contiene un tipo de tierra muy similar al de muchos sitios de Zaidín, los mismos colores, las mismas texturas. ¿Cuántas veces he visto abrir una zanja similar para pasar tubos o cañerías? Muchísimas. Reconozco la dureza del terreno, el color de las piedras que rascan el hierro y el olor de la tierra removida. Como el baño en el río, como los Mallos, son sensaciones familiares, conocidas, culturalmente genéticas o genéticamente culturales.

Desenterrar el pasado es delicado, como puede apreciarse en el proceso de trabajo de los arqueólogos, de los antropólogos forenses y de todos los voluntarios que rascan y limpian. El tiempo se deshace entre las manos como los bloques de tierra que desmenuzan: antes y después de desenterrarlos solo hay la nada; antes no sabías que estaban y luego ya no estarán allí. Solo existe el mientras tanto del trabajo de quienes recuperan los restos, ese entierro inverso, esa resurrección en la que los hombres recuperan a los hombres. Lo he visto, he visto el cuidado con el que van marcando el terreno, la paciencia de los utensilios sobre los huesos. He visto cómo limpian con pinceles los últimos granos de tierra adheridos. Cuando los observas trabajar es difícil saber dónde termina la persona y dónde empiezan los restos, es difícil no creer en el alma. He visto a los forenses tumbados sobre los tablones, a pocos centímetros de los cuerpos, para poder obtener una descripción precisa de las posiciones y de las relaciones entre ellos. Es un trabajo pesado porque obliga a adoptar posturas extrañas para no dañar nada de lo que se encuentra. En muchos casos clavan una cuadrícula de hilos que sirve de mapa de la zona. Es una tarea lenta, un ritual que termina con la devolución de los restos a sus familiares, si es que queda alguno.

Entre los meses de septiembre y octubre de 1936 un comando falangista mató a treinta vecinos de Murillo, veintiséis hombres y cuatro mujeres. Cerca de allí, en Santa Eulalia de Gállego, también mataron a veinte personas. Hay varias fosas por toda la zona. Esta que describo es la más conocida porque la imagen es muy clara. Si hablo de ella es porque aparcaba casi encima y porque hoy no queda nada que sirva para identificar el lugar. Después de los trabajos de búsqueda y de asegurarse de que no queda ningún otro cuerpo, el sitio vuelve a ser el que era, de nuevo el silencio. Nada hace pensar que ahí había nueve cuerpos, del mismo modo que nada lo hacía pensar antes. En la carretera no hay ninguna señal de que ahí hubo nueve cuerpos. Nada. El río solo cambia para aquellos que saben cómo han cambiado el resto de las cosas que no son el río.

La relación con mi novia de Jaca se terminó, pero yo seguía acudiendo a aquella zona siempre que podía. El interés por todo lo que quedaba de los Sender, Carrasquer, Orwell y tantos otros se ha prolongado, con intensidad variable, hasta hoy. Una vez —no recuerdo exactamente si fue en Albero Alto o en Albero Bajo, y no tengo forma de comprobarlo, pero estoy seguro de que fue en uno de los dos Alberos—, se celebró una cena de antiguos combatientes de la guerra civil. Había gente de Barcelona y de Zaragoza, e incluso algunos llegaron al pueblo desde Francia. Eran muy mayores, pero conservaban el temple que deja la historia en quienes la han vivido.

No había mucha gente joven, de hecho, el más joven era yo. La cena fue plácida, llena de historias y opiniones, de momentos emotivos, una de esas veladas que querrías que nunca acabaran. Era verano y la temperatura era perfecta. Fuera había una hoguera, a la que la gente del pueblo se acercaba para tostar el pan. Dentro todos estaban muy contentos, hablaban, reían y recordaban. Hasta que empezaron a recordar demasiado. No se puede recordar demasiado. Alguien contó una anécdota, de una cosa se pasó a otra y salió Durruti.

—Porque cuando murió Durruti, entonces... —dijo uno de los comensales, un señor mayor.

—Perdone, Durruti no murió, a Durruti lo asesinaron —lo interrumpió el que tenía delante.

—Pues lo asesinaron, si quiere, pero no está del todo cla...

—¡Lo asesinaron! —volvió a interrumpir gritando. Se puso rojo y se giró, como si no quisiera ver al que tenía delante.

—Bueno...

—Lo asesinaron, y decir que murió es como decir que fue por causas naturales. Que ya está bien, hombre. —Se levantó de la silla como si le hubiera pasado la corriente y dio dos o tres golpes sobre la mesa. Una gran grieta se abrió en medio de la sala, que de pronto parecía rota y fea.

El otro no sabía qué decir y salió de la conversación como quien busca refugiarse del momento y del pasado. Todos nos callamos durante un buen rato, hasta que empezamos a recoger los platos y servimos el postre. Mentiría si dijera que estoy seguro del año en que eso ocurrió, podría ser en 2002 o 2003, y como ya he dicho no sabría decir si fue en Albero Alto o en Albero Bajo, pero la descripción de la escena es precisa, no he olvidado cómo sucedió. Los tenía muy cerca y pude ver cómo todo se hacía presente. El pasado, por supuesto; con *todo* me refiero a todo lo que habían vivido aquellas personas, todo lo que se habían llevado, unos a Francia, otros a Barcelona, algunos a otros lugares. Durruti murió —lo mataron, se le disparó el fusil o se le disparó a otro— un mes después de los fusilamientos de Murillo, pero su recuerdo ocupó un espacio preferente en las conversaciones de los excombatientes y de los exiliados. El hombre que le había gritado al otro se fue antes, dijo que no se encontraba bien. De repente había perdido toda su energía, se volvió aún más viejo.

Casi todos los presentes en la cena habían estado en el frente o eran familiares de alguien que había estado en aquella zona durante la guerra, salvo una pareja joven que no tenía ninguna relación de parentesco con nadie y con los que pude charlar más tranquilamente. Ellos fueron los primeros en hablar de las fosas comunes que había en la zona y, de hecho, por todo Aragón. En aquel entonces yo no sabía demasiado al respecto, más allá de que existían y no eran pocas, pero todo formaba parte del tipo de complicidades y sobreentendidos que iban pasando de generación en generación. Sabía dónde se ubicaban algunas, pero no que todo estuviera lleno. También me hablaron del incipiente proyecto —en ese momento ni siquiera había aparecido en la prensa— de hacer algo con el libro de Orwell *Homenaje a Ca-*

taluña. Alguien se lamentó de que ya era mala suerte que llevara la palabra Cataluña en el título, que si se hubiera llamado *Homenaje a Aragón* habría sido mucho mejor para el proyecto.

Orwell pasó por todos estos lugares, en las primeras páginas del libro dice que llega a Siétamo y que desde allí lo llevan a Alcubierre. Albero Alto y Albero Bajo le venían de paso, están allí mismo, y el libro está lleno de referencias a otros pueblos de la zona. La Ruta Orwell se inauguró hace años y sirvió para recuperar, reconstruir y hacer visitables las trincheras existentes en esta zona. Por todo ello, Orwell se ha convertido, dentro de mi imaginario, en un personaje de ficción que participa de las historias que escribe, como me pasa con Sender, Hemingway, Weil o Sales. Hace tantos años que los leo a todos y que los persigo por estos lugares que parece que me los tenga que encontrar por los caminos o por los bancales. He leído tantas veces los pasajes del frente de Aragón que no puedo concebir las sierras y las llanuras sin los personajes, las escenas o las historias que cuentan. Han quedado fijados en los Monegros, convertidos en colinas, rocas o sabinas, como una parte más de la orografía, del clima, del vacío existente en toda esta zona. Son figuras espectrales, oráculos que cuentan, a quien quiera oírlo, lo que hicieron, lo que pasó, lo que imaginaron.

En el caso de Orwell esta distancia entre el mundo que escribía y el mundo en el que vivía era aún más pequeña. De forma inevitable, la lectura de *Rebelión en la granja* en un pueblo como Zaidín, lleno de granjas, corrales y eras, lleno de campos y huertos de todo tipo, me causó una gran impresión, me conmocionó. No solo parecía hecho a la medida del lugar, con todos esos animales que no quieren ser domésticos, sino que también evocaba el tiempo de los barbudos de los sindicatos y el recuerdo de una revuelta campesina imposible. Encontraba yo allí el ambiente político que se respiraba en mi casa y todos y cada uno de los animales que corrían por los alrededores. El totalitarismo y la revolución como una lucha entre especies humanizadas encajaban tan bien en aquel tiempo y en aquel lugar que entiendo ahora perfectamente la sensación que tenía de que aquel libro lo habían escrito para mí. Creo que Orwell me ofreció la primera prueba de que el mundo pasa donde uno está, que había historias que te conectaban con la Historia y que transcurrían no ya en el pueblo de al lado, sino en las granjas y los corrales de Zaidín. Tan humilde, tan sucio, tan miserablemente humano y, a la vez, tan lleno de palabras, de razón y de mundo. Orwell hablaba de una granja, había dormido al raso en los Monegros, había pasado por Fraga, Barbastro y otros lugares cercanos como Albero Alto y Albero Bajo. Parecía mentira que alguien tan importante, el autor de *1984*, tuviera alguna relación con lo que nosotros habíamos vivido.

El título original es *Animal Farm: A Fairy Story*. Lo del cuento de hadas desapareció tanto de la traducción catalana como de la española, pero era un cuento de hadas como aquel que leía el que contradecía el orden en que yo había crecido. La utilización y el maltrato de la tierra era una continuación de la explotación con que los hombres sometían a los animales. El cuento de hadas de Orwell lo podíamos ver todos los días y generaba no pocas contradicciones. Cuando era pequeño, una de las cosas más complicadas de asumir era que tuviéramos que matar a todos los animales que teníamos en el corral. Aquel mundo en orden —aquellos recién nacidos, aquel cuidado en el crecimiento de todos los animales— venía acompañado del trauma posterior: la entrada en la vida adulta a través de la muerte de todo lo que había acariciado hacía pocos segundos. Otra de las frases de cuando era pequeño, muy cercana a «Deberías haber pasado una guerra», era «Para que unos vivan, otros deben morir». Esta me la decían mi madre y la abuela Júlia, sobre todo. Creo que me la decían ellas para disuadirme de expresar aquellos sentimientos a otros hombres. Lo escribo y sé que me dolía, porque todavía me duele al recordarlo.

Hoy es difícil encontrar un espacio sin granjas en Aragón. Toda la agricultura familiar se ha convertido en extensiva y las granjas familiares en instalaciones industriales. Hay terneros para aburrir, hay diez millones de cerdos, y las cifras de pollos multiplican las de los primeros por las de los segundos. Marea pensar que se crea tanta vida para matarla. Hay fábricas de fruta, fábricas de cereales y fábricas de carne, y hoy todo el Aragón regable es un gran polígono industrial agroalimentario que está cada vez en menos manos: el triste cuento de hadas de Orwell es cada vez más real. El mapa de las granjas de Aragón es uno de los más densos del mundo, y cuesta conducir cinco kilómetros en cualquier dirección sin encontrarse con alguna. Hace calor en el coche, pero no encendemos el aire, a mí todavía me pasa factura el invierno y sé que nos espera un invierno austríaco.

El viejo sueño de desarrollo de Costa y tantos otros —irónicamente, una gran empresa de la zona se llama Piensos Costa— se ha convertido en la principal fuente de ingresos de grandes empresas que controlan la mayor parte del territorio. Son explotaciones. *Explotar* es el verbo correcto, y me lleva a pensar que quizá el cuento de hadas era creer que otros Monegros eran posibles. Han pasado los años, el riego se ha expandido, pero la gente se sigue yendo porque nadie puede afrontar la inversión necesaria para vivir aquí de forma razonable. Las empresas integradoras compran o alquilan grandes extensiones, y la rebelión en la granja no deja de ser otra derrota. Este es el primer año de una sequía consciente, quizá del inicio de la escasez del agua. Para los campesinos ya es tarde, apenas quedan, la próxima rebelión en la granja debería incluirlos a ellos de manera explícita.

—De eso no tenemos la culpa los rusos, ¿eh...?

Dasha también ha leído la historia de cómo el estalinismo llegó al frente y a la retaguardia de la República. Me lo dice cuando le explico que el río se detiene más abajo, en el embalse de Ardisa, y que también tiene una derivación hacia el embalse de la Sotonera.

—No, eso nos lo hemos hecho solitos.

—En Rusia ha habido mil revoluciones, hemos desecado un mar y no sé cuántas más cosas hemos hecho —me dice, y cierra un poco los ojos, es su manera de juzgarme: a ver qué voy a decir. Irónicamente, por supuesto. Estamos solos, por la carretera apenas pasa nadie.

—Rusia es un gran Monegros.

Una vez recorrimos juntos las trincheras y los lugares que aparecen en *Homenaje a Cataluña*. Yo ya había estado, incluso antes de saber que Orwell había pasado por allí. El recorrido formaba parte de algunos circuitos de motocross de la zona. Tenía diecisiete años, por tanto fue en 1989. Había muchas roderas, surcos que acababan en las rampas desde donde saltábamos con las motos. Algunos surcos eran trincheras y algunas rampas eran parapetos erosionados por la lluvia. En aquellos años se hizo una pequeña réplica casera del rally París-Dakar, una carrera por etapas llamada Baja Montesblancos. No pasaba exactamente por las trincheras, pero mucha gente utilizaba los Monegros para entrenarse. De eso hace ya muchos años, los Monegros se lo tragan todo, y de aquel rally ya no se acuerda nadie, pronto no quedará ningún rastro físico.

Supongo que por eso las descripciones que Orwell hace de toda esta zona son de una exactitud histórica que se antoja natural, paisajística, porque estas comarcas son tan duras que, a pesar de los cambios, existe cierta inmanencia. Casi no queda ningún rastro de la guerra ni ningún rastro del rally, y el Monegros Desert Festival algún día también dejará de celebrarse y los Monegros se quedarán como estaban. Nuestro presente es tan intensamente ubicuo que borra el ayer para poder tener más espacio para hoy. Quizá por eso necesitamos que los demás nos validen, porque no sabemos conservar la historia, porque no sabemos cómo relacionarnos con ella. Descubrir que alguien como Orwell había estado en esta zona, que le había dedicado un libro y que yo podía reconocerlo fue como si alguien homologara el mundo y me hiciera entender que yo también podía elegir qué mundo quería. Todas estas sierras podían no ser gran cosa, pero una vez vino alguien como Orwell y se movió por aquí entre gente como la que después olvidamos en las cunetas de las carreteras. Orwell dejó escritos los topónimos, los lugares, los nombres de la gente de la que me habían hablado los viejos del pueblo y, después de ellos, los que tenían la misma edad que yo tengo ahora. Había ligado esta tierra a la Historia con mayúsculas. Orwell tenía treinta y tres años cuando llegó a los Monegros, yo tengo cincuenta cuando escribo esto. Descubrí el libro cuando tenía veinticinco y coincidió con los años en que subía a Jaca, supongo que por eso se me mezcla todo. Se mezcla también con lo que está ocurriendo en Rusia, en Ucrania, y con lo que está ocurriendo en todo el mundo.

En la cena de Albero también salió el libro de Orwell cuando hablamos de las trincheras que querían reconstruirse. El hombre que había provocado el alboroto que he explicado antes dijo también, medio en broma, pero también medio en serio, que a Durruti lo habían matado los estalinistas, como a Andreu Nin. Lo dijo cuando el otro ya se había ido, no es que quisiera volver a encender la mecha. Así que empezamos a especular, todo puede estar abierto. La situación de aquellos años es muy compleja. Unos hablan de guerra, otros de revolución, y el enemigo cambia de forma y de ideas según los años de la guerra y el lugar donde se libra. Cuando los estalinistas llegan a los puestos de poder clave, el POUM, en el que luchaba Orwell, es acusado de colaborar con los franquistas porque, entre otras cosas, se había manifestado contra las purgas de Moscú. Las represalias de Stalin no se hicieron esperar y Andreu Nin y otros desaparecieron. Desaparecer es un eufemismo, en realidad significa tortura, muerte, desaparición del cuerpo y la amenaza sobre los que quedan. Según Orwell había informantes por todas partes y la atmósfera de desconfianza hacía que incluso quienes no conspiraban actuaran como si lo estuvieran haciendo. Todo el mundo quería mantenerse a salvo de espías y policías. Al mismo tiempo, en el frente, las facciones se dividían y se enfrentaban sin cesar. Orwell tuvo la suerte, si se le puede llamar así, de poder ver los ensayos de la Segunda Guerra Mundial en un lugar tan transparente como los Monegros. Del totalitarismo de *Rebelión en la granja* pasamos de forma programática a *1984*, casi en el mismo escalón que va de la guerra civil a la Segunda Guerra Mundial. El control sobre la población que anticipa *1984* es el que va recogiendo de aquí y de allá durante años a partir de las informaciones que le llegan de la Unión Soviética, completadas con lo que sabía del régimen nazi. Ahora todo parece muy lejano, pero mientras haya zanjas sin abrir estará presente porque este pasado no se va.

Del cuento de hadas de *Rebelión en la granja* pasa a la distopía de *1984*, y, entremedio, el realismo de *Homenaje a Cataluña*, la guerra sucia por todas estas colinas, valles y rocas... Hace muchos años, cuando iba por los Monegros en moto, o cuando empezaba a leer a todos estos escritores, el mundo de fuera se me representaba como una abstracción. Pienso en ello mientras conduzco. Pienso que todo seguiría pareciéndome irreal si no hubiera tenido la experiencia alemana y rusa, si no hubiera pasado por Berlín y no hubiera convivido trece años con la Rusia contemporánea. Las imágenes se han vuelto nítidas y los caminos que van de un país a otro y del presente al pasado ya no son tan opacos. Solo sé contar lo que sé. Lo que puedo incluir en este libro es lo que he vivido, el resto son historias de los demás, por eso hay una continuidad entre las bombas que encontramos en el tejado y este último viaje a los Monegros. Me di cuenta el día que fui con mi madre a Belchite, el día que vi el diario del campo de Battenberg. Lo percibí, casi hasta tocarlo, en las conversaciones con mi padre, que tiene en la cabeza todo lo que vivieron los abuelos. Ahora está todo mucho más claro, o, al menos, la complejidad ha sido descrita más veces y sabemos algunas cosas que no sabíamos. Aún seguimos en el pozo, en la zanja. No sabemos dónde están los restos de Andreu Nin ni los de tantos otros, las cifras bailan y nunca podrán acabar de conocerse con exactitud, a estas alturas todavía hay mil fosas comunes que no se han abierto. Las cifras también bailan, pero de las más de 2.600 fosas que hay en España, en Aragón hay 1.026. Actualmente hay 731 municipios. Bien mirado, la casualidad no es aparcar junto a una fosa, la casualidad es que no tengas una bajo los pies.

Diré que es un recordatorio de cómo hemos convivido con el pasado, porque no quiero pensar que es una maldición. Enterrar a los muertos en paz y en compañía de los suyos es una de las pocas cosas que los vivos podemos hacer por nuestros antepasados. Pienso en Antígona, que quiere enterrar a su hermano Polinices en contra del criterio del rey Creonte. El castigo contra Antígona es ser enterrada viva, un castigo que hace de espejo de la pena de no ser enterrado con los rituales que corresponden. Antígona también es quien acompaña a su padre, Edipo, camino de su último refugio, el lugar donde morirá y que protegerá a quienes vivan allí. En parte, la tarea de restaurar la casa de la abuela tuvo que ver con esto, y creo que ese vínculo con los álbumes de fotos responde también al mismo impulso. De hecho, es una de las pocas cosas que los vivos podemos hacer por los vivos. Los muertos ya no están, pero la cadena de respeto que mostramos hacia los restos de quienes nos han precedido expresa el respeto que tenemos por la vida de los demás. Yo todavía creo en estas cosas; de hecho, cada día creo más en ellas, creo que tienen una importancia que va más allá del razonamiento cívico o incluso científico. Si no estás en paz con el pasado, ¿cómo puedes estarlo con el presente? ¿Cómo puedes proyectar un futuro viable con todos esos muertos sin enterrar? Es imposible. Sin una política de luto y de reparación, un futuro en paz es una quimera.

La zanja de Murillo no deja de ser el reverso de las zanjas de los canales por los que desciende el agua en los Monegros. Costa desgastado por la política,

Sender en el exilio, Weil tuberculosa, el Dombás y la estación de metro de Weberwiese convertidos en zanjas enormes. Y, pese a todo, tenemos la necesidad de una esperanza que no sea una caricatura... Orwell muere joven y Hemingway se suicida. Hemos pasado por las esperanzas del cristianismo, de la Ilustración, de las revoluciones de la modernidad, incluso por la esperanza banal del *happy end* o del consumismo, cada una con sus zanjas y sus pozos. ¿Cómo se construye la idea de esperanza? Hemingway siempre se escabulle cuando se lo preguntan. Sales y Sender escriben sabiendo que ellos también podrían haber terminado en la zanja de Murillo. Weil la busca más desesperadamente que desesperanzada... Rebecca Solnit escribió un libro muy elegante sobre Orwell, *Las rosas de Orwell*, donde habla de la actitud íntimamente revolucionaria que supone plantar rosas pese a todo. Otro las aprovechará, a alguien le llegarán, alguien las verá, aunque no sea quien las haya plantado. Podrían ser las rosas de Joaquín Costa, ojalá las calles con su nombre perduren mucho tiempo.

En los Monegros pienso a menudo en esto. Un árbol es una sombra, un cobijo. Nosotros tenemos un fresno junto al camino del Pla, un campo donde trabajábamos. En otros lugares había chopos y carrascas, y en todas partes servían como punto de referencia y descanso. Junto a las masías siempre hay flores, y cuando pasas por las sierras áridas, de vez en cuando ves un jardincillo con un rosal o con hortensias. Son las flores de los álbumes que las hijas plantan para sus padres.

Dasha toma fotos con el móvil desde la ventana del coche. Es hora de volver. El paisaje es plano y el calor, seco y polvoriento. De vez en cuando llega una ráfaga cargada de maíz húmedo, de agua de los aspersores o del olor de las granjas. He cometido la torpeza de no dejar flores en la zanja. Lo haré cuando volvamos. Tengo una deuda pendiente.

XVII

El centro de Europa

Graz, enero de 2024

—Las calles son bonitas, y los nombres también: Mozartgasse, Humboldtstrasse, Keplerstrasse, Marienplatz... —Max lee poco a poco los carteles con los nombres de las calles. Es fotógrafo e historiador, o historiador y fotógrafo, y los mira como si los quisiera recordar para llevárselos consigo.

Cuando supo que veníamos a vivir a Graz, nos pidió que le echáramos una mano con unas localizaciones. Lo conocimos en Berlín y ha venido expresamente para documentarse para un proyecto que está realizando. Tenía que fotografiar un antiguo cuartel militar y un cementerio. El cuartel está cerca del centro de la ciudad y lo remodelaron para hacer pisos para estudiantes. El cementerio, en el que están enterrados cientos de soldados que murieron durante la Primera Guerra Mundial, se encuentra en Lebring, un pueblo que está en la ruta hacia Eslovenia. Son las tres y cuarto de la tarde y salimos por el sur de la ciudad para ir a buscar la autopista.

—Es Europa Central pero de verdad, está cerca de

todas partes —dice Dasha mientras señala un toldo donde también hay palabras en esloveno y en serbio.

Max intenta hacer alguna foto cuando me paro en los semáforos.

—Una editora con la que comí me dijo que Graz estaba en un rincón de la historia, que había visto pasar mil guerras, pero que no le habían afectado demasiado. Lo de demasiado es muy elástico, claro, en todas partes hay monumentos a los caídos —le digo a Max mirándolo por el retrovisor; se ha sentado detrás, en diagonal.

Le he explicado que a pocos kilómetros de aquí, en Peggau, hubo un campo de concentración que pertenecía a la red de Mauthausen. Un día iba en bici y me tropecé con él sin querer. Había leído algo al respecto, pero no até cabos hasta que vi el monumento conmemorativo. El paisaje es idílico, y los barracones, que ya no existen, son evocados por un montón de lápidas en las que figuran los nombres de doscientos muertos.

—Comparado con otros lugares de la Primera y la Segunda Guerra Mundial, no, por supuesto. Pero todo empezó aquí al lado. Bueno, depende de cuándo creas que empiezan las guerras, pero Graz, Viena, Budapest..., todo eso era el centro del Imperio de los Habsburgo.

—Nos conocimos en la fiesta de Nochevieja, ¿verdad?, en el piso de Angelina. —Sé que fue en el piso de Angelina, pero no cuándo.

—No, yo esa vez creo que llegué tarde y vosotros ya os habíais ido. Me parece que fue en su cumpleaños, en febrero.

—Sí, fue en el cumpleaños —dice Dasha mientras mira el mapa en el teléfono. Sabe que cuando hablo suelo despistarme y me va recordando por dónde debo girar.

—Ah, es posible, a mí los días en casa de Angelina se me confunden. Casi siempre había una fiesta, eso sí —admito.

Angelina es amiga de Dasha, de los años en que vivió en San Petersburgo. Hace mucho que nos conocemos, vino a Cataluña y también nos encontramos en Rusia. Hacía tiempo que no nos veíamos y, desgraciadamente, volvimos a encontrarnos en Berlín. Se había ido de San Petersburgo, de un piso que acababa de pagar y amueblar con muchísimo esfuerzo. No es fácil ser periodista en Rusia, sobre todo si tu tema es el medio ambiente y dices lo que se ha de decir. Aquel piso era su castillo, pero en Rusia no hay ningún castillo inexpugnable, y menos aún el de personas como ella. La queremos mucho. Angelina es un modelo de superación, ha tenido que empezar de nuevo varias veces en la vida. Y ahora de nuevo, esta vez en Berlín: «Acabar de montar la última estantería y tener que salir a toda prisa antes de colocar los libros». Tuvo muchas oportunidades para irse de Rusia, pero es su país y quería quedarse en San Petersburgo. Tuvo que ser una guerra la que la echara de allí. Nunca olvidaré una cena que hicimos con ella, una de las primeras en Weberwiese, cuando todavía estaba en un piso provisional, sin apenas nada, en las afueras de la ciudad. Ahora ya lleva un año en Berlín y ha empezado a escribir para los principales periódicos alemanes. Pudo alquilar un piso en Schöneberg, otro centro del mundo: todo el mundo acaba conociéndose allí. Los tres queremos mucho a ese piso.

—Este encuentro se lo debemos a ella. Creo que te recuerdo ese día haciendo fotos.

—Hablamos un momento.

Digo que sí con la cabeza, pero no. No, no me acuerdo, empiezo a tener demasiados recuerdos. Dasha me mira, es una mirada de reproche; me dice que no sé dónde tengo la cabeza, pero es verdad que empiezo a tener demasiados recuerdos.

—Max es como Roger, se parecen mucho —le digo a Dasha de pronto.

—Un poco.

—¿Qué? —pregunta Max.

—Le decía a Dasha que te pareces a un muy buen amigo mío que vive en Berlín. Se llama Roger y es historiador. Tenéis la misma fisonomía, más o menos la misma edad, lleváis unas gafas parecidas y los dos sabéis mucho de historia.

—Últimamente, Francesc piensa que hay demasiadas coincidencias.

—Con él también fui a un pueblecito, cerca de Berlín. Y, mira, hace poco más de dos años que llegamos a Neukölln. Dos años y cerramos esta historia. Ahora ya no vivimos en Berlín, pero las historias de Berlín nos vienen a buscar a Graz.

Llegamos a Graz el 26 de septiembre del año pasado, 2023. Dasha consiguió una plaza en la universidad, en el Instituto de Eslavística, y es un contrato lo suficientemente largo como para plantearse un cambio de vida. Como en Berlín no necesitábamos coche, tuvimos que volver a casa y atravesar media Europa para ir a buscar las cosas a Berlín. Después llegamos aquí, a Graz. Encontramos piso enseguida, los trámites burocráticos los resolvimos en un día y, de pronto, sin saber muy bien cómo, ya estábamos en Austria. Dasha dice que tiene sentido, que es el punto medio, ha mirado los kilómetros y Graz está a la misma distancia de Zaidín que de Rusia, pero luego se ríe cuando le digo que es otra coincidencia. Quizá intento encontrar puntos en común para que todo tenga sentido y la memoria vaya más ligera, y quizá añado a Roger y a Max como una forma de no olvidar ni al uno ni al otro. Se trata de un mecanismo de defensa, porque es terrible perder un tiempo que estaba lleno de afecto.

Max hace alguna prueba con la cámara, pero nos movemos mucho y hay demasiado tráfico. En los camiones de la autopista vemos nombres húngaros y checos, apellidos eslovacos y eslovenos, matrículas bosnias y rumanas. La geografía ha cambiado. Berlín es Europa del Norte y esto es Europa Central, hemos pasado de Prusia a los Habsburgo, del centro de los restos de un imperio al centro de los restos de otro. Empiezo a pensar que la historia habita bajo nosotros como si se tratara de bolsas de petróleo: basta con pinchar un poco para que salga a presión, con una violencia inesperada. Como cuando empiezas a avanzar por el carril bici y llegas a Peggau sin darte cuenta. Max comenta que el paisaje es precioso, pero que, como en tantos otros lugares, lo importante es lo que hay debajo. Durante algunas décadas, Austria fue el país que entraba dentro del telón de acero, solo Eslovaquia la separaba de la URSS. También estaba el hecho de no pertenecer a la OTAN. Los austríacos mantienen buenas relaciones con los italianos; con Suiza comparten montañas y neutralidad; y los alemanes bromean diciendo que es un *land* más con un acento diferente. Si doblas un mapa de Europa por la mitad, Berlín queda en el norte y Graz en el sur. A la derecha de ese eje se encuentra el Oeste, y a la izquierda está el Este.

—Angelina hace honor a su nombre. Mira, aquí nos tienes, gracias a ella —dice Dasha.

—Sí, es la intersección de muchos círculos. Cuando mi mujer y yo llegamos a Berlín fue de las primeras personas con las que me encontré. Cuando piensas en ello, te das cuenta de que todo son casualidades y causalidades —dice Max, y yo, si pienso en los últimos dos años, no puedo oponerme a ello—. La RDA aprueba una ley y mira.

—Ahora no te sigo.

—Me refiero a cómo llegamos a Berlín.

—Ni idea, no...

—Ah, pues la RDA aprobó una ley de acogida de judíos dos años antes de la caída del Muro.

—No lo sabía, Max, nunca pregunto esas cosas.

—No te preocupes. La RDA promulgó una ley de acogida, fue algo bastante inesperado. Además, no creo que a finales de los ochenta hubiera muchos judíos que quisieran ir a la RDA. Pero la ley se aprobó y, casi treinta años después, nosotros hemos podido acogernos a ella.

—Ah, de acuerdo.

—¿Qué pasa, te parece extraño?

—Todo me parece extraño desde hace dos años, Max. No sé si extraño es la palabra adecuada, pero poco importa. Además, hay cosas que no se preguntan, solo se cuentan.

Dasha me mira. Sabe que lo digo en serio, hemos aprendido a no preguntar.

—Milagrosamente o no —dice Max—, la ley se mantuvo tras la reunificación. Con problemas, por supuesto, porque había partidos que querían derogarla. ¿Para qué necesitaban más migrantes, si debían unificar la parte rica con la parte pobre? Hubo un duro debate, pero al final la ley se quedó y supongo que Alemania nunca encontrará el momento de derogarla. Y aquí nos tienes, a mi mujer y a mí, nacidos en la Unión Soviética, un país que ya no existe, en un país que no existía tal y como lo conocemos, gracias a una ley de un país que ya tampoco existe, por una identidad que nadie sabe muy bien cómo se expresa.

No hablamos de la matanza del 7 de octubre en Israel. Tampoco lo hablo con Dasha; no hablamos de los kibutz, no hablamos de Gaza, asistimos a ello horrorizados, pero todavía nos supera el pasado reciente. No termina una guerra cuando ya empieza otra, y todo eso mientras vamos a visitar un cementerio de la Primera Guerra Mundial. No puedo abrir más zanjas, no necesito más pozos... No necesitamos más guerra: es lo primero que uno aprende cuando observa una guerra, aunque sea desde muy lejos. Lo segundo es la resistencia necesaria para acudir a todos los rincones que expresen algo, la combinación de tiempo y esfuerzo, la energía para mantenerse lejos del buenismo o del nihilismo. En cada rincón hay una herida, que por muy pequeña que parezca nunca sabrás lo honda que puede ser. Todo esto requiere demasiado tiempo, demasiada vida.

Como conduzco tranquilo porque Dasha está pendiente del móvil, le cuento a Max que al poco de llegar a Graz asistí a un club de lectura. Se anunciaba en Meetup, una red social para este tipo de reuniones, y cuando vi que justamente era sobre Orwell y sobre *Rebelión en la granja*, pensé que tenía que ir. «¿De qué más querías que hablaran?», dijo Dasha. Conservo toda la documentación, las fotos y los mensajes porque habrá un día que me costará creer que hubo un tiempo en el que se juntaron tantas coincidencias. Mi madre siempre dice que cuando empiezas a llamar a las cosas —ella las llama *cosas* para no llamarlas *espíritus*—, unas acaban llamando a otras. No lo sé, claro.

Además, como aquí empiezo de cero, y aunque ya tenga algunos tándems para hablar en alemán, debo hacer amigos. Es una de las desventajas de esta nueva vida, que pierdes el contacto con los amigos, que los echas de menos. La parte positiva es que haces nuevas amistades; es un poco lo que pasa con tu país, que ya no es tan tuyo y ahora puedes tener otros. Aquella mesa larga de una cafetería a la orilla del río era un mapa de Europa del Este. Mayoritariamente eran mujeres que venían de Serbia, Montenegro, Croacia, Eslovenia y Hungría, menos dos, que habían nacido en Graz. Había un chico búlgaro, un rumano y otro de Bielorrusia. A mi lado estaba el único chico austríaco. Por un momento recordé el pícnic de Charlottenburg. Durante dos horas se hizo una lectura histórica de cada país a través de los personajes del libro. Era como oír las voces de cada región, una voz clara de cada comunidad: «Durante la guerra yo era una niña, pero...»; «Mi madre pudo sacarnos a mí y a mis hermanos de allí, mi padre se reunió con nosotros más tarde»; «En Bielorrusia todavía vivimos en el libro...». Cuando pienso en ello me siento afortunado. Tanto mi padre como mi madre nacieron durante la posguerra y yo he vivido hasta la mitad de mi vida sin una amenaza real o cercana. Todo podría haber sido diferente, y, de algún modo, todo lo que nos ha pasado es la mejor prueba de ello. A partir de ahora ya no podré decir que no me toca de cerca.

Supongo que por eso no es extraño que hoy estemos aquí los tres. Max me pidió que hiciera algunas fotos del cuartel para valorar si merecía la pena venir desde Berlín. Según había podido saber, fue donde se alojaron muchos soldados bosnios que sirvieron al ejército austríaco durante la Primera Guerra Mundial. Cuando vio que sí que valía la pena, nos preguntó si le acompañaríamos con el coche al cementerio. Está haciendo un proyecto de fotografía sobre la colonización europea dentro de Europa, que es un tema que cada día provoca mayor discusión. Si consideramos el debate que ha generado la descolonización y lo proyectamos sobre la historia de Europa, surgen nuevas preguntas. Y también fantasmas, por supuesto.

Hemos hablado sobre la Segunda Guerra Mundial durante la comida, antes de subirnos al coche.

Sobre las nuevas y viejas lecturas que señalan el carácter colonial de la invasión de los países del Este por parte del régimen nazi. Estos días, la palabra genocidio vuelve a aparecer en los periódicos alemanes. El Gobierno sudafricano le ha recordado a Alemania los tiempos del Segundo Reich en Namibia y la crueldad extrema con la que sometió a los pueblos herero y nama. La conversación continúa, resuena por todas partes, y todo el mundo quiere decir lo que cree que debe decirle al otro. Hemos hablado también del Imperio ruso, que nunca ha sido cuestionado como un imperio colonial hasta las últimas décadas.

—¿Y en España? En España también hubo desplazamientos de población.

—Sí, y sigue siendo un tema tabú, está demasiado contaminado por el presente.

—Pero sucedió.

—Sí, con procesos diferentes, sería muy largo... Al lado de mi pueblo, por ejemplo, hay varios pueblos de colonización: Vencilló, Sucs, Pla de la Font. Y yendo hacia los Monegros creo que los primeros que encontramos son San Juan del Flumen, Sodeto...

—Vas demasiado rápido, él no lo conoce. Si yo me pierdo, imagínate él... —me dice Dasha.

—Perdona, son pueblos creados casi de la nada para aprovechar la tierra y el riego. Pasó durante el franquismo. Es una larga historia. En los Monegros hay mucha tierra y también agua que baja de los Pirineos, pero no había nadie y vino gente de toda España para trabajar terrenos baldíos, parcelas que no tenían uso pero que podían tener agua. Aparte de eso, de forma planificada o no, también hubo desplazamientos de población hacia donde estaba la industria, se vaciaron pueblos para hacer pantanos... Algunas cosas fueron muy claras, otras son más complicadas de explicar.

—¿Me pasarás información?

—Ya buscaré. Hay mil cosas en internet, y puedo hablar con algunas personas para que te echen una mano.

—¿Sabes? Mi padre se acogió a una medida de Gorbachov. Daban muchos incentivos a los profesores de universidad que quisieran ir a las ciudades de Siberia. Se trataba de eso, más o menos. Él solo quería ir una temporada, pero acabó jubilándose allí.

—Y tú, ahora, en Spandau.

—Y vosotros aquí.

Hemos tenido que dejar la conversación y recoger los platos, se hacía tarde y Max tiene los minutos cronometrados, pero yo aún pienso en ello. Nunca he ido a Siberia. Era uno de los viajes que quería hacer con Dasha, pero ha quedado suspendido en medio de la nada porque somos conscientes de que cada vez será más difícil ir a Rusia.

Vemos los primeros carteles de Lebring. Al salir de la autopista la cosa se complica, pasamos por un polígono industrial en obras y el GPS nos lleva de un sitio a otro como si quisiera ponernos a prueba. Doblamos por varias calles y, al final, tenemos que dar marcha atrás porque, sin darnos cuenta, hemos entrado en una finca particular. Son casi las cuatro, el sol empieza a descender deprisa, las sombras se alargan y todo adquiere un tono dorado. Max murmura algo, le hubiera gustado que estuviera nublado para que las fotos no tuvieran excesivos contrastes, pero deberá conformarse con la media hora que tendrá desde que el sol se ponga hasta que ya no haya luz. Además, según dice el cartel de la puerta, en invierno está prohibido entrar en el cementerio. Nos habíamos fiado del horario que salía en internet, y no habíamos visto por ninguna parte que en invierno no se pudiera visitar. Por suerte solo hay un cerrojo sin llave, y no creo que nadie se queje de nuestra visita.

Max quería nubes y no le habría importado que hubiera niebla. Las dos cámaras con las que trabaja, una con película y una digital, le permiten hacer fotos con muy poca luz y mucha nitidez, pero el sol crea contrastes que cuesta solventar. Esperamos a la puesta de sol y, mientras hacemos tiempo, leemos los carteles que cuentan la historia del cementerio. En un principio fue un campamento militar al que también llegaban prisioneros de guerra.

—Están las cruces de los serbios y los palos con birretes de los bosnios. Cristianos y musulmanes.

Max se pone a ver cómo puede hacerlo. Saca las cámaras y empieza a hacer pruebas. No le acaba de gustar la luz, dice que será difícil tomar buenas fotos, pero ahora ya estamos aquí y solo dispone de este rato. El sol empieza a ocultarse tras los árboles y los robles juegan con el cielo del atardecer imitando los cuadros de los pintores románticos. A lo lejos, las paredes de las naves industriales se vuelven doradas y notamos cómo baja la temperatura a medida que lo hace el sol.

Le hago algunas fotos mientras hace las pruebas y después nos apartamos a un rincón para no molestarle.

—También hay prisioneros de guerra rusos. E italianos —dice Dasha mientras paseamos por la calle central.

En medio del cementerio se encuentra la tumba de quienes se ocuparon del mantenimiento, un matrimonio y su hijo.

Casi piso un cartel que solicita no dejar velas en el suelo, pues dice que es peligroso y tóxico. Las abuelas de Zaidín siempre tenían alguna quemando en casa. La vela es uno de los símbolos más bonitos que conozco, de pequeño me gustaba que se fuera la luz y que tuviéramos que volver a las velas. Los apagones, que eran muy frecuentes, podían durar horas, o incluso días, cuando había riadas. Supongo que a los niños les gustan los cambios, todo lo que sea salir de la monotonía. Ahora que todo está tan iluminado, ahora que hay demasiada luz por todas partes, las velas se han convertido incluso en una rareza. Aunque quizá no tanto, en los pisos de Marlene, de Julia y de Angelina había velas por todas partes. En fin.

Dejamos solo a Max, que empieza a buscar ángulos y encuadres. Dasha camina hasta un lago cercano para ver el atardecer. Estamos cerca, pero los tres nos hemos quedado solos. Yo paseo lentamente y empiezo a leer en voz alta los nombres que hay en las cruces y en las estacas: Silvester Halban, 26 de enero de 1915; Thomas Trusnović, 10 de septiembre de 1915; Orsolić Isag; Pazić Suljeman; Truś Jakov; Cehic Jusuf, y, de vez en cuando, algún soldado desconocido.

Jandro Vujić, Ibrahim Abdulin, Cefarn Ceccarelli... Se me mezclan las imágenes de los enormes memoriales de Berlín y del cementerio polaco que me enseñó Roger, y me viene a la cabeza la zanja de Murillo. Me gustaría poder creer en la reencarnación, en una vida después de la muerte que diera un poco más de tiempo a todas estas personas que murieron tan jóvenes, una segunda oportunidad, el tiempo suficiente para hacer las paces. Quizá no nos damos cuenta y somos nosotros los que gozamos de este beneficio.

Veo que Dasha se acerca caminando a través de un prado y voy a su encuentro. Ahora estamos en la penumbra. No podemos dejar de andar porque hace demasiado frío para quedarnos quietos. Max se da cuenta de ello, se apresura a hacer las últimas fotos y da por finalizado su trabajo.

—¿Ha ido bien? —le pregunto.

—Las digitales creo que sí. Las demás creo que también, pero hasta que no las revelen y las escaneen no lo sabré.

Cerramos bien la puerta y nos miramos para decirnos que hemos hecho algo que no debíamos, pero que no hemos hecho ningún daño a nadie.

En el camino de regreso a Graz, la puesta de sol es espectacular. En el cementerio, los montículos y los árboles hacían que la intensidad de la luz menguara, pero por los valles que recorre la carretera aún se mantiene durante un cuarto de hora más. La nieve de las montañas brilla y hace que el paisaje sea aún más hermoso: dorados intensos, rojos y lilas sobre las sierras y nubes de cuadro de museo. Mientras conduzco, miro a Dasha, que contesta los mensajes de sus amigas. Max, en el asiento trasero, observa la pantalla de una de las cámaras. Creo que ha quedado satisfecho. Me ha dicho que me enviará el resultado cuando lo revelen y escaneen los negativos. Está oscuro, pero los dos tienen el rostro iluminado. Yo también estoy contento. Han pasado dos años desde que llegamos a Berlín y se cierra un círculo que se abrió sin saber muy bien cómo y que se ha cerrado del mismo modo. Ha sido un tiempo duro, y si hablo en pasado es porque la costumbre nos hace cambiar un poco las palabras y también a nosotros mismos. Nos ha endurecido, y creo que lo ha hecho de la única forma que vale la pena, a través de la compasión, a través del otro. Poco importa que esté lejos o que viva en el pasado.

Max apaga la cámara y, al cabo de un rato, Dasha hace lo mismo con el móvil, y durante un rato nadie dice nada.

XVIII

Enfants de la patrie

Escranhòla, marzo de 2024

Natural de Escragnolles, donde nació el 9 de febrero de 1770, François Mireur se doctoró en Medicina en la Facultad de Montpellier a los veintidós años. En junio de 1792 organizó el movimiento de los Voluntarios del Sur hacia París para expulsar a los invasores austríacos.

Canta por primera vez el canto de Rouget de Lisle, que será la futura *Marsellesa*, el 22 de junio de 1792; los federados marselleses lo retomarán a lo largo de su marcha hasta llegar a París.

Mireur, general a las órdenes de Bonaparte, destacó por su valentía en la Campaña de Italia. Murió, en la cima de su gloria, a la edad de veintiocho años, el 9 de julio de 1798, en Damanhour, durante la Campaña de Egipto.

Este es el texto que se puede leer en la fuente de Escranhòla, en un mosaico enorme y algo naif, como de ilustración de libro de historia de los años ochenta. Vemos a François Mireur guiando a un pelotón de soldados mientras cantan *La marsellesa*. Al pie del mosaico se encuentra esta breve biografía en tres párrafos, con inicio, nudo y desenlace: nacer, luchar, morir. «1792, François Mireur, Héroe de la Marsellesa», pone en la parte superior del mosaico. Bajo la leyenda hay algunas casas pintadas y muchos aldeanos admirando el valor de los soldados.

Escragnolles, Escranhòla en provenzal, es un pueblecito del sur de Francia, a una hora en coche de Niza. El paisaje es montañoso, estamos a mil metros de altura. Ania y Piotr, la hermana de Dasha y su marido, pudieron comprarse aquí una casita que se han ido arreglando poco a poco. Sasha, su hija, va a la escuela del pueblo, que por supuesto también lleva el nombre del héroe local, la escuela François Mireur. Han sido años muy duros debido al cambio de país, el covid, la guerra y el interminable papeleo, que impide que puedas llevar una vida normal. Están aproximadamente a medio camino entre Graz y Zaidín, e intentamos pasar a verlos cuando vamos y volvemos, hay muchas horas de coche.

A Escranhòla se llega por una carreterita que serpentea por la montaña, la RD 6085. Esta es la nomenclatura que aparece en los mapas, pero todo el mundo la conoce como la ruta Napoleón. El 1 de marzo de 1815, Napoleón desembarca en Golfe-Juan y conquista Cannes con un pequeño ejército de poco más de mil hombres. Abandona el exilio desobedeciendo al Senado, que no le había retirado el título de emperador pero lo había humillado diciéndole que solo podría serlo de su pequeña isla, la isla de Elba, no muy lejos de Cannes. No tardarían en darse cuenta de hasta qué punto no fue una buena idea. Napoleón remonta las sierras desde Cannes hacia el norte, hacia Grassa y Saint-Vallier, el pueblo que hay antes de Escranhòla. A partir de ahí el camino es un sendero que debe hacerse con mulas, pero si eres el emperador y has tenido la suficiente valentía o locura como para llegar a Rusia a caballo, no te detienes en Escranhòla. Además, los ejércitos que avanzan con la intención de detenerlo acaban uniéndose a su séquito hasta que llega a la Prairie de la Rencontre, al sur de Grenoble. El mariscal Ney, héroe de la guerra en Rusia, que ha prometido al rey Luis XVIII que le llevará a Napoleón en una jaula, vuelve a ponerse a las órdenes del corso. Napoleón todavía ha de caer derrotado en Waterloo antes de ser enviado a su exilio definitivo en Santa Helena; esta vez se aseguran de que sea un lugar situado un poco más lejos que la isla de Elba y de que ya no sea emperador. Para llegar a ese desenlace ha tenido que conquistar y perder toda Europa, desde Cádiz hasta las puertas de Moscú, desde el Báltico hasta Calabria, y todavía ha tenido tiempo para ir a Siria o Egipto, que es donde muere François Mireur. La relación de ciudades, países, regiones y ríos por los que ha pasado es larguísima. La lista de nombres de reyes, mariscales y generales también. El número de muertes, altísimo. Cuánta, cuánta guerra, te quedas agotado solo de leerlo.

La primera vez que fuimos a Graz lo hicimos a través del Tirol del Sur, del Alto Adigio italiano, la región más septentrional de Italia, donde se habla alemán. Durante estos días, el ministro de Exteriores del Gobierno polaco ha hecho unas declaraciones en las que se ha referido a esta región, en la que ha estado varias veces. Viene a cuento porque hablaba en el marco de una conferencia sobre la guerra en Ucrania. Definió esta parte de Italia como un lugar maravilloso de espectaculares paisajes, y añadió con cierta ironía que allí se podía disfrutar de la cocina italiana y de unas pistas de esquí con organización alemana, remarcando que era una suerte que no fuera a la inversa. Una de mis parejas lingüísticas en Graz es de Merano, del Alto Adigio, y a duras penas entiende el italiano, algo que hasta hace poco podía ser motivo de escándalo, sanción o incluso de guerra.

Tal vez solo dejamos de matarnos por agotamiento, tras muchos siglos de subir montañas, de reconstruir casas y puentes y de cansarnos de leer listas de víctimas y verdugos. Deberíamos disponer de una idea sobre la esperanza que no dependiera del cinismo, del final feliz de las películas o de la religión, que tal vez sean lo mismo.

En la casa donde nació François Mireur hay una losa en su memoria, y en el ayuntamiento, entre dos banderas, se puede leer una lista que recuerda a los caídos en la Gran Guerra, la primera. Pronto se cumplirán ochenta años del fin de la Segunda Guerra Mundial. Ha habido otras: intervenciones en Checoslovaquia y en Hungría, las guerras en la antigua Yugoslavia, en el Cáucaso y, ahora, en Ucrania. Hace semanas que los Gobiernos europeos lanzan globos sonda, advertencias y comentarios sobre un rearme que implicará un mayor gasto militar. Debemos prepararnos, advierten. El Gobierno francés es el que lo ha dicho de un modo más claro.

El François Mireur que aparece en el mosaico avanza con sus soldados en 1792 —el año en que Antonio Ibarz puso su nombre en casa de la yaya— para expulsar a los austríacos, que ahora ya pueden llegar hasta allí en coche. Sasha nos enseña los rincones donde juega con los otros niños del pueblo. Con Dasha habla en ruso y conmigo en francés, pero ha aprendido algunas palabras en alemán para la ocasión. Despierta como un rayo, la han avanzado un curso. Ya ha empezado inglés. Y piano, y danza, y gimnasia rítmica. El año que viene irá al instituto del pueblo de al lado, Saint-Vallier, recorriendo arriba y abajo la ruta Napoleón.

XIX

Para venir a saberlo todo
(A modo de posfacio)

Graz, febrero de 2022

«Para venir a saberlo todo, no quieras saber algo en nada», dice san Juan de la Cruz en uno de los versos del «Monte de Perfección».

Intentar averiguar hasta qué punto todo —lo que nos pasa, el lugar en el que nos ha tocado vivir, el tiempo en que vivimos— es fruto del destino o de la decisión personal es demasiado complicado. Los relatos y los hechos muestran, pero no demuestran. No tengo ninguna conclusión, ninguna enseñanza. Decir que este libro habla de la guerra es como decir que es un libro que habla de la vida o del amor, como si los grandes temas no lucharan unos con otros para ocupar el lugar que todavía no tienen o que otro tema les ha arrebatado. Lo único que podemos hacer es retenerlos durante un instante antes de ver cómo se alejan hacia otros escenarios, cómo los viven otros protagonistas y cómo los escriben otros escritores. Soy capaz de describir el viejo debate entre causalidad y casualidad, pero no sé sacar conclusiones. Las cosas pasan, no sé hacerlas pasar. Un día estás en casa y al siguiente estás buscando sillas en Neukölln. La guerra llegó de manera inesperada, supongo que como pasa con las cosas que de verdad cambian el mundo, que se hacen, no se dicen. Los álbumes de fotos, los diarios, las cartas y el resto de los documentos empezaron a caer en mis manos cuando no sabía qué hacer con ellos: «cuando menos lo quería, téngolo todo sin querer», como decía san Juan de la Cruz.

Admito que en algún momento he intentado provocar algún cambio, he intentado forzar la realidad, pero no lo he conseguido. Sí, debo admitir que yo también caí en la tentación de utilizarla frívolamente, pero las historias se dan cuenta enseguida de que estás intentando agarrarlas por donde no procede. En fin, hay caminos que no admiten atajos, los acantilados son demasiado peligrosos. Por suerte, ahí estaban los ángeles del apartamento de Weberwiese, siempre más atentos que yo.

Un día, en internet, vi un álbum de fotografías de guerra con escenas espectaculares y, ¡ay!, lo compré. Allí había una buena historia, estaba clarísimo. Confieso, y soy sincero, que lo hice a regañadientes desde el primer momento, con la mala conciencia de que aquello no estaba bien, que no era bueno. Soy consciente de la palabra que utilizo, *bueno*: aquel no era el pacto con la realidad que yo había firmado. Pero era todo tan tentador y parecía tan sencillo. Además, el precio era muy bajo, cuarenta y cinco euros. ¿Qué podía perder? Era muy raro porque las fotos eran excelentes, y, además, eran antiguas de verdad. Estaban recortadas, amarillentas, y había en ellas cierto sentido narrativo de la batalla. Cuanto más las ampliaba más me sorprendían, qué maravilla y qué disparate. Había ahí una buena historia y yo había dado con ella.

Demasiado bueno para ser verdad, a mí no me ocurren estas cosas. Había algo que no veía claro y, en cuanto hice la transferencia, me arrepentí y llamé al banco para ver si podía anularla. Me dijeron que no, que tal y como lo había hecho no había marcha atrás. Además, tuve una pequeña discusión con Dasha porque desconfié del vendedor, que ofrecía explicaciones muy vagas y, además, tenía nombre ruso. La había pifiado. Acababa de salir de un charco para meterme en otro.

Me enfadé conmigo mismo porque, al cabo de tres días, recibí un correo de la página web que decía que el paquete había sido entregado a correos y que podía seguirlo con el código de envío. Pese a ello, le había dado tantas vueltas en mi cabeza que no podía evitar una sombra de sospecha, por todas partes asomaba esa sucia sensación de desconfianza.

Dos días más tarde, el 17 de mayo de 2022, el paquete llegaba a casa. El sobre era perfecto, y el álbum, muy bonito, estaba cuidadosamente embalado. El problema —o la solución al problema— estaba dentro, en las páginas. Era un álbum viejo, de los años treinta, de eso no había duda, y las imágenes de las fotos eran de finales de los treinta y de los distintos frentes de guerra, pero eran *nuevas*, era papel fotográfico de impresora. El vendedor había impreso los colores originales; es decir, muchas partes estaban amarillentas, y a la hora de escanearlas había dejado grietas, manchas, arrugas y rasgaduras. Evidentemente, todo esto era muy difícil de apreciar por internet.

Cuanto más observaba el álbum más raro me parecía todo. Tenía texto, pero los escritos no coincidían con las imágenes: «Baile de máscaras en Neukölln», «Pícnic en Eichkamp», «La cocinera perfecta», en medio de fotos de tanques y soldados. El vendedor había aprovechado un álbum viejo sin fotografías, o quizá sí tenía fotos, pero las había arrancado y había pegado las nuevas. Pero ¿todo eso por cuarenta y cinco euros? La impresión de todas aquellas imágenes, si lo había hecho en casa, ya valía más de lo que yo había pagado. Y además estaba el tiempo empleado en hacerlo y la molestia de llevarlo a correos y de gestionar trámites, mensajes, etcétera. Caí en la tentación y me pillé los dedos. La lección no me salió demasiado cara y me sirvió para situar y no olvidar los límites de este libro. Como no sé si fue una casualidad, la agradezco doblemente.

Lo cierto es que yo quise mandar sobre la historia, remover el pasado de un modo que no me co-

rrespondía. El mensaje no podía ser más claro: aquel no era mi terreno. Los álbumes y los diarios me habían llegado sin pedirlos, sin quererlos, sin querer. Había intentado forzar los hechos, había querido una historia espectacular, y el mensaje no dejaba lugar a dudas: «Si lo quieres, no te será dado», «Cuanto más tenerlo quise con tanto menos me hallé». Transcurridas dos semanas me llegó un correo de la página web con el encabezamiento «¿Llegamos tarde?» en el que se alertaba de los riesgos de tratar con esa cuenta concreta, que iba cambiando de nombre y de dirección de correo, pero que sospechaban que siempre era la misma persona. Sí, demasiado tarde por lo que respecta al dinero, pero en el momento justo para afianzar lo que ya sabía: «Para venir a poseerlo todo, no quieras poseer algo en nada».

De hecho, el vendedor no había cometido ninguna ilegalidad, ni siquiera había mentido. El álbum se correspondía con lo que decía el anuncio: era antiguo y contenía fotos de la Segunda Guerra Mundial. Nada que decir. Y, además, había un detalle importante: no había ninguna foto con escenas de violencia extrema o símbolos nazis. La única bandera que se ve es muy pequeña y aparece a lo lejos. Una cruz gamada en casi doscientas fotos, incluso él lo tenía claro. Sí, es verdad que existe una ley que impide mostrar este tipo de símbolos y hacer apología de ellos, y quizá él —o ella— simplemente había tomado sus precauciones. Sin embargo, hay cosas que siguen sin encajar, como el precio, demasiado bajo para todo el trabajo que comporta imprimir, recortar y pegar tantas fotos. Quizá aprovechó recortes de otras cosas y los cuarenta y cinco euros le hacían más falta de lo que podría parecer.

No lo puedo saber, por supuesto, es todo tan extraño que podría ser el documento más importante de todos los que he recibido. Era un mensaje, me avisaba de la distancia, la hacía visible, física. Debía pensar qué significaba tratar con materiales auténticos, qué prevenciones debía adoptar y, finalmente, cómo podía transmitirlos a los demás. ¿Cómo tenía que acercarme a todas aquellas historias? Esto era válido también para los amigos y para la familia, para Dasha, que me ha acompañado durante todo este tiempo. Era válido para la memoria familiar, para los años setenta, para la gente que conocí en Aragón. Servía, sobre todo, para modular el grado de visibilidad de las fotografías y las historias, para calibrar qué se puede contar de la vida de los demás, qué parte del contenido se impone y qué parte es mejor dejar en la sombra, cuándo es preferible callar. En lo que se refiere a las imágenes, me interpelaba sobre la distancia de los rostros, sobre el peligro de los primeros planos o sobre cuándo conviene cambiar los nombres de las personas que aparecen. A veces pienso en Alicia, Alegría o Ana, que son la misma persona; una primera experiencia que hoy solo recordamos mi madre, mi padre y yo. Quizá no se llamaba de ninguna de las tres maneras y se llamaba Alba, Ágata, Andrea, Antonia, Ariadna o Amelia, y el único vínculo con el nombre eran la letra inicial y la final. Solo digo los nombres de las personas que aparecen en este libro cuando creo que el hecho de enunciarlos no genera ningún peligro, ni real ni simbólico.

Junto a todas estas prevenciones existe la fuerza del deber de decir, de escribir, de recordar lo que no queremos olvidar, el deber de conservar lo que creemos que está bien que no se pierda. Antes de realizar las obras en casa de la yaya, mi madre cogió un retrato del hermano de mi padre, el niño que se le murió a la abuela Júlia.

—Tu abuela siempre decía: «Lo único que me preocupa es que cuando yo no esté, tú irás a la calle». Lo decía así, hablándole al retrato desde lejos, para que yo la oyera y así ahorrarse tener que pedirme que lo conservara.

La austeridad emocional de siempre: en casa cuesta mucho pedir las cosas. La abuela Júlia no quería que nadie tirara a la basura ese retrato, pero no se lo quiso pedir a mi madre. Mi madre también hizo como la abuela y no me pidió que lo conservara. En lugar de eso, me contó cómo se lamentaba la abuela. Mamá sabía que sería incapaz de tirarlo, pero por si acaso hizo lo que tenía que hacer. He dejado el retrato del hermano pequeño de mi padre sobre la cómoda de casa, junto a otras fotos y objetos que recuperé cuando hice las obras. Es mi altar votivo, con las almas protectoras de la casa, con mis dioses lares. Yo también tuve un hermanito que murió después de nacer, y ahora, a través de uno, recordamos al otro. Todos queremos que nos recuerden, y nosotros querríamos poder recordarlos a todos.

Recordar y contar son deberes que se aceptan voluntariamente. La madre de Dasha le dio los álbumes de fotos de la familia antes de morir. Son cuatro cuadernos de dibujo con fotos pegadas. Con dar no quiero decir heredar, no quiero decir que debamos tenerlos nosotros para siempre, son también de su hermano y de su hermana, y yo aquí solo tengo un papel secundario. Pero el caso es que Irina, a la que quiero dedicar este libro, le dio los álbumes a Dasha para que yo los tuviera, para que pudiera verlos. Dasha le había contado en qué estaba trabajando e Irina le dijo que quería que los tuviéramos nosotros. Los he escaneado y los he subido a la nube para que el resto de la familia se los pueda descargar.

Estos son nuestros lazos voluntarios, los que no queremos perder, una manera de mantenernos arraigados a un mundo que, mientras gira, se acaricia y se araña.

Agradecimientos

Carles Batlle, Renate Bachmann, Berta Blasi, Anna Brasas, Jörg Bremer y familia, Angelina Davidova, familia Kozyrev (Piotr, Ania y Sasha), María Jesús Guillén, Lars Henning, Universidad Humboldt de Berlín, Herbert Leass y Anne Pickart, Herr Mahmut, Ilka Marin y familia, Julia, Marlene, Jürgen Mätthaus, Carme Messeguer, Antoni Martí Monterde, Marlene Neumann, Oleksandra P., Xavier Pla, Joan Carles Salmeron, Roger Suso, Albert Velasco, Judith Riemer, Ingeborg Robles, Blas Serés, Daria Serés, Cristian Segura, Anna Serra, Max Sher, Sandra Starke, Servand Solanilla, Pável Tendera, Arnau Vergès, Elke Watson, ZfL (Centro Leibniz de Investigación Literaria y Cultural).

Relación de fotografías

Pág. 13. Construcción de la casa. Fotógrafo desconocido.

Págs. 15, 17, 21, 22, 25, 26 y 30. Imágenes de la construcción de la casa. Fotógrafos desconocidos.

Pág. 36. Álbum *Unser Haus I*, detalle del lomo.

Págs. 45, 47 y 55. Sellos de la colección.

Pág. 64. Cocina del hotel.

Pág. 66. El fregadero y el lavavajillas del hotel.

Pág. 74. Manifestación contra la invasión rusa de Ucrania frente al Monumento en Memoria de los Soldados Soviéticos de Tiergarten, en la avenida del 17 de Junio.

Pág. 76. Recepción del hotel.

Pág. 83. Uno de los muchos cristales tallados que había colgados en el piso de Marlene.

Pág. 86. Una de las dos imágenes que nos enviaron para demostrar la identidad de la propietaria del piso.

Pág. 91. Uno de los mandalas circulares de las ventanas, llamado «Flor de vida». La dovela de mi casa en Zaidín también tiene un hexafolio, una roseta, como un sol.

Pág. 102. Retratos de la tienda de Alina, primera y segunda década del siglo pasado.

Pág. 104. Ángel de un *Poesiealbum*, de un álbum de poesía, con el poema de dedicatoria escrito en caligrafía Sütterlin.

Pág. 109. Carretera de Chalamera a Ballobar, límite de los Monegros.

Pág. 113. Riscos de arcilla y margas al sur de Ballobar.

Pág. 123. Las dos pistolas de casa.

Págs. 152 y 154. Sierras, entre Farlete y Valfarta.

Págs. 160 y 170. Sierra cerca de la Puebla de Albortón.

Págs. 177, 180 y 187. Fragmento del diario.

Pág. 183. Las cartas del mercado de Mauerpark.

Pág. 192. Aperitivos en Dessau y comida en un barco de vapor.

Pág. 203. El diario de los Meyer.

Pág. 270. Sierras y campos en Mediana de Aragón, cerca de Pina de Ebro, al otro lado del río, terreno en disputa durante aquellos meses de contienda.

Pág. 279. La madre de Grete observa los aviones que ha dibujado su nieta.

Pág. 281. Sale a pasear, en lugar de estudiar.

Pág. 285. El padre con sus dos hijas y los adornos que llenan el álbum. Fotógrafo desconocido.

Pág. 287. El padre en el frente, el primero a la derecha. Fotógrafo desconocido.

Pág. 290. Adorno de gran formato.

Pág. 297. El Planerón, entre Quinto y Codo.

Pág. 302. Ruinas de Belchite, abril de 2023.

Pág. 303. El diario del servicio en el campo.

Pág. 307. Los barracones en el campo. Fotógrafo desconocido.

Pág. 309. Con las compañeras de promoción. Fotógrafo desconocido.

Pág. 310. El baile del día de las visitas de las familias. Fotógrafo desconocido.

Pág. 314. Galones de graduación del campo, promoción al grupo de veteranos, 18 de julio de 1941.

Pág. 317. Primera página del álbum, Erika Marie von Krosigk. Fotografía de Werner von Kieckebusch.

Pág. 319. Recogiendo ciruelas cerca de casa. Estas paredes de ladrillo todavía existen. Fotografía de Werner von Kieckebusch.

Pág. 322. En los campos que rodean Altgaul. Fotografía de Werner von Kieckebusch.

Pág. 324. Erika Marie con su hija, Erika Sophie Anna. Fotografía de Werner von Kieckebusch.

Pág. 326. La casona de los Kieckebusch. Fotógrafo desconocido.

Pág. 329. Mechón de pelo de Käthe Schuster.

Pág. 376. Rocas en los Monegros.

Pág. 390. Cementerio de Lebring.

Pág. 400. El vendedor decidió no incluir esta página en el anuncio, claro. Es obvio que no son fotos de un baile de máscaras en Neukölln.

Pág. 403. Para venir a poseerlo todo no quieras poseer algo en nada.

Todas las fotografías son del autor. Respecto a las fotos de los álbumes, se han realizado todos los esfuerzos para identificar a los autores y propietarios de derechos de autor. Cualquier error u omisión accidental se corregirá en posteriores ediciones.

Índice

I. Construir, pensar y habitar 7
II. Caminos en medio de un incendio 38
III. La onda expansiva 57
IV. El suelo bajo Berlín.................. 77
V. La piel seca.......................... 105
VI. Oleksandra, Masha e Ivanka........... 124
VII. Salvar a los héroes.................. 147
VIII. El alma de los otros................ 171
IX. La lección de alemán 205
X. Guerra y paz 226
XI. Dioses menores de desiertos pequeños... 247
XII. Flores en las fotos 273
XIII. Yo estuve allí...................... 291
XIV. Los espíritus........................ 315
XV. El arca de Noé........................ 337
XVI. Bañarse en el mismo río.............. 359
XVII. El centro de Europa 377
XVIII. *Enfants de la patrie*............. 392
XIX. Para venir a saberlo todo 397

Agradecimientos 405
Relación de fotografías 407